公務員試験
過去問攻略Vテキスト⑬

TAC公務員講座 編

社会学

TAC出版
TAC PUBLISHING Group

●── はしがき

本シリーズのねらい──「過去問」の徹底分析による効率的な学習を可能にする

<u>合格したければ「過去問」にあたれ。</u>

　あたりまえに思えるこの言葉の、ほんとうの意味を理解している人は、じつは少ないのかもしれません。過去問は、なんとなく目を通して安心してしまうものではなく、徹底的に分析されなくてはならないのです。とにかく数多くの問題にあたり、自力で解答していくうちに、ある分野は繰り返し出題され、ある分野はほとんど出題されないことに気づくはずです。ここまできて初めて、「過去問」にあたれ、という言葉が自分のものにできたといえるのではないでしょうか。

　頻出分野が把握できたなら、もう合格への道筋の半分まで到達したといっても過言ではありません。時間を効率よく使ってどの分野からマスターしていくのか、計画と戦略が立てられるはずです。

　とはいえ、教養試験も含めると 20 以上の科目を学習する必要がある公務員試験では、過去問にあたれといっても時間が足りない、というのが実状ではないでしょうか。

　そこで TAC 公務員講座では、みなさんに代わり全力を挙げて、「過去問」を徹底<u>分析し、この『過去問攻略 V テキスト』シリーズにまとめあげました。</u>

　<u>網羅的で平板な解説を避け、不必要な分野は思いきって削り、重要な論点に絞って厳選収録しています。また、図表を使ってわかりやすく整理されていますので、初学者でも知識のインプット・アウトプットが容易にできるはずです。</u>

　『過去問攻略 V テキスト』の一冊一冊には、"無駄なく勉強してぜったい合格してほしい"という、講師・スタッフの思いが込められています。公務員試験は長く孤独な戦いではありません。本書を通して、みなさんと私たちは合格への道を一緒に歩んでいくことができるのです。そのことを忘れないでください。そして、必ずや合格できることを心から信じています。

2019 年 7 月　TAC 公務員講座

●── 第2版（大改訂版）　はしがき

　長年、資格の学校 TAC の公務員対策講座で採用されてきた『過去問攻略 V テキスト』シリーズが、このたび大幅改訂されることになりました。

◆より、過去問攻略に特化

　資格の学校 TAC の公務員講座チームが過去問を徹底分析。合格に必要な「標準的な問題」を解けるようにするための知識を過不足なく掲載しています。

　『過去問攻略 V テキスト』に沿って学習することで、「やりすぎる」ことも「足りない」こともなく、必要かつ充分な公務員試験対策を進められます。

　合格するために得点すべき問題は、このテキスト1冊で対策できます。

◆より、わかりやすく

　執筆は資格の学校 TAC の公務員講座チームで、受験生指導に当たってきた講師陣が担当。受験生と接してきた講師が執筆するからこそ、どこをかみ砕いて説明すべきかがわかります。

　読んでわかりやすいこと、講義で使いやすいことの両面を意識した原稿づくりにこだわりました。

◆より、使いやすく

・本文デザインを全面的に刷新しました。
・「過去問 Exercise」などのアウトプット要素も備え、知識の定着と確認を往復しながら学習できます。
・TAC 公務員講座の講義カリキュラムと連動。最適な順序でのインプットができます。

　ともすれば 20 科目以上を学習しなければならない公務員試験においては、効率よく試験対策のできるインプット教材が不可欠です。『過去問攻略 V テキスト』は、上記のとおりそのニーズに応えるべく編まれています。

　本書を活用して皆さんが公務員試験に合格することを祈念しております。

2022 年9月　TAC 公務員講座

●──〈社会学〉はしがき

　本書は、地方上級・国家一般職レベルの大卒公務員試験の合格に向けて、過去問（過去に出題された問題）を徹底的に分析して作成されています。

　過去問を分析すると、ある科目の学習範囲のなかでも出題の濃淡が見られることがわかります。本書はその出題傾向を踏まえて編まれた受験対策テキストですが、特に社会学という科目の性質に合わせて工夫された部分について、はじめに示しておきます。

1．人物肖像について

　政治学、行政学、社会学などの政治系科目では、多くの外国人の思想家が登場します。受験生はこれらの人物を彼らの提起した議論とセットにして頭に入れていくことになるのですが、学習が進めば進むほど数が多くなり整理に苦労しがちです。

　本書では、主に初出の際に可能な限り人物の肖像を掲載していますが、これはイメージを加えることで記憶を定着させやすくするための配慮です（試験で人物の肖像を記憶することが求められるわけではありません）。単に文字情報だけで暗記しようとすると苦しいものの、肖像が加わることで覚えやすくなることもあるでしょうから、ぜひ活用してください。

2．人物・主著・キーワードリスト

　巻末に「人物・主著・キーワードリスト」を設け、本編に登場した重要な人物について、主著・キーワードとともにまとめています。こちらは人物名五十音順に並べていますので、人物事典のように利用して学習事項の整理に役立ててください。

3．過去問チェック

　各節末に「過去問チェック」を設け、主にその節で学習した事柄の理解を確かめられるようにしています。当該論点の掲載箇所も示していますので、正解がわからない場合は戻って確認してください。

　社会学においては、問題文の記述に含まれている誤りを見つけることが問題を解く作業の中心となるため、ほとんどの問題は記述の中に誤りを含むものとしています。この誤りは、人物とキーワードが食い違っているような単純なものから、提唱した学説の内容をきちんと理解していないとわからないようなもの、場合によっては常識的な推論まで動員して判断するようなものまでさまざまです。「過去問チェック」をとおして実際の出題の「呼吸」を体感しておきましょう。

　また、解説を読んで、正しい基準で誤りと判断できたかどうかも併せて確認するようにしましょう。

2022 年 9 月　TAC 公務員講座

本書の使い方

　本書は、本試験の広範な出題範囲からポイントを絞り込み、理解しやすいよう構成、解説した基本テキストです。以下は、本書の効果的な使い方ガイダンスです。

本文

● **アウトライン**
その節のアウトラインを示しています。これから学習する内容が、全体の中でどのような位置づけになるのか、留意しておくべきことがどのようなことなのか、あらかじめ把握したうえで読み進めていきましょう。

● **キーワード**
その節の学習で登場する重要な用語をあらかじめ示しています。

● **項目ごとの重要度**
節全体の重要度とは別に、見出し項目ごとの重要度も示しています。

● **Power Up**
直接的な出題は少ないものの、学習事項の理解を深めるのに役立つ記事をまとめています。初読時は参考程度に利用してください。

国家一般職★★★／国家専門職★★☆／特別区Ⅰ類★★★

1 家族論

第1節では、家族論について学習します。公務員試験では頻出分野であり、出題パターンも決まっています。人名やキーワードがたくさん登場しますが、いったん覚えてしまえば得点源になりますので、繰り返し読んで理解するようにしましょう。

キーワード
核家族／拡大家族／複婚家族／核家族普遍説／修正拡大家族／定位家族と生殖家族／4機能説／2機能説／資源説／制度家族と友愛家族／近代家族／感情革命／『〈子ども〉の誕生』

❶ 家族の分類

1.1 家族進化説 ★★★

　現在の日本では、1人の男性と1人の女性が婚姻し、その子どもは基本的にこの夫婦が養育義務を負う。アメリカの文化人類学者L.モーガン(1818〜81)は、このような家族形態は文明社会に特殊なもので、古代社会では全く異なった結婚・育児の形態が存在したと考えた。

　彼はアメリカ先住民のイロコイ族の婚姻習慣をヒントに、人類は最初の乱婚(群婚・集団婚=夫婦関係が一定せず、子どもも誰のものかわからないので、集団で育てる)の状態から15の形態(一夫多妻制、一妻多夫制など)を経て、最終的に一夫一

> **Power Up　家族進化説**
>
> 　家族進化説は、K.マルクスやF.エンゲルスが高く評価したことから、よく知られるようになった。
> 　エンゲルスは『家族・私有財産・国家の起原』(1884)で、身分や階級が分かれ、人間による人間の支配が始まったのは、男性が特定の女性を所有し、私有財産の相続人としての子どもを産ませるという習慣が始まったときであると述べた。
> 　エンゲルスによれば、乱婚や集団婚が行われていた時代には、私有財産はなく、すべて集団の所有物だった(このような社会を原始共産制と呼ぶ)。そして、財産の所有権に社会的承認を与える国家もなかった。家族も私有財産も国家も存在しなかった時代があるということは、今後存在しなくなる可能性もあるはずであり、来るべき共産主義社会においては、この「3点セット」がすべて消滅するとの展望を示した。

婦制へと進化したと主張している。

1.2 核家族普遍説　　　★★★

（1）背景
　モーガンは、「乱婚制」という思いつきを限られた資料を恣意的に利用することで
立証しようとした。20世紀の人類学者たちは、本当に乱婚制の社会があるのか探
し始めたが、完全な乱婚制・原始共産制の社会はどこにも存在しなかった。

（2）核家族
　アメリカの文化人類学者G.マードック(1897 ～ 1985)は、『社会構造』の中で、世
界250の社会についての資料をもとに、複雑に見える形態の家族であってもその**基
本的な単位には夫婦と未婚の子からなる核家族がある**と主張した。

（3）拡大家族と複婚家族
　マードックは、基本単位としての核家族の組合せにより、さらに二つの形態の家
族が生じるとした。

拡大家族	既婚者の核家族がその**親たちの核家族**と結びつくことで、集団内に複数の核家族を持つ **縦に広がり結合した家族形態**
複婚家族	**一夫多妻や一妻多夫**のように、1人の男性ないし女性を中心に複数の婚姻が結びつくことで集団内に複数の核家族を持つ **横に広がり結合した家族形態**

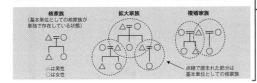

（※図はいずれもサンプルです）

過去問チェック

実際の試験での出題を、選択肢の記述ごとに分解して掲載したものです。本文の学習内容を正しく理解できているかを確認するのに利用してください。

問題文の末尾に、出題された試験と年度、本編中での該当箇所を示しています。わからない問題があれば、戻って確認してみましょう。

過去問Exercise

章の終わりに、実際の過去問にチャレンジしてみましょう。

解説は選択肢（記述）ごとに詳しく掲載していますので、正解できたかどうかだけでなく、正しい基準で判断できたかどうかも意識しながら取り組むようにしましょう。

CONTENTS

第 1 章

社会学の誕生と成立

　第1章では、まず第1節で、社会学の学習の手掛かりとなる見取り図として社会学の概要を示します。次に第2節では、社会学の成立に関わったA.コントとH.スペンサー、社会学に大きな影響を与えたK.マルクス、そして社会学を専門科学として確立することを模索し、社会学の基本的なあり方を方向づけたÉ.デュルケム、M.ウェーバー、G.ジンメルについて扱います。

社会学の概要

第1節では、社会学を理解するための助けとして、最初に把握しておいた方がよいおおまかなイメージを示します。本節で述べる社会学の課題や時代認識と照らし合わせて社会学の議論を見ていくようにすれば、単なる暗記にはならず、より深い理解が得られるでしょう。学習が進んでからも、何度もこの箇所に立ち戻ってください。

> **キーワード**
>
> 前近代と近代／社会的要因／綜合社会学／専門科学としての社会学／機能主義パラダイム／異議申し立ての社会学

❶ 社会学の特徴

1.1 社会学の課題　　　　　　　　　　　　　　　　　　★★★

　社会学は、近代化のただ中で登場してきた学問分野であり、「近代」をどのように捉えるかが社会学最大の課題となる。

　公務員試験の社会学の出題内容の多くの背景にあるのは、「前近代」と「近代」の対比である。そのため、以下の表で「前近代」と「近代」のおおまかなイメージをつかんでもらうことが、社会学の理解の助けとなるだろう。

	前近代			近代
封建的	上下関係	⇒	民主的	平等な関係
	拘束			自由
	閉鎖的			開放的
	静態			動態
	安定			不安定
神学的	非合理的		科学的	合理的
	超越的			世俗的
	神の秩序			契約による秩序

自然的	生物	⇒	人工的	機械	
	親しみやすい			よそよそしい	
	親密な関係			打算的な関係	
	人格的 （個性による）			非人格的 （個性によらない）	
	直接的			間接的	
単純	小規模		複雑	大規模	
	低密度			高密度	
	同質			異質	

1.2 他の学問分野との視角の違い ★★★

　社会的要因によって物事を説明しようとするのが社会学の特徴である。

　脳科学・心理学は**生理学的・心理的要因に注目**して説明するが、社会学は**社会的要因に注目**して説明する（例：児童虐待の増加）。

　経済学（主流派）は**個人の「選択」に注目**して説明するが、社会学はその選択自体を可能にするとともに制約する**社会構造・制度に注目**して説明する（例：フリーター増加、出生率低下の要因）。

　宗教家は「○○教が広まったのは、その教えが正しいからだ」と考えるが、宗教社会学者は「その時代の社会状況・経済状況・政治状況に教義がマッチしていたから広まった」と考える（**教義の「正しさ」には立ち入らない**）。

② 社会学史の全体像

　第1章から第3章までは社会学史の議論が続くことになる。そこで、理解の一助として、最初に大まかな流れを把握しておこう。

2.1 19世紀中頃：綜合社会学（総合社会学）の時代 ★★★

　A.コント、H.スペンサーが代表者である。

　コントやスペンサーに代表される**綜合社会学**は、社会科学の成長と専門分化とともに社会や歴史の全体像が見えにくくなった状況に対応し、失われた全体像を取り戻すことを目指した。しかし、結局は百科全書的な大雑把な知識の寄せ集めに終

わった。

2.2 19世紀末〜20世紀初頭：専門科学としての社会学　★★★

　É.デュルケム、M.ウェーバー、G.ジンメルが代表者である。

　研究対象・方法の自覚化・精密化が進み、その中で三つの立場が明確になった急成長期である。これ以降の社会学は、基本的にこの時代の学説を発展させたり融合したりすることで成り立っているといっても過言ではない。

　またこの頃、大学に学部・学科ができて、制度的基盤も確保された[1]。

2.3 1940〜60年代：機能主義パラダイム　★★★

　T.パーソンズ、R.K.マートンが代表者である。

　ナチズムの台頭、第二次世界大戦にともなって、ヨーロッパの社会学者がアメリカに亡命する。それまでヨーロッパ中心に発展してきた社会学は、「超大国」となったアメリカで全盛期を迎え、**構造=機能主義**を中心とした**機能主義パラダイム**を形成する。ここでいう「**機能**」とは、**社会全体に対する部分の貢献**のことである。この時代のアメリカ社会の精神・自信を反映している（「国民は国家の発展のために何ができるか」）。

2.4 1960年代〜：ミクロ社会学の時代　★★★

　第三世界(旧植民地)の独立、フェミニズム(女性解放思想)の興隆、正当性の見えないベトナム戦争、公民権運動の広がりなど、それまでの先進国・男性・白人を中心とする世界観に対する信頼がゆらぎ、「国家の発展のために国民が力を尽くすことが、世界を悪い方向に持っていくのではないか」という問いが生じ、急速に「構造=機能主義」が色あせてくる。そして反戦運動、女性運動、黒人差別の撤廃運動など、社会そのものへの批判のために社会学を役立てようとする傾向が強まる。

　これは、「**異議申し立ての社会学**」とも呼ばれる。全体に対する部分の貢献ばかりを研究する構造=機能主義は保守的であるとして批判された。「全体」が疑われ、見過ごされていた小さなミクロの領域への関心が高まるとともに、機能主義以前のアメリカ社会学(シカゴ学派など)の再評価が進む。

1　デュルケムは、フランス南部のボルドー大学で、世界最初の社会学・教育学講座を担当した。

社会学の黎明期

第2節では、社会学もその1分野である社会科学の成立と、社会学に大きな影響を与えた K. マルクスの社会理論、社会学の創始者と位置づけられる A. コント、そして H. スペンサーの社会理論について学習します。

綜合社会学／『共産党宣言』／『資本論』／疎外／下部構造と上部構造／史的唯物論／実証主義／社会有機体説／秩序と進歩の調和／社会静学と社会動学／三段階の法則／軍事型社会から産業型社会へ／社会進化論

1 社会学の源流

1.1 社会科学の成立と展開 ★★★

　社会学は欧米起源の学問である。そのため、社会学を理解するためには欧米の歴史的背景と関連づけて把握していく必要がある。

　中世のヨーロッパは、カトリック教会を頂点として、キリスト教の世界観に基づいて社会制度が構成されており、学問の中心には神学があった。しかし、法による支配、自由な経済活動、民主主義などを特徴とする近代市民社会が成立すると、社会現象を記述し説明する経験科学である社会科学が台頭してくる。

　社会科学は、政治革命と産業革命によって成立しつつあった近代市民社会を、いかに科学的に分析するかという課題を持っていた。そこで市民社会の政治構造を分析しようとする政治学、経済現象を分析しようとする経済学が成立していった。

　さらに19世紀中頃になると、ヨーロッパでは高度な社会的分業が進んでいき、分断化され多様化した社会は、従来の政治学や経済学といった個別的な学問では把握しきれなくなっていた。このような情勢下に成立した黎明期の社会学は、急激に変動し分断された近代市民社会を統一的に捉え、その将来を予見することを目指す綜合社会学(後述)の立場を採った。

社会学とは

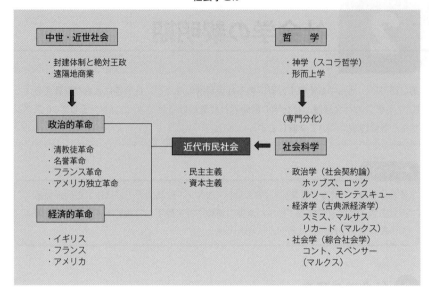

1.2 マルクスの社会理論 ★★☆

（1）背 景

ドイツの社会科学者K.マルクスは、ドイツ観念論のヘーゲル派の哲学者としてドイツのイェナ大学で学位を取得したが、その後は革命運動に関わることになり、フランス、ベルギー、イギリスなどを渡り歩く中、F.エンゲルスとともに『共産党宣言』(1848)を発表する。さらにエンゲルスとともに執筆した『資本論』(1867～94)などで、社会科学全体を見据えた社会理論を構想した。

K.マルクス
[1818～83]

マルクスの社会理論は社会学とは独立に誕生しつつも、社会学とは別の形で近代市民社会を統一的に捉え、その将来を予見することを目指した取組みであり、社会学にも大きな影響を及ぼし続けてきた。

（2）疎外論

F.エンゲルス
[1820～95]

「疎外」とは、周りの人やモノがよそよそしく感じられる状態のことである。マルクスの理論では、自分が労働によって生産したモノが、自分の手から離れて自分を抑圧し始めるという現象のことを指す。本来の労働とは、生きる糧を手に入れるために人が環境に対して働きかけ、共同作業を通じて人と人を結びつける活動であるが、資本主義の下ではそうした人間の本来の姿から外れた疎外的な労働が蔓延するとした。

こうした疎外がもたらされるのは、資本家個人が悪いというよりは、財産を個々の人間に所属するものと捉える「私有財産制」の絶対性を原理とする資本主義というシステムそのものが問題を持っているからであるとして、疎外から解放された共産主義社会を展望した。

生産物からの疎外	生産物が資本家のものとなり、自分のものとならない
生産活動からの疎外	労働は資本家から命じられたものであり、主体的な活動でない
類的存在からの疎外	本来、人間は自由に生産物に向き合い創造的に労働する存在（労働こそが人類の本質）なのに、資本主義の下では労働はただ肉体的生存の手段になってしまう
他の人間からの疎外	同じ人間でありながら、資本家と労働者は対立し、同じ労働者のなかでも、自分の地位を守るために他の労働者を蹴落とすための対立が生じる

(3) 社会構成体

マルクスは、社会の仕組みを建物に喩える**社会構成体**という考え方を示した。下部構造（土台）の上に上部構造が載るという構図になっている。

マルクスは、**G.ヘーゲルの観念論を批判して唯物論の立場をとる**[1]。つまり、物質的条件・経済活動である**下部構造（土台）**こそが、**観念・意識形態（政治・社会・文化）**である上部構造を規定すると捉える[2]。

社会構成体
上部構造 （イデオロギー）	法的・政治的な制度 ＋人間の意識活動全般（宗教、世論、文学…）
↑　下部構造（土台）が上部構造を規定	
下部構造（土台）	生産様式 ＝①生産力＋②生産関係（生産組織）

イデオロギー	下部構造によって規定されている意識形態。下部構造に対応する形で政治制度・宗教・世論などが成立する。虚偽・歪曲という意味合いが強い。
虚偽意識	社会的・経済的要因に規定されることによって、現実の客観的な認識が妨げられている状態の意識。

---

1 唯物論を採るマルクスは、宗教について「阿片」（麻薬の一種）に喩えるなど、宗教を否定的に捉えている。

2 「人々の意識が彼らの存在を規定するのではなく、逆に、彼らの社会的存在が彼らの意識を規定する」（『経済学批判』）。

（4）史的唯物論

　「建物」としての社会がどう変化するかを考察するのが**史的唯物論（唯物史観）**である。唯物論は観念でなく物や技術に重きを置く。まず**技術革新**により**生産力が上昇する**と**生産関係と矛盾が生じる**（下部構造が変化）。いったん上昇した生産力は後戻りしないため、この矛盾を解決するには法律・政治といった**上部構造が変わるしかない（革命）**。この流れが繰り返され、徐々に社会が変化していく。

　例えば中世は農業中心の社会だったから、生産手段として肥沃な土地が重要だった。そこで土地を持つ領主と土地を借りて地代を払う領民という生産関係が生じ、それを制度的に固定するものとして「身分制度」という上部構造が成立した。

　しかし産業革命が起こり機械で大量に物を生産できるようになる（＝生産力が上昇する）と産業の中心は都市の工業へ移り、資本家（工場主）と労働者の生産関係の方が重要になる（＝領主－領民関係と矛盾する）。そして資本家が財産を蓄えて発言権を増していくことで、身分の上下に基づいた政治体制が説得力を失っていき、王や貴族中心の体制から民主的な体制へと上部構造が変化した。

❶生産力	物質的財貨の生産において人間が自然を支配する力
❷生産関係	生産過程において、❸生産手段・生産活動をめぐって人間どうしで結ばれる関係（生産現場での人間関係）[3]
❸生産手段	ものを生産するときに必要となる材料や道具[4]

マルクスの史的唯物論の流れ

生産力の上昇→生産関係との矛盾発生→革命→上部構造が変化→矛盾解消→生産力の上昇→（以下、同じサイクルの繰り返し）

---

3 かつての農村なら地主と小作人、近代の工場なら工場主と賃金労働者という関係がある。ここで、工場主という位置を占めるのが資本家階級、賃金労働者という位置を占めるのが労働者階級である。

4 例えば綿織物は、当初は綿花（＝材料）と手動の織機や糸車（＝道具）で生産されていた。手動の織機や糸車なら個人でも用意できたし（＝家内制手工業）、問屋からの貸し与えもあったから（＝問屋制家内工業）各家で作業できた。だが、産業革命が起こり自動の紡績機械が発明されると、生産手段は個人で所有できなくなる。大きな工場を建設し多くの紡績機械を導入することは、まとまった資金を持つ資本家だけができることである。しかし個人レベルでは大量生産を展開する大工場との価格競争には勝てない。そこで産業革命以降、大規模な生産手段を持つ資本家と、生産手段を持たずに労働力を提供するだけの労働者に分化していった。

社会の段階	原始共産制	→	奴隷制	封建制	資本主義	社会主義	共産主義
階級対立	なし	………	奴隷主⇔奴隷	封建領主⇔農奴	資本家⇔賃労働者	なし	なし
生産様式の段階	………	アジア的	古代的	封建的	近代ブルジョア的	………	………

　マルクスによれば、**原始共産制社会に階級(=生産手段の所有・非所有に基づく上下関係)はなかった**。生産手段は共同体で共有していたからである。しかしその後は、奴隷主と奴隷(奴隷制社会)、領主と領民(封建制社会)、資本家と労働者(資本主義社会)というように階級が分かれる。

　私的所有権を前提とする資本制社会では、「**各人はその能力に応じて働き、能力に応じて配分される**」ことを当然のものとするが、その結果として格差は拡がり、**生産手段を所有する資本家**と、**生産手段を持たない労働者の階級が生じる**。

　だが、革命により労働者が資本家との階級闘争に勝利して**社会主義社会**になると、工場や機械などの**生産手段は社会で共有**するようになるため、生産手段を私的に所有する**資本家は消滅**し、社会に存在するのは労働者だけになる。そして最後に**共産主義社会**が到来し、「**各人はその能力に応じて〔働き〕、各人にはその必要に応じて〔配分される〕**」ようになるという。

❷ 綜合社会学

2.1 コント　　　★★★

(1) 背　景

　A.コントは、フランス革命(1789)から9年後のフランスに生まれた人物である。自由・平等・友愛の市民革命のはずだった**大革命の後**、ロベスピエールの恐怖政治、ナポレオンの帝政、第二帝政など、**政治の混乱期が続いていた**。このような社会状況下で新しい社会秩序を作り上げるべく、**社会学という新しい学問を構想**した。そして師である**C.サン=シモン**(空想的社会主義者の1人で百科全書派)の視点を受け継いで**産業者を重視**するとともに、**観察された事実を科学の基礎とする実証主義**を唱えた。

A.コント
[1798～1857]

（2）社会学の命名者

社会学(sociologie)という名称を『実証哲学講義』第4巻(1839)で初めて用いた。

実証主義の第一人者であるコントによれば、科学の体系は数学→天文学→物理学→化学→生物学という順で実証的段階に達しており、最終段階として社会学を実証的にする必要があるとした。

（3）社会有機体説

社会有機体説(社会有機体論)とは、**社会を有機体**(≒生物)と**類比させる方法**である。社会を統合された一つの超個人的な実在と見て、生物と細胞の関係になぞらえて社会全体と個人・集団の関係を捉える。

（4）社会学の体系
① 背　景

コントは、革命後のフランス社会の混乱を否定的に捉えつつも、産業化に代表される社会進歩を肯定的に捉えて「**秩序と進歩の調和**」を唱え、秩序の理論として社会静学を、進歩の理論として社会動学を構想した。

② 社会静学

社会静学とは、時間の流れを除外して、有機体としての社会の仕組みを考える**秩序の学**(「**社会の解剖学**」)であり、個人・家族・社会の三つのレベルで**社会秩序・連帯の諸条件**を考察した。中でも**家族**は人と人との感情的融合を実現するという意味で**社会の原型**であるとし、人間が社会生活を学習する学校であると捉えた。

③ 社会動学

社会動学とは、有機体としての社会が時代とともにどのように進歩していくのかを探究する**進歩の学**である。コントは、社会進歩の法則として「**三段階の法則**」を提唱した。

（5）三段階の法則

コントは、「**予見せんがために見る**」（＝将来を予測するために観察する）という考えに基づき、**三段階の法則**（三状態の法則）により、過去からの大きな流れをつかむことでこれからの社会の変化方向を予測し、**社会秩序を計画的に作り上げる**ことを目指した。

知性・精神の段階	神学的段階 → 形而上学的段階 → 実証的段階
社会の段階	軍事的段階 → 　法律的段階　 → 産業的段階

① 神学的段階

神学的段階では、神を引き合いに出してものごとを説明する。このような時代には小国家が乱立しており、お互いに争い合っていたため、社会の形態は**軍事的段階**と表現される。

② 形而上学的段階

だが形而上学的段階に入ると、表面上は神を持ち出さなくなる。「形而上学」とは、実際に存在する形あるものの背後に真の本質を発見しようとする学問のことである。

例えば、法哲学者が好んで議論する「**自然法**（人間本性に基づき成立する普遍的な法）」等は形而上学的な対象といえる。このように、形而上学は法律学を基礎づけしていることから、形而上学的段階の社会は**法律家が優位に立つ法律的段階**と表現される（フランス革命時の過渡的な社会体制を念頭に置いている）。

③ 実証的段階

これに対してコントは、**産業者が活躍する産業的段階**には実証が不可欠だという。例えば安全な椅子を製造するためには強度を確認する必要があるが、これは実際に人を座らせてみればすぐに実証できる。一方で、自然法の論証はできても、結局は神の存在証明と同じ水準にとどまる（経験的事実により証明する実証的段階と抽象的な証明による形而上学的段階では証明のレベルが違う）。

このように、コントは「**実証**」を科学的な時代の知の形式と捉えている。

コントは後期の大著『実証政治体系』（1851〜54）で思想を大きく展開させ、反功利主義の立場から、「愛」を唯一の基本原理として、人は利他的に行為しなければならないとする「人類教」を提唱するに至った。

人類教は、特にブラジルの知識人層に広がり、1889年に帝政から共和政に移行した際に制定された国旗の中央には、ポルトガル語で「秩序と進歩」（Ordem e Progresso）と書かれることとなった。

2.2 スペンサー ★★★

H.スペンサー
[1820〜1903]

（1）背 景

H.スペンサーが活躍した時代の**19世紀の英国**は、世界で最初に産業革命が起こり、世界中に植民地を持つ**覇権国家**であった。そして、ナポレオン戦争等の対外戦争に勝ち抜き、折からの産業革命と国家の経済的規制を最小限にすべきとする**自由放任主義的政策**とが奏功して未曾有の**経済的繁栄**を謳歌していた。

（2）社会有機体説

コントと同じくスペンサーも、**社会を生物有機体に見立ててその進化を説明**しようとし、両者の類似点として成長、機能分化、相互依存、進化等を挙げて**社会有機体説**を唱えた。スペンサーによれば、有機体が成長して大きくなると組織や器官が内部分化するように、社会も成長すると組織が増え構造分化が進む（**同質な組織の集まりから異質な組織の集まりへ**）。

（3）社会進化論

スペンサーは、進化とは**不確定な同質性から確定的な異質性への変化**であるとした。これを社会に当てはめると、役割分化が進んでいない原始共同体では人々の専門分野は不確定でみな同じような仕事をし、分化が進んだ近代社会では専門分野が明確化され各々が異なった仕事をするようになることを指す。

また、**有機体と社会とをともにシステムとみなす**立場から、両者に共通する機能として、他のシステムに対抗する必要から生まれた規制機能とその上で自らを維持する機能とを見出し、政府の役割を極力限定する**自由放任主義**の立場から、**適者生存の原理**を貫くことで、社会は**軍事型社会から産業型社会へ**、**単純社会から複合社会へと進化**すると捉える**社会進化論**を展開した。

（4）軍事型社会から産業型社会へ

① 軍事型社会

軍事型社会とは、軍事的指導者が最高権力を握って中央集権的統制を行う社会である。そのメンバーは厳格な身分的秩序に服従し、**社会的全体への奉仕を強要され**ている。

② 産業型社会

産業型社会とは、社会のメンバーの福祉が最高の目的であって、政府の役割はただメンバーの意志の実現にある（役割を限定）。個人は諸権利の主体であり、軍事型社会で強制的組織が果たしていた機能は、**個人間の共感原理に基づく自由な協力に**よって果たされる。

（5）単純社会から複合社会へ

単純社会とは共通の祖先から出た子孫の集まりで他の社会と合併していない社会、**複合社会**とは単純社会が複数合併した社会を指す。合併が進むと、二重複合社会・三重複合社会となる。

（6）その後の評価

スペンサーは個人の自由の実現と産業社会の到来とを社会の法則であると考えて、生物進化論における**適者生存のアイデアを経済活動にも適用**し、社会福祉などの国家介入に強く反対した。

そのため、その主張は世界恐慌後の大規模な社会政策の時代に至って人々への影響力を失ったが、その発想は後の**構造=機能主義理論の先駆**として重要な意義を持った。

過去問チェック

01 闘争理論は、社会の成員間に存在する不平等ゆえに、社会が分裂していることを強調し、社会を闘争と変化の過程としてとらえる。社会変動の原動力を、人種間の闘争に求めたK.マルクスの社会理論は、この一例である。**国家一般職2009** 1.2

✕ K.マルクスは、社会変動の原動力を「階級間」の闘争に求めた。

02 K.マルクスは、史的唯物論の立場から社会変動を論じ、文化的・イデオロギー的な上部構造における科学的認識の変化が先に起こり、それが生産力と生産関係からなる下部構造の変化を促すことによって社会構造全体の変動を推進するとした。**国家一般職2011** 1.2

✕ K.マルクスの史的唯物論によれば、生産力と生産関係からなる下部構造(土台)の変化が先に起こり、それが文化的・イデオロギー的な上部構造の変化を促すことによって社会構造全体の変動を推進する。

03 マルクスによれば、社会の物質的生産力はそれに照応する一定の生産関係の下で発展するが、やがて生産関係が生産力の発展にとって桎梏となる段階に達すると、社会革命の時代が到来するとした。この革命は、近代資本制社会においては、資本家と労働者の階級闘争の形をとり、両者が共に没落する結果、階級闘争の歴史が終わると論じた。**国家一般職2003** 1.2

✕ 「両者が共に没落」が誤り。資本家と労働者の階級闘争では、労働者が勝利し、資本家だけが没落する。そして、社会主義社会では労働者階級しか存在しなくなることから(階級は一つだけになるため)、階級闘争は終了するとした。

04 A.コントは、人間の知識が形而上学的状態から、神学的状態を経て、実証的状態へと進歩するのに応じ、社会は軍事的社会から、産業的社会を経て、法律的社会へと進歩するとした三段階の法則を提起した。**国家専門職2005** 2.1

✕ 「形而上学的」と「神学的」、「産業的」と「法律的」が逆。「法律家の議論の形式は科学的ではない(古い)」とA.コントが考えていたことを理解していれば判別できる。

05 コントは、数学から社会学に至る諸科学のヒエラルヒーを想定し、社会についての実証哲学として社会学を構想した。ここで社会学とは、社会現象を扱う科学の総称であり、その役割は、純粋に批判的なもので、封建制度を解体することにあるとされた。**国家一般職2005** 2.1

✕ A.コントが構想した社会学は、純粋に批判的なものではない。封建制度を解体するだけでその

後の混乱を招いたフランス革命を批判し、計画的に新しい社会を構想する学問として社会学を提唱した。

[06] A.コントは社会学の創始者として社会学史に名を残している。彼は、自然法思想の直接的な影響の下に、社会のラディカルな批判の学として社会学を構想した。それは、彼が、フランス大革命の賛同者であったことと結び付いている。彼は、自己の創始した社会学を、新しい形而上学とも称している。国家一般職2000 2.1

✕ まず「新しい形而上学」が誤り。実証主義を提唱したA.コントは、形而上学を乗り越えるべき対象と捉えている。また、フランス大革命について、歴史を進歩させた意義は認めつつも、その後の大混乱を招いた点は批判していることから、「賛同者」ともいえない。また、実証主義者のコントは、自然法思想を批判している。

[07] H.スペンサーは、社会は生物のような有機体であるとして、社会の発展を社会進化としてとらえた。進化した社会では、頭脳に当たる国家の役割が重要であるとして、当時の英国の自由放任主義を批判した。国家一般職2005 2.2

✕ 「自由放任主義を批判した」が誤り。H.スペンサーは自由放任主義者である。

3 専門科学としての社会学

第3節では、社会学の骨組みを作り上げたÉ.デュルケム、M.ウェーバー、G.ジンメルを学習します。特にデュルケムとウェーバーの学説は、頻出であるだけでなく詳細な理解も問われますので、繰り返し読んで理解するようにしましょう。

キーワード

方法論的個人主義／方法論的集合主義／社会学主義／社会的事実／『社会分業論』／機械的連帯と有機的連帯／アノミー的分業／『自殺論』／自己本位的自殺／集団本位的自殺／アノミー的自殺／中間集団／形式社会学／理解社会学／社会的行為／伝統的行為／感情的行為／価値合理的行為／目的合理的行為／心情倫理／責任倫理／カリスマ的支配／伝統的支配／合法的支配／理念型／『プロテスタンティズムの倫理と資本主義の精神』／エートス／世俗内禁欲／予定説／呪術からの解放／鋼鉄の檻

❶ 社会学の三大方法論

A.コントやH.スペンサー等の**第1世代の社会学者**は、**社会現象全体の綜合的・包括的認識を志向**したことから、**綜合社会学・百科全書的社会学**などと呼ばれる。それに対して、M.ウェーバー、É.デュルケム、G.ジンメル等の**第2世代の社会学者**はみな綜合社会学を批判して、**個別科学・専門科学としての社会学を確立**すべく、社会を社会たらしめている、社会学固有の研究対象を探究した。

1.1 方法論的個人主義 ★★☆

（1）概　要

方法論的個人主義では、社会・集団はあとからつけられた名前にすぎず、結局実在するのは**一人一人の個人**だけであると考える（社会＝（個人$_1$＋個人$_2$＋…＋個人$_n$））。

例えば、個人個人は見ることはできるが「社会」なるものは目で見えない。そのため、**社会現象を作るのは個々人の意図や行為**とする。「社会」は名ばかりの存在であっ

方法論的個人主義

社会

て実在しないと捉える点で、「**社会名目論**」とも呼ばれる。

（2）代表者

M.ウェーバーは、実在するのは個々人だけで社会・集団は名目的にそう呼ばれているだけだと捉え、**個々人の行為・信念を研究対象**とした。

1.2 方法論的集合主義 ★★☆

（1）概　要

方法論的集合主義では、社会は一人一人とは独立に存在しているとして、単なる個人の集合体ではなく、**個人が集合することで初めて創発する特性がある**とする（社会＝$(個人_1+個人_2+\cdots+個人_n)+\alpha$）。

方法論的集合主義

社会

独立

例えば、言語は集団の中で利用されるから言語として成り立つのであり、1人しか知らない言語は言語ではなく、また1人が言語を変えようとしても変わらない。そのため、言語は個々人を超えて実在している一種の「制度」であり、人が集合することで創発する特性といえる。

さらに、集合的な統計データも個々人の意図とは独立しているように見える。子どもを産む／産まないは個々人の意思で決めているのに、社会全体の出生率は毎年ほぼ一定である。

このように、単なる個人とは区別される「社会」が実在すると捉えることから、この立場は「**社会実在論**」とも呼ばれる。

（2）代表者

É.デュルケムは、**社会は個々人を超越したもの**として存在すると捉え、規範・制度等の「**社会的事実**」を研究対象とした。

1.3 方法論的関係主義 ★☆☆

（1）概　要

方法論的関係主義は、「**個人**」や「**社会**」のような実在を特定して議論するのではなく、「**関係**」によって現れるものから議論を進める第三の見方である。

例えば、家族のような社会集団で考えると、単に男女

方法論的関係主義

関係（相互作用）に注目

が数人集まっただけでは家族とは呼べず、そこに「夫婦」、「親子」、「兄弟姉妹」という関係性があることが大前提となる。この立場では、相互作用(interaction)こそが社会を成り立たせる要素であるとする。

(2) 代表者

G.ジンメルは、個人現象でも集合現象でもなく、個人間にある心的相互作用に注目する第三の立場を採った。

❷ デュルケム

2.1 背 景 ★★☆

フランスの社会学者É.デュルケムは、「何にでも手を出すがどれも中途半端」というコントやスペンサー流の綜合社会学と決別し、専門科学としての社会学を樹立しようとした。そして『社会学的方法の規準』(1895)において、自然的・生物学的・個人心理的要因と、社会的要因とを明確に区別した上で、個人心理的要因による説明を退け、社会的要因による説明を重視する「社会学主義」の立場を採った。

É.デュルケム
[1858～1917]

後に彼は、フランス南部のボルドー大学で、世界最初の社会学・教育学講座を担当することとなる。

2.2 社会的事実 ★★★

(1) 社会的事実

社会学を専門科学化するためには、経済学、政治学、心理学などとは違う社会学の対象を明らかにする必要があった。デュルケムは、それを「社会的事実」と呼んだ。ここで社会的事実とは、人間に対して「外在的かつ拘束的」に働く社会現象のことである。

社会現象は、人間が作り出したものでありながら個人の外側から個人を縛りつけ、逆らえない「事実」となる(変更は困難)。例えば、景気変動、少子高齢化の趨勢などが挙げられる。

社会科学と自然科学の方法論を区別したM.ウェーバーに対して、デュルケムは同じやり方で両者を扱えるとして、そう簡単に変更できない社会的事実は、あたかも客観的な事物のように対象化して研究できると考えた。

（2）集合表象

　集合表象（集合意識）とは、法、道徳、宗教、制度など、**個人意識の中に存在しつ
つも、個人に対して外在的かつ拘束的なもの**を指す。社会的事実のうち、意識と関
連しているものの一例といえる。

　例えば、聖なるものに対する意識は個人の心の中に存在する。そのため、強い信
仰心を持つ者にとっては神聖なご神体であるものが、他の人には単なる石や木にし
か見えない場合もある。とはいえ、社会の大多数の者がそれを信仰しているときに
「ただの石ころじゃないか」などと発言したら周囲からは強烈な非難を浴びる。つま
り、逆らうことのできない外在的かつ拘束的な力となるのである。

2.3 社会的分業 ★★★

（1）背　景

　デュルケムは、『社会分業論』（1893）において社会的分業の要因を考察し、経済
学者たちが要因として挙げている「幸福増大への欲求」は個人的・心理的要因から社
会現象を説明しようとしているとして批判し、代わりに社会的要因として「**社会の密
度**」（人的・物的コミュニケーションの量・速度）の増大と「**社会の容積**」（人口量と社
会規模）の増大を挙げた。

　社会現象は個人の意図の合計ではない。それは必ず「個人を超えた要因」によって
説明しなければならない。つまり「社会的事実で社会的事実を説明する」べきだと主
張した。

　また彼は、**社会的分業の進展で成員どうしの結びつき方が変化した**と指摘し、分
業の進展以前に主流だった**機械的連帯**と進展以後に主流となった**有機的連帯**を対比
した。

（2）分業以前

　分業以前の前近代社会は、器官があまり**専門分化していない環節動物**（ミミズな
ど）に喩えてイメージできる。前近代社会ではほとんどの者が農業に携わっており
同質的だった。各人の個性はなく、1人いなくなっても仕事に支障はない（みんな
機械的に同じことを繰り返しているというイメージ）。

　このように、類似した個人どうしが無機的・没個性的に結合した同質的な連帯を**機
械的連帯**と名づけ、こうした連帯が支配的である社会を**環節的社会**とした。

（3）分業以後

分業以後の近代社会は、高等動物に喩えてイメージされている。人間のような動物は神経系・消化器系など、複雑なシステムが体中に張り巡らされている。これにより、複雑な環境に対する適応が可能になっている反面、どれか一つのシステムが壊れると生体そのものが維持できなくなる（胃が心臓の代わりを務めることはできない）。それぞれが**専門分化して異質的・個性的だからこそ、関係の緊密さが必要**になる。

同様に、専門分化している組織（例えば大企業）の場合、営業部、製造部、経理部、総務部の間で職掌が細分化され、それぞれの部署の中で専門的知識・技能が育成される。だが専門分化することで複雑な業務に対応できる反面、それぞれが他では代替できない職能を持っているため、担当者が休むと他の人がそれをカバーするのが難しくなる。このように、近代社会では分業が進展しており、**異質的な成員が有機体（＝生物）のように緊密に結びついている**という。

このように、異質な個人どうしが分業によって有機的・個性的に結合した差異による連帯を**有機的連帯**と名づけ、こうした連帯が支配的である社会を**組織的社会**とした。

デュルケムによれば、近代化に伴う個人間の相互作用の増大と人口規模・密度の増大により、社会活動が活発になり生存競争が激しくなる。そして、その生存競争の平和的解決として社会的分業が進展したとされる。各個人が専門分化してそれぞれ別の役割を担うことによって、みなが他では代替できない存在となり、お互いを尊重し合って共存できるようになるからである。

（4）分業の異常形態

ただし、分業が常にうまくいくわけではない。デュルケムは社会的分業の異常形態を二つ挙げた。このうち、**アノミー的分業**[1]への対応策として、デュルケムは**職業組合の再構築**を主張している。

アノミー的分業	分業している各器官間の調整ができていない状態 デュルケムは、企業間・産業間での連携の欠如により産業恐慌や労使対立が生じているとした
拘束的分業	分業が拘束的・強制的になり、各個人の適性を踏まえずに一方的に仕事を割り振ることで個人の能力が発揮されない状況

---

[1] アノミー（anomie）とは、「無規範」を意味する言葉であり、それにより社会が混乱している状況を指す。

（1）背　景

　デュルケムはヨーロッパ各国の政府統計に基づき、宗教や地域社会によって自殺率が違うことを明らかにした。そして、『自殺論』(1897)において、個人の性格・心理状態・遺伝的性質からではなく、社会の統合力や規範の強弱といった個人の外にあって個人を拘束するように働く「社会的事実」から自殺[2]を説明しようとした。規範や統合力は強すぎても弱すぎても自殺が増加する。

カテゴリー別の自殺率の比較

宗教	プロテスタント>カトリック>ユダヤ教徒		
社会情勢	平和>戦争	階級	有閑階級>労働者階級
地域	都市>農村	婚姻	未婚>既婚

（2）自殺の４類型

自殺の4類型

自己本位的自殺	**統合力が弱すぎて**自我が孤立することから生じる自殺。例としては、都会の孤独死が挙げられる。集団から切り離されて自意識が強くなりすぎるためにこのような状況が生じる。**近代社会**で多く生じる類型。
集団本位的自殺	**統合力が強すぎて**自己が消えて（集団と一体化して）、自分の命などちっぽけな存在に思え、集団の目的のために命を投げ出すことも厭わないようになるために生じる自殺。例としては、主君の死に伴う家来の自殺（殉死）が挙げられる。**前近代社会**で多く生じた類型。
アノミー的自殺	近代化に伴って、社会的に共有された規範が失われる事態（アノミー状態）になることで生じる自殺類型。近代以降、生き方の自由度は増大し「無限の可能性」が開けた分、欲望の歯止めとなっていた規範が弱体化した。だが、経済的繁栄の時代でも大成功する者はほんの一部であり、ほとんどの者は膨れあがった欲望に現状がついていかない。また、大成功した者でも欲望はさらに膨れあがるから、いつまでたっても欲望と現状のギャップは埋まらず、心の安定は得られずに自殺が増大する。
宿命的自殺	社会規範が強すぎて自由が過度に抑圧され、出口を閉ざされた欲望が憤懣や怨念と化すことにより惹き起こされる自殺である。選択肢があり過ぎても心は安定しないが、なさ過ぎるのも問題である。例としては、奴隷の自殺が挙げられる。**前近代社会**で多く生じた類型。

---

2 デュルケムは自殺を「死が当人自身によってなされた積極的・消極的な行為から直接・間接に生じる結果であり、しかも、当人がその結果の生じうることを予知していた場合」と定義して議論を進めている。

| 集団本位的自殺 | （強） ◀━━━━ 統合力 ━━━━▶ （弱） | 自己本位的自殺 |
| 宿命的自殺 | （強） ◀━━━━ 規範 ━━━━▶ （弱） | アノミー的自殺 |

↑ 前近代的な自殺類型　　　　　　　　　　　　　　　近代的な自殺類型 ↑

（3）近代化による自殺類型の変化

　デュルケムは近代化（社会変動）による自殺類型の変化を予測し、**近代化により、長期的には自殺は増加している**と指摘し、その歯止めとして**中間集団[3]の再構築**を主張した。特に職業集団・職業組合は、個人を身近に包み込み、他者との連帯の絆を提供し、集団的な目的に個人を方向づけることのできるような構造を備えている。

2.5 ▷ 犯罪論　　　　　　　　　　　　　　　　　　　　　　　★★☆

　通常の考え方では、「犯罪だから非難する」と考えられている。しかしデュルケムは逆だと述べる。「われわれは、それ［ある行為］を犯罪だから非難するのではなく、**われわれがそれを非難するから犯罪なのである**」（『社会分業論』）。同じように、不潔だから手を触れないのではなく、誰も手を触れたがらないから不潔なのである、といえる。

　デュルケムは、犯罪を犯罪者個人の動機から理解しない。社会というものは、**常に何らかの行為を犯罪に仕立て上げる働きを持っている**。そもそも社会は、社会に反抗する行為に犯罪のレッテルを貼って弾圧することによって維持されている。一定の割合で犯罪（と名指される行為）が発生することは、その社会が病んでいるどころか、正常である証拠である（犯罪と非犯罪を区別できない社会は、ゴミと日用品が区別できない人と同じように病んでいる）。こうした考え方は、後に**ラベリング理論**として展開される。

3　「中間集団」とは、個人と国家・全体社会の間（中間）にあって、両者をつないでいる存在のこと。

2.6 宗教社会学 ★★★

デュルケムによれば、**宗教の本質は聖と俗の区別にある**。

デュルケムは、神や死後の世界が本当に存在するか否かといった問題には踏み込まず、何かを何かから分離したり特定の行為を禁止したりするといった規範、教会や宗教的儀式などの制度や慣習など、徹底的に「社会的事実」の側に重点を置いた。

ご神体やお供え物はみだりに手を触れたり食べたりしてはいけない。デュルケムの考えでは、聖なるものだから手を触れてはいけないのではない。手を触れてはいけないというタブー(禁忌)が形成され繰り返され、習慣化・規範化されていくうちに、材質的には単なる石や木や食べ物でしかないものが、聖なるものに変身するのだ。そしてこの「聖なるもの」を通じて、**宗教は社会を統合する機能を果たす**。

❸ ジンメル

3.1 背 景 ★★☆

ドイツの社会学者・哲学者G.ジンメルは、社会現象全体の綜合的・包括的認識を志向した**コントやスペンサーらの綜合社会学・百科全書的社会学を批判**し、個人間の心的相互作用の形式を固有の研究対象とする「**形式社会学**」を創始した[4]。

3.2 形式社会学 ★★☆

ジンメルは、個人間の心的相互作用による関係形成を「社会化」と呼び、その「内容」と「形式」を区別した。

例えば、政治、経済、宗教といった相互作用を生み出すのは政治目的、経済的利益、信仰心などの目的・意欲・関心であり、これは各領域によって異なる。それに対して、上位と下位、闘争・競争、模倣、分業、党派形成などの関係性は、どの

G.ジンメル
[1858 ~ 1918]

領域でも共通して見られるものである。このうち、目的・意欲・関心が社会化の「内容」、関係性が社会化の「形式」に該当する。

そしてジンメルは、**社会化の形式こそが社会学固有の研究対象である**と主張し、この立場を「**形式社会学**」と呼んだ。

---

[4] 政治過程論の創始者として有名なA.ベントレー(1870~1957)は、ベルリン大学に留学した際にジンメルの講義を聴いて強い影響を受けている。

3.3 社会化の形式 ★★☆

　上述のように、社会化とは個人間の心的相互作用による関係形成（人々が相互に関係し合って社会としてのまとまりある共同生活を形成している状況）を意味する（この「社会化」はジンメル独特の意味合いなので注意）。

　社会化については、「**外集団への敵対と内集団の親和**」という命題がある。「**外部の社会や集団と対立関係にある集団では成員相互の連帯感が強まり、結合的な相互作用が促進され、集団としての凝集性が高くなりやすい**。その点で、**対立・抗争は社会化の一形式でありうる**」。

　社会化は人々が「まとまる」動きを指しているが、まとまりとは正反対に見える「対立」、「抗争」もまた社会化の形式の一つである、とジンメルは考える。ジンメルは、夫婦関係の中に「愛」とともに「憎しみ」や「嫉妬」があり、遊びのグループの中にゲームの楽しさや「仲間意識」とともにライバル間の「競争」や「対抗」の感情があることにも目を向ける（「雨降って地固まる」）。

　また、**外部への対立は内部での緊密さを生み出す**。例えば、臨戦態勢にある国家は国民の熱い情熱を結集し愛国心を高める。このように、対立・反発・憎しみといったネガティブな関係は社会を崩壊に導く要因というよりは、社会が成り立つための不可欠の要素である。

3.4 社会圏の交錯と個性の発達 ★★☆

　ジンメルは、「**人格は、もともとは単に無数の社会的な糸の交錯する点にすぎない**」、「**人格が個性になるのは、種属の要素がどんな量と組み合わせで人格のなかでいっしょになるかという、その量と組み合わせの特殊性を通じてなのである**」（『社会分化論』）と考える。

　それまでは、個人が所属する集団の数・種類が増えると人格が混乱・錯綜するというマイナスの解釈が主流であった。しかしジンメルは、「交錯」というキーワードによりつつも、集団所属と個人との関係のポジティブな面を見出した。つまり、**社会が分化し集団の数・種類が増えると、個人は多くの集団に所属可能になり広い活動領域が与えられる**。これを積み重ねていけば、**必然的に個性はより高度に発達する**。関わる集団の数が多ければ多いほど、その人と同じ組合せの集団に属している人は少なくなるから、それだけ人との違いが生まれる。そして所属する集団が増えることにより、特定の集団に縛られることが少なくなり、**個人の自由は拡大する**。

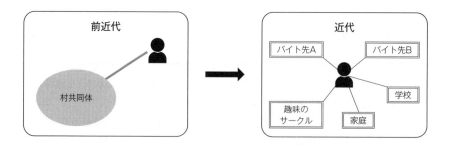

④ ウェーバー

4.1 背 景 ★☆☆

　ドイツの社会科学者M.ウェーバーは、商法に関する法制史で博士の学位を取得した後に経済史の研究に進み、さらには政治学、社会学など、社会科学全般で多大な業績を残しており、**20世紀最大の社会科学者**とも称される人物である。

M.ウェーバー
[1864～1920]

4.2 理解社会学 ★★★

　「社会」は人間を超越する存在だと捉えるデュルケムと異なり、**社会は個人の集合**であるという立場をウェーバーは採り、**社会現象の発生原因を知るためには一人一人の行為者の動機を理解すべき**だと主張。ウェーバーは「動機」によって行為を分類し、これをモノサシとして社会現象を解明するという方法を重視した。この考え方を**理解社会学**という。そして、人々の**社会的行為の主観的意味(動機)を解釈して理解することで、社会現象の因果連関を説明すること**を社会学の課題とした。

　理解社会学の特徴について、ウェーバーによれば**自然科学は外的な観察による説明しかできない**が、理解社会学はそれに加えて**対象が持つ主観的意味の解釈・理解を通じた説明もできる**。また、**歴史学は歴史的な個々の行為に注目して理解・説明を行う**が、理解社会学はさまざまな行為を類型的に把握することで、出来事の規則性を探究する。

　ただし「理解」といっても、**状況証拠からわかる限りでの推測でかまわない**とウェーバーは考える。

　「みずから同様な行為をなしうる能力というものが、理解できるということの前

提ではない。『シーザーを理解するために、シーザーである必要はない』。完全に『追体験できるということ』は明確な理解のために重要ではあるが、それは意味の解明のための絶対的条件ではない」(『社会学の基礎概念』)。

4.3 社会的行為　　　★★★

(1) 行動と行為

行動 (behavior)	主観的な意味が結びついていない反射的な振る舞い
行為 (action)	当事者がその行いに主観的な意味や動機を結びつけている人間行動

　例えば「咳払い」は、喉に詰まったものを取り除くための反射運動である限りは「行動」だが、「私はここにいますよ」というメッセージを伝えるためにあえて喉を鳴らすときには「行為」となる。

(2) 社会的行為と非社会的行為

社会的行為 (social action)	他者の行為を顧慮し、これに方向づけられている行為
非社会的行為	上記の条件が満たされていない行為

```
                   ┌ 動機あり ➡ 行為      ┌ 他者に方向づけられている   ➡ 社会的行為
                   │            (action)  │                              (social action)
       身体の振る舞い┤                     └ 他者に方向づけられていない ➡ (社会的でない) 行為
                   │
                   └ 動機や意味がない ➡ 行動 (behavior)
```

（3）社会的行為の４類型

伝統的行為	伝統や習慣に従って行われる非合理的行為である。これは意図による方向づけが弱いという点で「行動」との境界類型にあたる。例えば、半ば無意識的に行われる儀礼的な行為が該当する。
感情的行為	一時的な感情に従った非合理的行為である。これも「行動」との境界類型となる。例えば、何かに感動して泣く等の行為が該当する。
価値合理的行為	結果を顧慮することなく自分が信奉する価値に従ってなされる行為のことである。一貫した計画的方向づけが見られる点で「感情的行為」とは区別される。例えば、世界平和のために祈りを捧げる行為が該当する。
目的合理的行為	目的と手段の因果関係を考量して、目的達成に適した手段を選んで行う行為のことである。例えば、東京から福岡へ最短時間で移動するという目的を達成するために飛行機という手段を選ぶ行為が該当する。行為固有の価値・動機を考慮する「価値合理的行為」に対して、「目的合理的行為」は行為の結果を考慮する。

4.4 倫理の２類型 ★★☆

　ウェーバーは「倫理」を彼の社会学の基礎概念として位置づけ、以下の二つに類型化した。そして、**政治家は責任倫理に従うべきだ**と考え、心情倫理のみに従う人物を「自分の負っている責任を本当に感ぜず、ロマンティックな感動に酔っている法螺吹き」(『職業としての政治』)と断罪した。

心情倫理 （信条倫理）	行為の動機となる純粋な心情（信条）を第一の基準とする倫理。行為の４類型では価値合理的行為に対応する。例えば宗教家が世界平和のために祈りを捧げても、すぐに戦争がなくなるわけではない（目的合理的ではない）。これは、心情倫理による価値合理的行為といえる。
責任倫理	行為がもたらす現実的な結果に対する責任を第一の基準とする倫理。行為の４類型では目的合理的行為に対応する。目的のためには手段を選ばないマキャヴェリズム（国家統一という目的のためには冷酷な手段を用いてもかまわないという考え）は責任倫理による。

4.5 支配の正当性の３類型　　　　★★★

（1）概　要

　「支配」とは、一定の内容を持つ命令に一定の人々が服従するチャンスのことである。支配は、短期的には服従者側の損得勘定や単なる習慣、個人的な好みによって支えられることもあるが、それが**安定するためには何らかの正当性の根拠が必要**となる。ウェーバーは、**服従者(被支配者)が服従する動機(支配の正当性)**に注目し、これを三つに類型化した。

（2）３類型

	カリスマ的支配	伝統的支配	合法的支配
正当性の根拠	支配者自身が持つ天与の資質（カリスマ）、特に呪術的能力や英雄性、弁舌の力に対する情緒的帰依	昔から存在する伝統的秩序と支配権力の神聖性に対する日常的信仰	形式的に正しい手続で定められた規則に対する信頼
純粋な形態	予言者・軍事的英雄・成功したデマゴーグ（扇動家）による支配	家父長制[5]的支配 長老制的支配	近代官僚制的支配
支配権の範囲	制限なし	伝統的規範の範囲	規則に定められた範囲
組織の原理	非合理性	実質合理性	形式合理性

> **Power UP**　形式合理性と実質合理性
>
> 　ウェーバーの支配の３類型では、合理的官僚制を典型例とする合法的支配は形式合理性、伝統的支配は実質合理性に対応する。ここで「合理性」とは、「筋が通っていること」、「一貫していること」、「理に適っていること」という広い意味で使われている。
> 　このうち、形式合理性は手続・規則の遵守を志向するのに対して、実質合理性は特定の価値的な理想・目的との一致を志向する。例えば、銀行の窓口サービスの終了時刻は15時と規則で定められているがまだ窓口に並んでいる人がいた場合、15時きっかりにサービスを終了するのは形式合理的ではあるが、顧客サービスという観点からすると実質合理的ではない。

5　「家父長制」とは、家長たる男性が強力な家長権によって家族の一切の秩序を統率・支配する形態である（主に最年長の男性が家長となる）。これは家族内関係に起源を持つが、君主を父、臣下・人民を子に喩えることによって、政治的支配の正当性原理としても用いられてきた。

4.6 理念型　　　　　　　　　　　　　　　　　　　★★☆

　理念型とは、現実の社会現象を理解するために、その特徴的な一面を研究者の問題関心に即して取り出し作り上げたモデルのことである。ウェーバーが提示している様々な類型はみな理念型であり（現実の行為や支配は入り混じっている）、**各類型の純粋な対応物は現実には存在しない。**

Power UP　価値自由

　価値自由とはウェーバー独自の学問論であり、学問から価値判断を完全に排除しようとするのでも、どれかの価値観に寄りかかるのでもない。ウェーバーは、ドイツの哲学者I.カントの影響を強く受け、❶対象理解の際、我々は特定の価値判断に基づいて無限の現実の中から一部のみを選択しており（≒理念型）、また特定の価値判断・価値関心を背景として理論を組み立てている、❷事実に関する発言「～である」と規範的な発言「～すべき」は全く別物であり、前者から後者を導き出すことはできない、という2点を強調する。

　研究では、時間・分量の制限もあり、すべての物事を扱うことはできない。例えば同じ人物を調査するとしても、言語学者なら日本語能力に注目するが、経済学者ならば所得・資産に注目するだろう。注目するポイントの選択には必ず何らかの価値判断が伴っているのである。また、社会理論は特定の価値前提から組み立てられている（例：ホッブズ⇔ロックの人間観）。

　しかしウェーバーは、「何らかの価値判断が入るから科学ではない」と言わない。価値判断をしてしまうのなら（ある立場をとらざるをえないのなら）、自分の価値判断の偏りを自覚しよう、どれかの価値判断に無自覚に埋没することだけは避けようと提唱した（自分の価値判断に無自覚な人は、その価値判断に囚われてしまい、そこから自由になれない）。これは価値中立とは異なる。自分の価値判断（立場）をできるだけ自覚し明らかにした上で発言しよう、という考え方である。

　ただしウェーバーは、研究対象や研究方針の選択に価値判断が入るのは避けられないが、そこから科学が導き出しうることは事実に関する発言のみであり、規範的な発言は科学の任務ではないとも主張している。例えば、「原子力発電を推進するなら〇〇のような利益があるが、原子力発電所で事故が起こる確率も△△あり、その場合は××の被害が想定される」という事実に関する試算はするが、「原子力発電所を建設すべきかどうか」という規範的な判断は科学のなすことではない（政治的判断だ）とする（所与の目的に対する手段の適合性を示すことだけ）。

4.7 近代資本主義成立という謎　　　　　　　　　　★★★

（1）背　景

　ウェーバーは、近代資本主義成立の経緯を解き明かすべく、代表作『**プロテスタンティズムの倫理と資本主義の精神**』（1904 ～ 05、1920）の中で、17 ～ 18世紀の資本家や労働者はなぜ一所懸命働いたのか、その動機を理解しようとした。

　近代資本主義（経営と資本の分離や市場や株式会社などのシステム）**が発達した**のは、中世以来貿易などを手広く行っていたイタリアやスペイン、また商業が古くから発達していたイスラム諸国や中国などではなく、比較的気候に恵まれず土地も痩せた北西ヨーロッパだった。この理由をウェーバーは解き明かそうとした。

（2）資本主義の「精神」

資本主義の「精神」（エートス[6]）とは、物質的欲望のためではなく、資本を増加させることそれ自体を義務とするような精神的態度であり、❶営業の規律性、❷強い拡大志向（節約と再投資）、❸数量的計算可能性などの特徴を持つ。

ウェーバーによれば、近代資本主義は単なる「営利欲」とは異なる「資本主義の精神」を基礎としている。旧来の商業資本主義・冒険資本主義は珍しいものを交易するだけだから、大きな元手はいらない。儲けた金もイタリアのメディチ家のように美術や建築に使ってしまう。

一方、近代資本主義では、資本を設備投資や人的投資に回して、生産設備を改良したり良い人材を集めたりすることで、拡大再生産の循環を形成しなければならない。とはいえ、そもそも最初期は設備投資や人的投資に回す資本の元手すらないから、ひたすら資本蓄積に励むことが必要である。

（3）近代資本主義と世俗内禁欲

従来は、欲望や贅沢が資本主義を生み出したという説が主流だったが（W.ゾンバルトなど）、ウェーバーは、「資本主義の精神」形成の鍵となった禁欲に注目する。

近代資本主義がいち早く発達したのは、いずれもプロテスタントが多い国々である。16世紀の宗教改革ではM.ルターやJ.カルヴァンといったリーダーが活躍し、カトリックに代わる新たなキリスト教の流派を形成した。これがプロテスタント（「抗議する」が語源）である。イギリス、オランダ、北欧諸国、ドイツ北部、アメリカはプロテスタントが多い。ウェーバーは、資本主義発達の背景には、プロテスタント（とりわけカルヴァン派）の宗教教義があると考えた。

カトリシズム	教会を介して神と向き合い、日常的な空間から離れて（例えば修道院の中で）禁欲的な生活を送る（＝世俗外禁欲）
プロテスタンティズム	個人個人で神と向き合い、日常的な空間の中で普通に暮らしながら、禁欲的な生活を送る（＝世俗内禁欲）

---

6 エートスとは、特定の倫理的価値の実践に向けて人を突き動かす内面的な起動力、倫理的性格・心的態度を指す。

（4）予定説

ウェーバーは、プロテスタンティズムは「資本主義の精神」を信者の日常生活に強く植えつけたと述べるが、プロテスタンティズムの教理には経済活動の方針は書かれていない。では、どうして教理と経済活動が結びつくのか。

秘密を解く鍵は、プロテスタンティズムの有力勢力・カルヴァン派の「予定説」にある。予定説では、**人間が救済されるかどうかは、神によってあらかじめ決定されている**。だが、人間の側では自分が救済されるかどうかわからない。そのため、**信者は救済の傍証を身につけようとする**。それが**規律正しい生活様式**だったのである。そのことで、生きる意味が与えられる。

商売で貯まったお金の誘惑に負けずに（私用に使うことは全くなく）、獲得した富の上に満ち足りて休息することもなく、それらをすべて再投資に回し続けて**天職**(Beruf)[7]である商売を成功させて豊かになることは、救われるべき人間であることの証明になる（「これだけ事業に成功した人間が、救われないはずがない」という確信）。天国に行けるという確信を得たいために働く。そして経営の合理化とコスト削減を徹底していく。

ただし、**目に見える証はあくまで傍証にすぎない**。どんなに規律正しくても、救済されるのに十分だという保証はない。神の意志そのものは目に見えない。そのため、信者は絶えず不安と懐疑におそわれ、それから逃れるために、よりいっそう強い規律正しさを自己に課す[8]。

こうして**資本を増大させること自体が目的**になっていき、それが**社会全体で集積**していく。また、合理化精神の浸透が産業革命への道を切り開く。このようにして、**北西ヨーロッパでいちはやく近代資本主義が成立した**（「**価値合理的行為**」、「**意図せざる結果**」の例）。

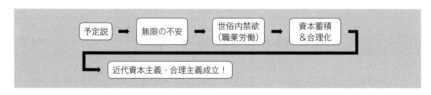

---

7 ウェーバーによれば、ルターは新約聖書について、ギリシャ語版（原典）を参照しつつ、当時一般的だったラテン語版からドイツ語に翻訳した際に、もともとは聖職者を意味する言葉だった "Beruf" を、世俗の職業一般という意味に転換した。そして、世俗の職業も神に与えられた「天職」であるから、可能な限り自らの職業に禁欲的に励み神の栄光を実現するために奉仕すべきということが「プロテスタンティズムの倫理」の一つとなった。

8 カトリックでは救われるかどうかは教会が決める（免罪符など）。そのため、こうした無限の不安はない。

（5）鋼鉄の檻

　社会の資本主義化・合理化が進んでいくと、プロテスタンティズムの倫理や禁欲生活がなくても資本主義は動いていくようになるとウェーバーは言う。資本主義の形成期と異なり、現代は資本主義の論理は世界中に浸透していて、**来世という刺激剤などなくても、人々に労働意欲を強制することが可能**となっている。「清教徒は**天職人たらんと欲した、われわれは天職人たらざるをえない**」。一方で、社会の隅々まで**合理主義が浸透**することで「**呪術からの解放[9]**」が進んでいくとともに、生の意味は失われていく。

　ウェーバーは、高い合理性・効率性の追求を自明のものとする**近代的な経済秩序が逃れえない力となった現状**を「**鋼鉄の檻**」という言葉で表現した。「この秩序界は現在、圧倒的な力をもって、その機構の中に入り込んでくる一切の諸個人の生活のスタイルを決定しているし、おそらく将来も、化石化した燃料の最後の一片が燃えつきるまで決定し続けるだろう」。

　そして、プロテスタンティズムの倫理的支柱が失われた時代の状況を次のように予言する。「**精神なき専門人、心情なき享楽人**。この無の者は、人間性のかつて達したことのない段階にまですでに登りつめた、とうぬぼれるだろう」。

4.8 比較宗教社会学　　　　　　　　　　　　★★☆

　営利欲求＋商業活動＝資本主義と捉えるなら、それは昔から世界各地に存在したが、資本主義の「精神」を持つ**近代資本主義は欧米でのみ成立**した。また、欧米では他に先駆けて**近代科学が発達**した。なぜだろうか。ウェーバーは、その理由を求めて世界各地の宗教を比較社会学的に研究した。そして、**各宗教により「呪術からの解放」という合理化への志向性に違いがあるため、それが近代資本主義・近代科学の発達の差を生んだ**のだと結論づけた。

　例えば、中国では資本主義に適合的な要素が数多く見られるのに内発的に資本主義化が達成されなかった。合理主義的な儒教はエリートの宗教にとどまっており、民衆は神秘主義的な道教の影響圏にあったために「呪術からの解放」が成し遂げられず、合理主義が広まらなかったからである。

---

9 「呪術からの解放」（独：EntZauberung、英：disenchantment）とは、呪術的・神秘的な原理に基づく世界理解から、合理的・科学的な原理に基づく世界理解への転換を指す言葉である（一般用語では、EntZauberung、disenchantmentは、「魔法が解ける」と訳されることもある）。

4.9 ウェーバー以降の宗教社会学（補論）　★★★

（1）聖俗二元論と世俗化

聖俗二元論とは、「聖」（超自然的・超人間的なもの、道徳性）と「俗」（我々が日々暮らしている当たり前の日常的なもの、功利性）に世界を二分して捉える見方である。

しかし、近代化に伴って宗教が社会的な影響力を失っていく「世俗化」を指摘する意見もある。つまりこれは、「聖」が失われて「俗」に一元化しているという議論である。

（2）見えない宗教

ドイツの社会学者T.ルックマン（1927 ～ 2016）によれば、かつては宗教およびそれに統合された社会制度が人々に一貫した意味の体系を提供していたが、現代ではそれが困難になった。とはいえ宗教が消えてなくなったわけではなく、個々人の人生に意味を与えるような体系が個人化された形で存在しているとして、これを「見えない宗教」と呼んだ。

（3）カオス・コスモス・ノモス

ドイツの社会学者P.バーガー（1929 ～ 2017）は、人間の規範秩序構築活動を、カオス・コスモス・ノモスの三つに分けて論じた。このうち、「カオス」とは意味づけ不能の混沌とした状態、「ノモス」とは日常的・世俗的なレベルで正当化された秩序（人間によって意味・規範づけられた秩序）、「コスモス」とは超越的で聖なるレベルで正当化された秩序（神によって意味・規範づけられたとされる秩序）である。

なお、バーガーはルックマンとの共著『現実の社会的構成』により、後述する社会構築主義の議論に大きな影響を与えたことでも知られている。

過去問チェック

01 彼(デュルケム)は、近代的な分業が発達する以前の社会に見られた異質な成員の相互依存による連帯を有機的連帯と呼び、分業の発達によって、有機的連帯の社会から、没個性化した諸個人が無機物の分子のように結合した機械的連帯の社会へ移行したと論じた。**国家一般職2018** 2.3

✕ 正しくは、「近代的な分業が発達する以前の社会に見られた『没個性化した諸個人が無機物の分子のように結合した』連帯を『機械』的連帯と呼び、分業の発達によって、『機械』的連帯の社会から、『異質な成員の相互依存による有機』的連帯の社会へ移行したと論じた」となる。

02 「宿命的自殺」は、生を空虚に感じ、意気消沈や憂うつに襲われて自殺に赴くといったような常軌を逸した個人化から生じる特殊な自殺である。自殺者が属している社会集団の凝集性が弱い場合、個人はそれに依存しなくなり、自分自身にのみ依拠するようになることが背景にある。**国家専門職2003** 2.4

✕ これは「自己本位的自殺」に関する記述である。「常軌を逸した個人化」、「社会集団の凝集性が弱い」という記述から判別できる。

03 E.デュルケムは、社会階層の固定化による社会的停滞が不満を増大させ、社会的規範の弛緩や欠如を招く結果として、人々の欲望に節度を与える社会的規制がなくなり、焦燥や欲求不満が激しく噴出する現象を「アノミー」と呼んだ。**国家専門職2000** 2.3 2.4

✕「社会階層の固定化による社会的停滞」が誤り。アノミーとは、規範が喪失して自由になりすぎた状況を指す言葉である。

04 彼(デュルケム)は、犯罪を、人々の集合意識を傷つけ、社会全体を脅かす「異常」な行為であるとし、犯罪の全くない「正常」な社会を構築するためには、法律によって刑の厳罰化を進めることにより犯罪の抑止力を高める必要があると指摘した。**国家一般職2018** 2.5

✕「異常」、「犯罪の全くない」が誤り。É.デュルケムは、何らかの行為に犯罪のレッテルを貼って弾圧することで社会は統合・維持されているとして、一定の割合で犯罪(と名指される行為)が発生することは、その社会が病んでいるどころか、正常である証拠だとしている。

05 E.デュルケームは、宗教を個人表象とは別個の存在である集合表象ととらえた。 また、集合沸騰に着目して、宗教が社会を分裂させる機能を持つ点を強調した。**国家専門職2006** 2.6

✕ É.デュルケム(デュルケーム)は、宗教が社会を「統合」させる機能を持つ点を強調した。

06 彼（ジンメル）は、社会諸科学が社会化の内容を取り扱うのに対して、真に科学的な社会学は、社会化の形式と内容の両方を対象とすべきであるとした。**東京都Ⅰ類2007** 3.2

✕ G.ジンメルは、社会化の内容ではなく形式だけを対象とする「形式社会学」を提唱した。

07 彼（ジンメル）は闘争理論を示し、社会化の一形式である闘争は、それ自体すでに対立する者の間の緊張を解消する作用があり、対立する各集団において、成員間の内部的結合を弱めるとした。**東京都Ⅰ類2003** 3.3

✕ G.ジンメルは、外部との対立は集団の成員間の内部的結合を「強める」とした。

08 M.ウェーバーは、社会学の研究対象は社会的行為であり、社会的行為は行為者の意欲に基づくものであるから、その帰結を因果的に説明することは不可能であると考えた。よって、行為の意味を理解することだけが社会学の課題であると主張した。**国家一般職2005** 4.2

✕ M.ウェーバーは、人々の社会的行為の主観的意味（動機）を解釈して理解することで、社会現象の因果連関を説明することを社会学の課題とした。

09 M.ウェーバーは、行為者の主観的な動機の内容に即して、目的合理的、価値合理的、カリスマ的、伝統的の４種類の行為類型を設定した。**国家一般職2009** 4.3

✕ 「カリスマ的」ではなく「感情的」である。

10 一般に倫理は、道徳とほぼ同義に用いられる。M.ウェーバーは、倫理を彼の社会学の基礎概念として用いた。例えば、『職業としての政治』の中で、彼は心情倫理と責任倫理という対概念を提示した。前者が行為の動機の善悪を重視するのに対して、後者は行為の結果の善悪を重視する立場をいう。**国家一般職2001** 4.4

◯ 正しい記述である。

11 M.ウェーバーは、自らへの使命として禁欲的に職業生活に献身することが、すなわち、神への奉仕であるとするカルヴィニズムは、労働者に極度の規律と勤勉と節約とを課し経済活動の停滞をもたらすことから、資本主義の形成の足かせになるものであると批判した。**国家専門職2001** 4.7

✕ 「経済活動の停滞」以降が誤り。労働者が節約するのはあくまで私生活の領域であり、自らの商売への再投資はどんどん進めていくため、経済活動の「活性化」をもたらし、資本主義の形成の「起

爆剤」になったとした。

[12] M.ヴェーバーは、第二次世界大戦後の日本では、インドから伝来した仏教の禁欲思想や対等な人間関係に基づいて形成された古代中国の都市文明の遺産の影響で、西洋社会とは異なる独自の資本主義的発展が可能になったと主張した。国家一般職2019 [4.7]

× 1920年に亡くなっているM.ウェーバー（ヴェーバー）は、第二次世界大戦後の日本を論じられない。またウェーバーは、普遍妥当的な意味での近代資本主義は西洋社会のみで発達しており、アジアでは成立していないとしている。

[13] M.ウェーバーは、ユダヤ教、キリスト教、仏教、儒教などの比較研究をおこない、いずれの宗教も「呪術からの解放」という合理化への志向性を同程度にもつと論じた。国家専門職2006 [4.7]

× 「同程度にもつ」が誤り。M.ウェーバーによれば、宗教によって合理化への志向性は異なり、キリスト教の中でもプロテスタンティズムは合理化への志向性が高かったことから、近代資本主義・近代科学の成立につながったとした。

[14] M.ウェーバーは、脱呪術化（Entzauberung）という概念で宗教の合理化の傾向を分析した。このような傾向は一般に世俗化（secularization）という概念で問題にされている。P.L.バーガーは、近代化とともに、宗教が社会的影響力を拡大してきたといい、そのような傾向を指して世俗化と呼ぶ。国家一般職2000 [4.7] [4.9]

× 「宗教が社会的影響力を拡大」が誤り。宗教が社会的影響力を失っていく傾向を世俗化と呼ぶ。

[15] E.デュルケームは、宗教的世界を聖と俗との二元論で分析した。その延長線上で宗教的世界を巡る様々な理論的図式が提出されている。T.パーソンズは、聖と俗との対立を、人間の行為における価値の対立として再解釈した。そこでは、聖は功利性に、俗は道徳的義務に、それぞれ当たるものとされる。国家一般職2000 [4.9]

× 聖は「道徳的義務」に、俗は「功利性」に、それぞれ当たる。

[16] T.ルックマンは、現代では、宗教に包摂されていた政治や経済などの社会的諸制度が自律化し、個々人が私的に構築する「見えない宗教」が優勢になると論じた。国家専門職2006 [4.9]

◯ 正しい記述である。

[17] T.ルックマンは、現代社会における宗教の変動を考察し、世俗化に伴って宗教は衰退してしまった結果、教会志向型の組織化された宗教だけでなく、個人の内面においても宗教意識は見られなくなったとして、それを「見えない宗教」と呼んだ。**国家一般職2020** 4.9

✕ T.ルックマンは、教会志向型の組織化された宗教は衰退しているものの、宗教が消えてなくなったわけではなく、個々人の人生に意味を与えるような体系が個人の内面に存在しているとして、これを「見えない宗教」と呼んだ。

[18] P.バーガーは、カオス、ノモス、コスモスを、人間の規範秩序構築活動の各局面ととらえ、特にカオスが「聖なる天蓋」として規範秩序の維持を保障すると論じた。**国家専門職2006** 4.9

✕ P.バーガーは、コスモスが「聖なる天蓋」として規範秩序の維持を保障すると論じた。「カオス」の意味が「混沌」だと知っていれば、この選択肢は外せるはず。

問題1 コントの社会学に関する記述として、妥当なのはどれか。

東京都Ⅰ類2008

❶ 彼の社会学のうち社会静学とは、生物学でいう生理学に相当し、進歩の理論である。

❷ 彼の社会学のうち社会動学とは、生物学でいう解剖学に相当し、秩序の理論である。

❸ 彼は、スペンサーの社会学の影響を受け、実証主義に基づいた考え方を示し、適者生存という言葉を残した。

❹ 彼は、社会進化論の立場から、進化とは、同質なものから異質なものへの変化であるとともに、単純なものから複雑なものへの変化であるとした。

❺ 彼は、人間の精神は、神学的段階、形而上学的段階を経て実証的段階に達し、社会は、軍事的段階から、法律的段階、産業的段階へと発展するとした。

解説

1 ✗   A.コントの社会静学とは、生物学でいう解剖学に相当し、秩序の理論である。そこで「進歩」とは変化することだから、「静学」とはミスマッチということでこの選択肢は外せる。コントにおいて「社会静学」は時間的な要素を考慮せずに社会のさまざまな部分の関係を研究する学問分野、「社会動学」は社会の連続した運動法則を研究する学問分野とされる。

2 ✗   コントの社会動学とは、生物学でいう生理学に相当し、進歩の理論である。解剖学は、通常は死んだ生物体を切り開いて構造を研究する学問だから、動きや変化に関する「動学」とはミスマッチということでこの選択肢は外せる。

3 ✗   コント(1798 ～ 1857)の方が年長者である。H.スペンサー(1820 ～ 1903)の主著である『総合哲学体系』は、コントが亡くなった後の1862年から1896年にかけて刊行されている。

4 ✗   これは、スペンサーの社会進化論に関する記述である。なお、「同質なものから異質なものへの変化」、「単純なものから複雑なものへの変化」という対比は、É.デュルケムの機械的連帯／有機的連帯にも引き継がれる発想法である。

5 ○   三段階の法則は確実に覚えておこう。

É.デュルケムの理論に関する記述として最も妥当なのはどれか。

国家専門職2017

1 彼は、社会の存続要件について分析し、社会規範の在り方について検討した上で、社会の発展に資すると考えられる概念を「理念型」と名づけ、それを発見することが社会学の根本課題であるとした。

2 彼は、個人の外にあって個人に強制力を持つ、集団の信念や慣行、思考の様式などの社会的潮流を「社会的性格」と呼び、これらを心理現象として観察することを社会学の方法的規準とした。

3 彼は、相互に類似した同質的な成員が結合した「機械的連帯」の社会から、独立した人格を持った異質の成員が自らの個性を能動的に生かしながら、分業に基づいて相互に結びつく「有機的連帯」へと移行するという社会変動を想定した。

4 彼は、集団規範の維持について検討した結果、集団規範に同調するよりも個人主義に依拠する方が、結果的に集団意識が強まり、社会の安定が図られるとし、「方法論的個人主義」の立場を採った。

5 彼は、自殺を社会環境との関連で分析し、社会規範への服従などの結果として生じる自殺の型を「アノミー的自殺」と呼び、その具体的な例として、伝統社会に見られる殉死、名誉を守り恥辱を逃れるための軍人の自殺などを挙げた。

解説

❶ ✕ 「理念型」は、M.ウェーバーが提示した概念である。またこれは、社会の発展に資すると考えられる概念ではなく、社会現象を理解するために、その特徴的な一面を研究者の問題関心に即して取り出し作り上げたモデルである。

❷ ✕ 個人の外にあって個人に強制力を持つ、集団の信念や慣行、思考の様式などの社会的潮流を、É.デュルケムは「社会的事実」と呼び、これを社会現象として観察することを社会学の方法的規準とした。「社会的性格」は、次章で扱うE.フロムなどのフランクフルト学派が提唱した概念である。

❸ ◯ デュルケムは、機械的連帯の社会を「環節的社会」、有機的連帯の社会を「組織的(有機的)社会」と呼んだ。

❹ ✕ デュルケムは、「方法論的集合主義」の立場を採った。また、「方法論的個人主義」の説明も誤っている。これは、「個人」に注目して社会を研究する立場であり、実在するのは一人一人の人間だけで、社会・集団はあとからつけられた名前にすぎず(＝社会名目論)、社会を作るのは個々人の意図や行為であると捉える。ウェーバーが代表的な論者である。

❺ ✕ 問題文で挙げられているのは「集団本位的自殺」の説明である。「アノミー的自殺」は、社会に急激な変動が生じて規範が弛緩し欲望が肥大して生じる。

第 2 章

社会学の展開

　第2章では、1930年代から1950年代ごろまでの主要な社会学説について学習します。このうち第1節では、第二次世界大戦後に社会学の主流派となったアメリカの社会学を扱います。とりわけT.パーソンズとR.K.マートンの学説は重要度が高く、詳しく覚える必要があります。また、第2節で扱う戦間期前後の社会学も、その後の社会学説に影響を与えた議論であり、重要です。

アメリカの社会学の展開

第1節では、アメリカの社会学の展開について学習します。社会学はヨーロッパで発達しますが、第二次世界大戦後はアメリカが社会学の中心地となっていきます。このうち、シカゴ学派の社会学は第6章で詳しく採り上げるので、ここでは最重要人物であるT.パーソンズとR.K.マートンについて、繰り返し読んで理解するようにしましょう。

キーワード

シカゴ学派／社会的実験室／機能主義／構造＝機能主義／ホッブズ的秩序問題／主意主義的行為理論／文化システム／社会システム／パーソナリティ・システム／AGIL図式／適応／目標達成／統合／潜在性／順機能と逆機能／顕在的機能と潜在的機能／意図せざる結果／中範囲の理論／準拠集団／相対的剥奪感／予期的社会化／自己成就的予言／自己破壊的予言／同調／革新／儀礼主義／逃避主義／反抗

---

① シカゴ学派の社会学

1.1 背 景　　　　　　　　　　　　　　　★★★

　20世紀中盤の社会学は、アメリカを中心に発達した。それまでの社会学はヨーロッパで展開されてきたものであり、綜合社会学も、デュルケム、ウェーバー、ジンメルもみなヨーロッパ人だった。しかし、第一次世界大戦でヨーロッパが荒廃する。イギリスが没落し始め、ドイツが莫大な賠償金で苦しむ。

　逆にアメリカの地位は上がり、工業生産も急拡大する。T型フォードに代表されるように、かなり複雑な自動車のような工業製品まで、流れ作業システムによる大量生産化に成功する。ハリウッドの映画産業も盛んになって、いわゆる**大衆消費社会**が登場する。そうした状況の中で、アメリカでは非常に実証的な社会学が発達する。つまり理論的・思弁的・哲学的な社会学ではなく、**フィールドワークを主体**とする社会学である。中心になるのは**シカゴ大学**という新興大学だった。

1.2 シカゴ学派の成立 ★★☆

シカゴは、アメリカ内陸部を代表する工業都市である。19世紀から20世紀にかけて、南アメリカの黒人やヨーロッパの移民を吸収して急成長[1]するとともに、様々な犯罪が多発して「犯罪都市」とも呼ばれていた。このような社会的背景の下で、19世紀末には**シカゴ大学に世界初の社会学部が創設**され、社会学における「**シカゴ学派**」という一大勢力が築かれた。

1.3 社会的実験室としての都市 ★★☆

シカゴ学派の都市社会学の基礎を築いた**R.パーク**(1864〜1944)は、急速に大都市に変貌していくシカゴを目の当たりにする中で、**都市について、人間の潜在的可能性を開放・促進する創造性の場**と捉え、大都市が成立していくありのままの過程そのものが社会的実験だとして、都市を「**社会的実験室**」だと捉えた。

1.4 シカゴ学派の特徴 ★☆☆

シカゴ学派の特徴は、**フィールドワーク・参与観察**という手法である。

代表的な研究に、N.アンダーソンの『ホーボー』がある。ホーボーとは、各地を渡り歩く労働者のことを指すスラングである。パークの弟子だったアンダーソンは、パークからもらったわずかの研究資金をもとに、ホーボーが集まる溜まり場で実際に寝泊まりをしながら、彼らを観察した。住み込んでいるうちに、一口に「ホーボー」と言っても何種類かに分類できることに気づく。季節労働者、定住型の日雇い労働者、職を持たないけれども溜まり場には居ついている人たちなど。

こうした人たちが何を考えて、どんな価値観を基準に行動しているのか、また彼らが作り上げている社会秩序はどんなものか、ということを克明に記録していった。スラム、非行少年、ダンスホール、ホテル生活者など、フィールドワークの対象は無限に拡大していった。

---

1 1850年に3万人だった人口が、1870年に30万人、1930年には330万人に急増している。

1.5 社会学説史上の評価　　　★★★

　その後の社会学の歴史を踏まえると、シカゴ学派の社会学は統一された理論的な枠組みに乏しかったと指摘されている。新聞記者のように、目についた珍しい現象について、まるでルポルタージュやノンフィクションを書くように論文は生み出されていったから、個々の作品は面白くても、全体の社会が見えてこなくなった。

　こうした状況を乗り越えようとしたのが、**構造=機能主義**という理論枠組みを引っさげて登場したパーソンズ（ハーバード大学）であった。

2 パーソンズの構造 = 機能主義

2.1 背　景　　　★★★

　アメリカの社会学者T.パーソンズは1930年代より、シカゴ学派的な実証主義を批判し、**包括的な理論体系**を目指した。彼の理想は、社会現象をすべて「方程式」で表現することだった。

T.パーソンズ
[1902 ～ 79]

2.2 機能主義　　　★★☆

　機能主義とは、機能という観点から事象を把握する立場一般のことである。ここで「機能」とは、**ある事象による他の事象に対する作用**、または**ある事象（＝部分）によるその事象を含む全体に対する作用**のことを指す。

　社会学における機能主義の源流となったのは、**文化人類学者のB.マリノフスキー**や**A.ラドクリフ=ブラウン**による機能主義である。これに**T.パーソンズ**が「**構造**」という観点を付け加えて、**社会構造**と**機能要件**という二つの概念で説明する構造=機能主義へと発展させていき、それを**R.K.マートン**が精緻化していくことになる。

2.3 ホッブズ的秩序問題　　　★★☆

社会において人々が私的な利害関心を合理的に追求する際に、どのようにして社会秩序は可能になるのか。パーソンズは、このような問題設定は17世紀の哲学者T.ホッブズが初めて定式化したと捉え、この問題を「ホッブズ的秩序問題」と呼んだ。

ホッブズは主著『リヴァイアサン』において、**自然状態では万人の万人に対する闘争状態**となるが、各人が**自然権を放棄**して、そのすべてを権力を独占する国家に委ねるという**社会契約**を交わすことにより**社会秩序が成立**するとした。

それに対してパーソンズは、**契約それ自体を守らなければならないという合意はどこから来るのか**という問いを発し、この問題を解決するために、パーソンズは個人の行為と規範の関係を研究する。

2.4 主意主義的行為理論　　　★★☆

主意主義的行為理論とは、**行為は規範・価値や環境条件に強く制約されている**ものの、**「意志」や「努力」といった要素も不可欠**だと捉える理論(voluntarism)である。

パーソンズは『**社会的行為の構造**』(1937)において、ヨーロッパ思想を、英米型の実証主義的潮流とドイツ型の理想主義的潮流に大別した上で、A.マーシャル、V.パレート、É.デュルケムを実証主義から出発しつつ理想主義へ踏み出した社会理論家として、M.ウェーバーを理想主義から出発しつつ実証主義と架橋しようとした社会理論家として位置づけた。そして、ウェーバーのような**個人の動機・理念を重視する立場**とデュルケムのような**社会規範・制度を重視する立場**の「**両方**」を採り入れた主意主義的行為理論を提唱した。

しかし、その後のパーソンズは、次第に**個人の主体性よりも、制度や規範を重視**するようになっていく。

2.5 行為システム理論　　　★★★

（1）システム

「**システム**」とは「多くの**諸要素が相互依存**し合って、一つの**全体として統合されている状態**」のことで、人体、太陽系、市場、機械装置などはいずれもシステムである。

パーソンズは、ホッブズ的秩序問題を解くために、システム論の考え方を社会学に応用しようとした。そのときに参考にしたのが**文化人類学**で流行しつつあった**機能主義**の考え方だった。

（2）機能主義的文化人類学

　初期の文化人類学は、未開社会の研究を主要テーマとしていた。そこで社会の文化的要素（祭など）を説明するとき、それまでは、「昔からやっているから（残存）」とか、「どこかから伝わったから（伝播）」という論理で説明するのが主流だった。だから、その儀式がいつ始まったかとか、どこから伝わったのかを解明することが文化人類学者の仕事だった。

　それに対して、英国のA.ラドクリフ＝ブラウン（1881 〜 1955）やB.マリノフスキー（1884 〜 1942）は、それでは不十分で、現在のその社会でそれぞれの儀式や祭がどういう役立ち方をしているのか（例えば村人の連帯感の強化）を考えようとした。そこで出てくるのが**全体に対する部分の貢献**という**機能主義**の考え方である。この観点を導入すれば、祭だけでなく、あらゆる儀礼や制度を機能で説明できる。

（3）行為の一般理論

　パーソンズは、**『社会体系論』**（1951）において、人々の行為[2]の総体を一つのシステムとみなし、行為システムは**文化システム、社会システム、パーソナリティ（人格）・システム**という三つのサブシステム（下位体系）から成り立つと考えた（後期には行動有機体も加わり、サブシステムは四つになる）。

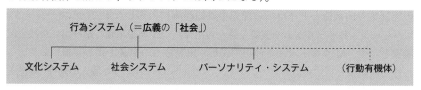

① 文化システム

　意味・記号・規範の諸パターンの体系を指す。通常、**社会的行為は社会規範によって方向づけられている**のであり、自由に行為しているようでも、完全に無原則に動いてはいない。例えば、日本語の文法を完全に無視して話しても相手に理解してもらえず、文化システム、すなわち**規範（ルール）の体系が行為の前提**となる。

② 社会システム

　動機づけられた行為が行為者相互の関係をめぐり組織化された体系を指す。社会的行為には必ず相手が必要である。その相手は社会組織の中で一定の位置を占めており（＝地位）、相手とのやりとりには一定の決まりごとがある（＝役割）。このよう

2　この時期のパーソンズにとって、「行為」とは、目的＋状況＋規範＋エネルギーの観点から分析されうる行動を指す。

に、社会システム、すなわち**地位と役割の体系**（≒**社会制度**）が行為の前提となる。

なお、社会システムには「**構造**」（相対的に不変的な部分）という側面だけでなく、それに対して各個人が動機づけられ役割を果たす側面＝「**機能**」もある。

構造	役割（先生－生徒、夫－妻、社長－部長－課長…）と制度（学校、家族、会社…）の体系
機能	構造の均衡を維持するための社会統制メカニズム

③ パーソナリティ・システム

社会的行為者の指向や動機が組織化された体系を指す。行為するためには、**行為者の人格・心**が必要である。

三つのサブシステムの関係

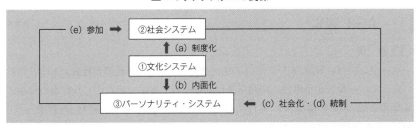

(a) 制度化	文化的な価値が社会のメンバーに共有され、その結果として**具体的な規範や役割が制度として形成される**過程
(b) 内面化	文化的な価値観が各個人の心の内面に取り込まれてパーソナリティ（人格）の構成要素となり、欲求が**役割期待に適合する**形に方向づけられる（＝社会規範が人の心の中に刻み込まれる）過程
(c) 社会化	社会制度や社会の中で定められた役割が各個人によって取り込まれて**パーソナリティの一部となる**（＝具体的な社会制度・社会的役割を覚えていく）過程
(d) 統制	社会が秩序を維持するために、規範・役割を守らせ、逸脱や緊張を処理する過程 これは**社会の状態を一定に保つためのメカニズム**
(e) 参加	個人のパーソナリティが社会システムに対して適合的に動機づけられ、それに従って行動することで、**規範・役割が形成・維持される**過程

パターン変数とは、社会的行為において人々が依拠する選択基準のことであり、❶感情性−感情中立性、❷自己志向−集合体志向、❸普遍主義−個別主義、❹限定性−無限定性、❺業績本位−属性本位、という５組の二項対立からなる。そしてこれらを組み合わせることにより、行為者の欲求性向および社会的評価基準は2^5＝32通りに分類できることとなる。

パーソンズは『社会体系論』と同年に発表した『行為の総合理論をめざして』(1951)においてパターン変数を提唱しており、近代化により、**属性本位から業績本位へ、個別主義から普遍主義へと移行する**と論じた。

2.7 AGIL 図式 ★★★

（1）背　景

パーソンズは、N.スメルサー(1930 〜 2017)との共著『経済と社会』(1956)において、R.ベールズが小集団の問題解決行動を分析する中で定式化した行為の位相の４類型にヒントを得つつ、それに自らが考案した「**パターン変数**」を統合して、**AGIL図式(4機能図式)** を形成した。

ここで「AGIL」とは、**システム存続のための四つの必要条件(機能要件)それぞれの頭文字**であり、システムが直面する問題を、外部的−内部的な問題と、手段的(道具的)−目的的(充足的)な問題という二つの軸によって四つに区別する。

かつては何にでも適用できる万能分析用具と言われ、1960年代までは多用され、「社会学といえば構造=機能主義」と言われるまでになっていた。

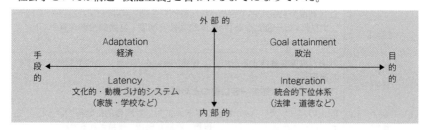

（2）四つの機能要件

　以下では、戦後の日本社会を例としてAGIL図式による分析を説明する。

① A：適応（Adaptation）：外部的・手段的な機能要件

　適応（A）は、当該のシステムが活動するための資源を調達し、システム全体を外界に適応可能にする機能を果たす。**全体社会では「経済」が該当する。**

　資源小国の日本は、海外から原油や鉄鉱石などを輸入しつつ、国内でも電源や炭鉱などを開発して、工業生産のための資源を調達し加工貿易を進めることで国際競争に向き合い、変動相場制への移行やオイルショックなど、国際的な環境の変化に適応していった。このように、もっぱら外部環境を対象にしているので「外部的」であり、また資源の調達自体はシステムの活動の目的ではなく手段であるため「手段的」となる。

② G：目標達成（Goal attainment）：外部的・目的的な機能要件

　目標達成（G）は、A機能によって調達された資源を動員・管理して、システムの目標達成のために振り向ける機能を果たす。**全体社会では「政治」が該当する。**

　敗戦後、日本は豊かな自由民主主義国家の形成を目指し、政治行政部門の強力な指導の下、「国土総合開発計画」などの目標達成のために資源が動員されていった。このように、他の社会システム（この場合は海外諸国など）との関係で形成されていくため「外部的」であり、システムの目標を達成するための機能だから「目的的」となる。

③ I：統合（Integration）：内部的・目的的な機能要件

　統合（I）は、システム内部の諸部分の連帯関係を作り出す機能を果たす。具体的には、**「法律・道徳」などの統合的下位体系が該当する。**

　いくら国際競争に勝ち残ったとしても、国内で人々が反目し合って内戦が続くようでは、国は崩壊してしまう。日本という社会システムが存続するためには、国民を統合する必要がある。そこで、日本国憲法や勤労道徳などが重要な意味を持ったのである。

　また、東京オリンピックや大阪万博なども国民統合の機能を果たしたといえよう。このように、システム内部を対象にしているため「内部的」であり、また国内宥和それ自体もシステムの目標だから「目的的」となる。

④ L：潜在性 (Latency)：内部的・手段的な機能要件

潜在性(L)、もしくは潜在的パターンの維持と緊張処理(Latent-Pattern Maintenance and Tension Management)は、システム存続のために、役割や制度などの潜在的パターンを維持しつつ、構成員の緊張を緩和する機能を果たす。「家族・学校」などの文化的・動機づけ的システムが該当する。

人間の寿命には限りがあり、日本という社会システムの構成員は入れ替わっていくため、システムの活動を維持するためには、役割や制度などの潜在的パターンを次世代に伝えていく必要がある。そこで、日本文化や慣習を子どもに教える家庭や学校などが重要になるのである。また、生きていると何かとストレスがたまっていくから、それを放置していると構成員が正常に働けなくなる可能性がある。そこで緊張を緩和する役割を果たす家庭が重要になるのである。このように、システム内部を対象にしているため「内部的」であり、潜在的パターンの維持はシステム存続のための手段だから「手段的」となる。

2.8 > その後の理論的展開 ★☆☆

パーソンズは重要な社会学者であることから、長期にわたる理論的変遷についても出題されることがある。そのため、時代的な前後関係は把握する必要がある。

彼は、『社会的行為の構造』(1937)で主意主義的行為理論を提唱した後、『社会体系論』(1951)と『行為の一般理論をめざして』(1951)では行為システム論とパターン変数を提唱し、『経済と社会』(1956)でAGIL図式を定式化している。さらに、その後も理論的に展開していった。

(1) 行動有機体

パーソンズは自らの行為システム論について、当初は三つで構想していたが、AGIL図式を提唱して以降、「行動有機体(行動システム)」を加えた四つのサブシステムで構成されるものと再定式化した。ここで「行動有機体」とは、生き物としての人間の体と考えればよい。

Power UP 四つのサブシステムの関係

四つのサブシステムのうち、情報量は文化システムが最も多く、制御の関係は、文化システム→社会システム→パーソナリティ・システム→行動有機体となる。つまり、文化が社会体系を規定・制御し、社会体系は行為者のパーソナリティ（性格）を規定・制御し、行為者のパーソナリティは行為者の身体を規定・制御する。

一方で、エネルギーは行動有機体が最も高く、条件づけの関係は、文化システム←社会システム←パーソナリティ・システム←行動有機体となる。つまり、行為者の身体は行為者のパーソナリティを条件づけ、行為者のパーソナリティは社会体系を条件づけ、社会体系は文化を条件づけるという関係である。

このうち、「エネルギーが高い」という部分を喩え話にすると、ロボットの体（≒行動有機体）を動かすのはかなりの電力を必要とするが、ロボットの頭脳となるコンピュータ（≒パーソナリティ・システム）は少ない電力でも動く。つまり、行動有機体が最もエネルギーが高い（エネルギーを必要とする）といえる。また（少なくともパーソンズの想定では）、体の調子に気分が影響される（つまり、行動有機体の状態にパーソナリティ・システムは条件づけられる（「健全な肉体に健全な精神は宿る」））。

次に「情報量が多い」という部分を喩え話にすると、「日本文化」（≒文化システム）には膨大な情報量があるが、個人の脳内（≒パーソナリティ・システム）の情報量はそれよりは少ないと考えられる。また、制御の序列でいうと、文化によって社会制度（≒社会システム）が制御され、社会制度によって性格構造（≒パーソナリティ・システム）が制御され、性格構造によって体（≒行動有機体）が制御されるという関係となる。

（2）進化論的な社会変動論

パーソンズは『社会体系論』の段階では、「社会システムの変動の諸過程についての一般理論というものは、現在の知識の状態では不可能である」としたが、**後期になって進化論的な社会変動論を提唱**するに至った。

彼は社会進化の基準を一般的な適応能力の増大に置き、社会の発展を未開社会、高等未開社会、中間社会、高等中間社会、近代社会に分類した。

2.9 後年の評価 ★☆☆

パーソンズは影響力の大きさに比例して批判されることも多く、以下のような指摘を受けている。

（1）現状維持、保守的

個々人が社会を維持するためにどんな貢献をしているか、という発想の出発点が、**現状維持的・保守的**になってしまう。既存のルールを追認してしまう。

（2）社会の変動を説明しにくい

なぜいまの社会が維持されているのかはわかる。しかし、変わる側面は説明しにくい。

ただし、後期になって進化論的な社会変動論を提唱するに至った。

（3）抽象的すぎて実証研究への応用が困難

当てはめてみれば当てはまることは確かだが、これで分析と言えるのか。万能であることは、どれもあまり深くは分析できないということでもある。

（4）個人の主体性を軽視している

主意主義的行為理論の段階では個人の**主体性・能動性**を重視していたはずなのに、**行為システム論**以降の理論図式では、個人はひたすら既存の社会規範に従うとされ、個人の**主体性・能動性**が軽視されている。

3 マートン

3.1 背　景

★☆☆

R.K.マートン
[1910～2003]

東欧からのユダヤ系移民二世として貧困地区に生まれた**R.K.マートン**は、アメリカ社会が抱える矛盾に強い関心を持ち、『**社会理論と社会構造**』(1949)などで、それを説明する様々な概念を提示した。

3.2 機能概念の精緻化 ★★★

　マートンは、一般的・抽象的なものであったパーソンズの機能概念を以下のように細分化した。

（1）順機能と逆機能

順機能	システム全体あるいはその部分に対して、プラスに働く機能
逆機能	システム全体あるいはその部分に対して、マイナスに働く機能

（2）顕在的機能と潜在的機能

顕在的機能	行為者が意図・認知する（主観的意向と客観的結果が一致する）機能
潜在的機能	行為者が意図・認知しない（主観的意向と客観的結果が不一致の）機能

　マートンは、アメリカ先住民の**ホピ族**の「**雨乞いの踊り**」を例に挙げて説明している。

　踊りによって雨が降った場合、これは踊りの効果ではなく偶然の産物ではあるが、当事者としては狙い通りの結果がもたらされたことから、**顕在的順機能**となる。

　また、この踊りは「部族の結束の強化」という「**意図せざる結果**」も持っていることから、**潜在的順機能**を果たしているともいえる。

　雨が降れば、この二つの機能が同時に達成される。

3.3 中範囲の理論 ★★☆

　中範囲の理論とは、日々繰り返される調査等で豊富に展開されている**小さな作業仮説と包括的な概念図式とを媒介する理論**のことである。

　マートンは、師であるパーソンズが目指していた**一般理論の構築は時期尚早**だとして、個別的事実に関する詳細な記述と社会システムの一般理論の中間にある理論を構築していくべきだとした。

（1）準拠集団の定義

準拠集団（reference group）とは、個人が自らの判断や意思決定の基準として拠り所とする社会集団のことである。

一般には、個人は家族や友人集団、近隣集団など、実際に本人が所属している集団の影響を受けることが多いが、**所属していない集団も準拠集団になりうるため、所属集団／非所属集団の区別と準拠集団／非準拠集団の区別は別概念である**。

準拠集団は、比較の基準を提供する「**比較の準拠集団**」と行動規範を提供する「**規範準拠集団**」に分かれ、後者はさらに、その集団の価値規範が模範となる「**積極的準拠集団**」と反面教師となる「**消極的準拠集団**」に分かれる。

（2）相対的剥奪感

準拠集団が持つ比較の側面に注目したのが**相対的剥奪感**の概念である。これは、ある個人が置かれた境遇の客観的・絶対的な劣悪さによってではなく、その人の抱く**期待水準と達成水準との相対的な格差によって感じる不満**のことを指す。何を準拠集団とするかにより期待水準も変わるため、客観的には同水準の状況でも不満の有無は変動する。

例えば年収500万円のAさんが自分の状況に不満を抱くかどうか。同じ学校を出た同級生のほとんどが年収1,000万円以上もらっていたら、Aさんは劣等感を抱くだろう（「俺って落ちこぼれだな」）。だが一方で、同級生のほとんどが年収300万円以下だったとしたら優越感を持つことになる（「俺って勝ち組」）。つまり、**現在の状況に不満・剥奪感を持つかどうかは、年収500万円という「絶対的」な数値によってではなく、自分の準拠集団と比較することで「相対的」に決まることになる**（ただし、何を準拠集団とするかは、その時々で変わりうる）。

（3）予期的社会化

準拠集団が持つ規範提供の側面に注目したのが**予期的社会化**（先取りした社会化）の概念である。これは、**将来所属したいと望んでいる集団**（現在は非所属集団かつ準拠集団）**の価値規範を先取りして学習する**ことを指す（例：外資系の企業に転職を希望する人物が、転職後のことを考えて英語の学習に励む）。

予期的社会化は、その個人には機能的である（その集団の価値や規範を積極的に身につけた人のほうが、その集団にたやすく受け入れられ、それへの適応が容易といえる）。しかし、**現に所属している集団の連帯感には逆機能的**である。

とはいえ、予期的社会化が個人に機能的なのは社会移動の見られる比較的**開放的な社会**に限られ、**閉鎖的な社会**の場合は個人に逆機能的である。その社会には移動の余地がないために、いくら自分がある集団に所属したいと思っても、その集団には受け入れられず、そのうえ、こうした個人の積極的な志向のために、自らの所属集団からも排斥されてしまう。こうした状況では、いずれの集団にも十分に属することができず、**マージナル・マン**（境界人）となる。

Power UP　マージナル・マン

マージナル・マンとは、互いに異なる文化を持つ複数の社会（集団）に属することから逆にいずれの社会（集団）にも十分に属することはできず、境界に位置する人間のことで、もともとはシカゴ学派のR.パークの用語である（後にK.レヴィンは、この概念を用いて青年期の心理状態を論じた）。

マージナル・マンについては、「アイデンティティが不安定であるために精神的にも不安定になる」という否定的な評価もある一方、「いずれの社会（集団）の価値観からも距離をとることができるため、より広い視野で物事を捉えることができる」という肯定的な評価もある。

3.5 自己成就的予言 ★★★

（1）概 要

　自己成就的予言（予言の自己成就：self-fulfilling prophecy）とは、「ある状況が起こりそうだと考えて人々が行為すると、そう思わなければ起こらなかったはずの状況が実際に実現してしまう」事態を指す。

　自己成就的予言は、❶人々の予想・思い込みが成立する、❷その予想に従って人々が行為する、❸予想が実現する、の3段階で構成されている。

　マートンは、シカゴ学派のW.トマスが示した「人が状況をリアルだと定義づけるならば、その状況は結果においてもリアルになる」（＝人の「現実」はその人の思い込みで規定されている）という**トマスの公理**からこの議論を導いた。

　自然現象と違って社会現象は人々の「状況の定義」の影響を受ける。予報官が台風の進路をどのように予測しようとも台風に影響を及ぼさないが、銀行が破綻するという人々の思い込みが実際に銀行を破綻させることはありうる。

（2）実 例

　1930年代の大恐慌時のアメリカでは、ある銀行の経営が破綻するという噂が拡がると預金者が次々と預金を引き出して実際にその銀行が破綻する、という事態が頻発した。

　銀行は、お金を貸し出して利子を取ったり運用したりすることで利益を得ているため、預金の大部分は銀行の手元にない。銀行は「預金者が一度に預金を引き出しに来ることはない」ということを前提に営業しているのであり、普通はそれで健全に経営できている。

　だが預金者たちが「この銀行は破綻しそうだ」と（誤って）状況を定義してしまうと、本当は健全経営だったとしても、人々の行為の結果として実際に銀行が破綻する事態に至る。

（3）自己破壊的予言

　予言が逆方向に影響を与えることもある。マートンは、**将来の社会的状況に関する予想・予言が行動様式に影響を与えた結果、当初の予想と反対の結果が生じる事態を自己破壊的予言**と呼んだ。これは自己成就的予言の対概念であり、一例として、自分が勝負に勝てると確信したために気が緩んで負けてしまうケースが挙げられる。

3.6 アノミー論 ★★★

(1) 概要

　「アノミー」とは、社会的に共有された規範が失われる事態(規範喪失)を意味する言葉である。É.デュルケムが『社会分業論』で「アノミー的分業」、『自殺論』で「アノミー的自殺」を定式化したことで社会学の概念として有名になり、マートンもアメリカ社会の分析にこれを用いた。

　マートンは、社会や文化が人々に課す**文化的目標**と、それを実現するために個人に与えられた**制度的手段**との間のズレに注目し、アノミー発生の原因として、**文化目標に到達するための制度的手段が不均等に配分されている社会状況**を挙げた。

　アメリカ社会では、誰でも努力すれば社会的・経済的に限りなく上昇できるという「アメリカン・ドリーム」が文化として共有され、それを目指すのが当たり前だとされている(小さい頃から成功者の伝記をたくさん読まされる)。マートンによれば、

❶　アメリカン・ドリームという目標がすべての人々に開放されている以上、万人はこの目標に向かって努力しなければならない

❷　現在は失敗と思われていても、それは最後の成功へと至る中間段階にすぎない(=まだ逆転できるから諦めるな)

❸　成功への努力を惜しんだり諦めたり目標水準を下げたりする人物は失敗者である

という原理を承認するようにアメリカ文化は命じているという。実際は競争社会だから、努力したところで成功できるのはごく一部の者だけだし、そもそも生まれながらに持っている金・コネは全く違うにもかかわらず、そのことはほとんど語られずに上記の原理を承認させられる。

　マートンは、このような**アメリカ社会への個人的適応の様式を同調・革新・儀礼主義・逃避主義・反抗の五つに類型化**した(アノミーの5類型ではないことに注意)。このうち、「同調」以外の四つはいずれも逸脱類型となる。

（2）個人的適応様式の5類型

適応様式	同調	革新	儀礼主義	逃避主義	反抗
文化的目標	＋	＋	－	－	±
制度的手段	＋	－	＋	－	±

（＋は承認、－は拒否、±は現行の価値の拒否と新しい価値への代替である）

① 同　調

目標を受け入れ、それを達成するための制度的手段からも外れない（逸脱しない）適応様式が「同調」である。ほとんどの者がこれを選ぶ。

② 革　新

目標は共有しつつ承認されていない手段を使うのが「革新」である。目標への達成手段の配分の格差が拡がれば「革新」を選ぶ者が増えてくる。「お金持ちになる」という目標を達成するために日々働くにしても、多額の資金を元手に株取引できる人と、安い時給で働く人とでは、結果は大きく変わってくる。あまりに給料が安すぎたら地道に頑張ったところで手に入るお金はたかがしれている。そこで「真面目に働くのがばかばかしい」という風潮が広がり、銀行強盗や詐欺という手段をとる方が（手間をかけずにお金を手に入れるという観点からは）手っ取り早いとされてしまう。

③ 儀礼主義

文化的に規定された目標を捨てつつ、ひたすら制度的手段・規則を固守し続ける適応様式が「儀礼主義」である。マートンによれば、これは過去に大きな失敗をした結果、目的とは関係なく規則を守り続けることにこだわり、全く融通が利かなくなる状態であり、強迫神経症患者になりやすいという（例：同調過剰・従順過剰の事務官）。

④ 逃避主義

かつて尊重していた文化的目標とそれを目指す制度的手段をいずれも実質的に放棄する（アルコール依存や薬物依存など）適応様式が「逃避主義」である。これは現実社会から撤退しているだけで、新しい価値観を提示してはいないという点で「反抗」と区別される。

⑤ 反　抗

　現行の文化的目標と制度的手段をともに拒否し、新しい価値を提示する「逸脱」が「反抗」である。例えば現世超越的な宗教家ならば、アメリカ社会で金銭的に成功するというのは「世俗的な欲望に踊らされた目標」であり承認できない。また、成功するために株取引という手段を選ぶことも「貨幣という不浄なものに頼っている行為だ」として拒否するだろう。そして代わりに「世俗的な欲望から解き放たれた新しい世界の建設」という目標と、その手段として「布教活動の徹底」を選択することになる。

（3）緊張理論

　マートンは、**文化的目標と制度的手段が乖離することによる緊張**という観点から逸脱行動を論じたことから、後で扱う逸脱行動論では、彼の立場は**緊張理論**と呼ばれる。

過去問チェック

01 T.パーソンズは、他者との相互作用を通じて取り入れた、社会的な望ましさ＝規範的志向によって人間の行為が規定されると考え、行為者の能動的な意志や努力を不可欠なものとする主意主義的行為論を批判した。国家一般職2010 2.4

✕ 主意主義的行為理論は、T.パーソンズ自身が初期に主張していた立場である。

02 パーソンズは、複数の行為者の相互行為を体系化して、自由主義に基づき行為理論を展開し、行為のシステムの上位システムが、社会システムであるとした。東京都Ⅰ類2006 2.5

✕ T.パーソンズは、行為のシステムの「下位」システムが、社会システムであるとした。

03 T.パーソンズは第二次世界大戦後、システムをキーワードに生物学や近代経済学、サイバネティクスなど最先端の学問成果を社会学に導入することに邁進した。『社会体系論』では、価値体系の共有による社会秩序の存立というテーゼに基づき、パーソナリティ、コミュニティ、国家という三つのシステムの連関化を論じた。国家専門職2014 2.5

✕ T.パーソンズは『社会体系論』では、パーソナリティ・システム、社会システム、文化システムという三つのシステムの連関を論じた。

04 人々が依拠する行為の選択基準をパターン変数として定式化したT.パーソンズは、近代化の過程で、全ての客体を同じように取り扱う普遍主義は衰退し、身内

びいきなどのように対象との間の特定の関係に従って客体を取り扱う個別主義が台頭してきたと論じた。**国家一般職2015** [2.6]

× T.パーソンズは、近代化により、個別主義から普遍主義へ移行すると論じた。

[05] 社会学では、社会の諸要素が社会の存続のために貢献することを機能という。それは、人体の諸器官が、人体の存続のために活動することに類比できる。その際、社会がその存続のために充足すべき課題を機能的要件という。T.パーソンズが提起したADSL図式は、その理論的定式化を試みたものである。**国家一般職2002** [2.7]

× T.パーソンズが提起したのは、「AGIL」図式である。

[06] 彼(パーソンズ)は、AGIL図式の提唱後、これを個別主義－普遍主義、所属本位－業績本位など5つの選択肢からなるパターン変数へと転換させ、理論を精緻化した。**東京都Ⅰ類2002** [2.8]

× T.パーソンズは『行為の一般理論をめざして』(1951)でパターン変数を提唱後、『経済と社会』(1956)でAGIL図式を定式化した。

[07] R.K.マートンは、影響力の大きさにおいてT.パーソンズと双璧をなすアメリカ合衆国の社会学者である。マートンは、社会学が経験的な調査に基づく「中範囲の理論」を志向すべきであると主張した。それは、パーソンズの社会学が一般的な理論の構築を避け、経験的な調査に重点を置くことと呼応している。**国家一般職2000** [2.1] [2.8] [3.3]

× T.パーソンズは、一般理論の構築を目標としており、経験的な調査には重点を置いていない。

[08] 彼(マートン)は、社会の機能分析において、客観的結果と主観的意向とが一致するものを潜在的機能とし、両者が異なるものを顕在的機能として、両者の概念的区別を明らかにした。**東京都Ⅰ類2004** [3.2]

× 「潜在的機能」と「顕在的機能」が逆である。

[09] 彼(マートン)は、中範囲の理論を唱え、日常的調査に必要な個々の作業仮説を積み上げることではなく、社会についての包括的な概念図式を導き出すことにより、社会学を構築すべきであるとした。**東京都Ⅰ類2004** [3.3]

× 社会についての包括的な概念図式を導き出すことを目指したのは、T.パーソンズである。R.K.マートンは、日常的調査に必要な個々の作業仮説を積み上げることで、中範囲の理論を構築することを目指した。

10 R.K.マートンは、社会における相互行為の分析は複雑性が非常に高く困難であるとして、社会学における研究対象を、主としてミクロレベルとマクロレベルの中間に限定する中範囲の理論を批判し、より抽象度の高い一般理論を構築することが重要であると主張した。国家一般職2012 3.3

✕ R.K.マートンは、T.パーソンズのように一気に抽象度の高い一般理論を構築することを批判し、中範囲の理論を主張した。

11 R.K.マートンは、アメリカ社会において文化的目標と制度的手段との乖離がアノミーを生み出しているとして、こうした社会状態に直面する個人の適応類型を提示している。彼は、例えば、文化的目標は受容するが制度的手段を拒否する類型を「革新」、文化的目標と制度的手段の両方を拒否する類型を「儀礼主義」と呼んでいる。国家一般職2003 3.6

✕ 文化的目標と制度的手段の両方を拒否する類型は、「逃避主義」である。

2 戦間期前後の社会学

第2節では、第二次世界大戦で亡命することを強いられたフランクフルト学派やK.マンハイムの学説を学習します。D.リースマンは亡命知識人ではありませんが、フランクフルト学派の社会的性格論の影響を強く受けているため、関連づけて理解しましょう。

キーワード

> フランクフルト学派／批判理論／『自由からの逃走』／社会的性格／権威主義的性格（パーソナリティ）／『孤独な群衆』／伝統指向型／内部指向型／他人指向型／『イデオロギーとユートピア』／存在被拘束性／自由浮動のインテリゲンチャ／相関主義／自由のための計画

❶ フランクフルト学派

1.1 背　景　　　　　　　　　　　　　　★★★

　社会学史には、コント／スペンサー⇒ウェーバー／デュルケム／ジンメル⇒パーソンズ／マートンというメインの流れとは別に、マルクス／フロイトという傍流から発展した分野もある。その代表的なものが社会的性格論である。

　社会的性格論の主な担い手は**ドイツのフランクフルト大学社会研究所**に所属していた研究者たち(**フランクフルト学派**)である。多くは**ユダヤ人**だったため、厳しいユダヤ人迫害政策をとったナチス・ドイツの台頭とともに祖国を離れ、**アメリカに亡命**した。アメリカ政府は、New School for Social Researchという研究機関を作って彼らの受け皿とした。

　戦後アメリカ社会学が飛躍した背景には、こうした亡命社会学者の存在がある。また、彼らは**現代社会(大衆社会・後期資本主義社会)**を鋭く批判しており**批判理論**と総称される。

> 第一世代：T.アドルノ (1903 ～ 69)、M.ホルクハイマー (1895 ～ 1973)
> 　　　　　E.フロム (1900 ～ 80)、W.ベンヤミン (1892 ～ 1940) など
> 第二世代：J.ハーバーマス (1929 ～ 　)

1.2 フロム

★★★

（1）背　景

　第一次世界大戦後のドイツは、世界で最初に**社会権**を保障した
ワイマール憲法に基づく**ワイマール共和国**として再出発したが、
1932年の総選挙で**ナチス**は**第一党**となり、政権を獲得した。

　ドイツの社会心理学者**E.フロム**は『**自由からの逃走**』(1941)にお
いて、一般市民が、なぜナチズムという残忍な政治勢力に荷担し
ていったのかを社会学の立場から解明することを試みた。

E.フロム
[1900 ~ 80]

（2）社会的性格の定義

　社会的性格とは、「一つの集団の大部分の成員がもっている性格構造の本質的中核
であり、その集団に共通の基本的経験と生活様式の結果、発達したもの」であり、
社会経済的構造に対して人間性がダイナミックに適応することで生まれる(例えば、
農民と商人では必要とされる性格は違う)。

　フロムは、マルクスの史的唯物論とフロイトの精神分析、およびウェーバーのエー
トス論の統合を目指してこの概念を提示した。

　社会的性格は「セメント」しての働きと「ダイナマイト」としての働きを持つが、フ
ロムは、ナチズムの興隆を、社会的性格がダイナマイトになってしまった顕著な例
と考えた。具体的には、「**資本主義の独占化傾向**」というドイツ社会の急激な社会経
済変動に乗り遅れてしまった社会階層の伝統的な社会的性格がナチズムをもたらし
たという。

「セメント」の働き	個人に社会に対する心構えを与え、社会への適応を促す(個人にとってプラス)。また、諸個人の心的エネルギーをその社会の経済構造に適合的な方向へ誘導する(社会にとってプラス)。この好循環によって社会も個人も安定的に発達する。例)プロテスタンティズムのエートス
「ダイナマイト」の働き	社会的性格は個人の心理に根差し、習慣となっているので、社会構造の変化に直ちに対応して変化することはできない。社会構造は変化したのに古い社会的性格だけが残存すると、それは社会構造に対して自己破壊的な力を持ってしまうことがある。

（3）権威主義的性格

　権威主義的性格（パーソナリティ）とは、権威ある者へは無批判に服従や同調を示し
（＝**マゾヒズム**）、弱い者に対しては力を誇示して絶対的な服従を要求し（＝**サディズ
ム**）、迷信や因習を尊重し、反省するところが少なく、人種的偏見を持ち、性的な
抑圧が強いという一連の性格特性で、社会的性格の一類型である。

(4) 実 例

フロムによれば、ナチズムを受け入れる基盤となった「権威主義的性格」、「機械的画一性」といった特徴は突然現れたのではない。ナチズム支持者に見られた「仕事への衝動、節約への情熱、超個人的な目的に自己を投げ出す態度、禁欲主義、強い義務感」といった性格は、プロテスタンティズムの倫理とも大きな違いはない。

第一次世界大戦前までは、こうした性格を持った下層中間(中産)階級の人々（小商店主、職人、下層ホワイトカラーなど）はほぼ確実に経済的成功を収め、満足した生活を送ることができた。また、君主政治の権威は揺るぎないものであって、それに寄りかかり一体化することによって、下層中間階級の成員は安全感と自己満足的な誇りを獲得していた。宗教や伝統的な道徳の権威もしっかりと根を張っていた。つまり、個人の経済的地位には自らに自尊心と安定感を与えるだけの強固さがあり、個人が寄りかかっていた権威は、個人的地位だけでは得られないような、より多くの精神的安定性を与えるだけの強さを持っていた。

しかし第一次世界大戦後、彼らの生活は一変した。独占化が進む資本主義のもとでは、「勝ち組」陣営（圧倒的な強さを持った独占企業など）に属さなければ、勤勉に働いたとしても成功を手にすることは困難になった。このような変化に対して一番割を食ったのは、下層中間階級の人々である。しかも君主制が崩壊し「自由平等」の国となった結果、寄りかかる権威も消えてしまった。法的・経済的な「自由」（「〜からの自由」＝消極的自由）と引換えに「自己責任」を基本とする社会になっていたから、自分が貧しくなったのはすべて自分の責任ということになる。

こうした階層の行き場のなくなった欲求不満を吸収したのは、強力なリーダーシップで失業問題を解決したナチス党である。人々は、せっかく自由を手に入れたのにもかかわらず、その重荷に耐えかねて放棄し、カリスマ的な指導者ヒトラーに服従した。

それに対してフロムは、「〜への自由」＝積極的自由を担えるように個人は成長すべきだと主張する。

第一次世界大戦前	第一次世界大戦後	ヒトラー登場
・社会経済的構造と社会的性格がマッチしており、ウェーバーのいうプロテスタンティズムの倫理が有効だった ・従うべき強力な君主がいたためマゾヒズムが満たされる ・父は家庭内で強力な権威を持っていたため、妻子に命令することでサディズムも満足	・社会経済的構造が変わり、社会的性格とミスマッチになることで行き場のない不満がたまる ・民主的な国になることと引替えに強力な君主は消滅し、マゾヒズムは不満足（「誰か命令してください」） ・家庭内での権威は失墜し、妻子はいうことをきかなくなることでサディズムは不満足	・失業問題が解決して安心して仕事ができるようになり、再びプライドが満たされるようになる ・ヒトラーに従うことで、マゾヒズムは大いに満たされる ・ユダヤ人を弾圧することで、サディズムも大いに満たされる

1.3 アドルノ ★★☆

（1）背景

　フロムと同じフランクフルト学派の社会哲学者T.アドルノは、ナチスによる迫害をきっかけにイギリスに一時亡命し、さらに亡命した**アメリカ**で、さまざまな尺度を用いて**社会的性格を実証的に研究**した。

T.アドルノ
[1903〜69]

（2）権威主義的パーソナリティ

　アドルノは、亡命先のアメリカで実施した調査の報告書『**権威主義的パーソナリティ**』(1950)で、表面的には民主的なアメリカ人にも権威主義的性格が広く浸透しておりファシズムの土壌があることを明らかにして衝撃を与えた。

　この調査の中でアドルノたちは、権威主義の程度を測定するための尺度として「**F尺度(fascism scale)**」を作成した。例えば、以下の質問文に「すごくそう思う」と答えると、権威主義的パーソナリティの持ち主だと判断される。

・伝統や習慣に従ったやり方に疑問を持つ人は、結局は問題をひき起こすことになる

・この複雑な世の中で何をなすべきかを知る一番よい方法は、指導者や専門家に頼ることである

Power UP　「権威主義的性格」と「権威主義的パーソナリティ」

　「権威主義的性格」と「権威主義的パーソナリティ」について、前者はフロム、後者はアドルノ関連で使われることが多いが、原語は両方とも同じであり (authoritarian personality)、性格の内容も同じである（そもそもこれはフランクフルト学派の用語だから）。
　フロムとアドルノはいずれも、❶フランクフルト学派の知識人であること、❷ワイマール共和国に住んでいたが、ナチスによる迫害をきっかけにアメリカに亡命したこと、❸ファシズム研究を行ったこと、という共通点を持っているが、(i) ファシズム研究の直接の分析対象（フロムはワイマール共和国、アドルノはアメリカ）、(ii) 著作名（フロムは『自由からの逃走』、アドルノは『権威主義的パーソナリティ』）の2点で異なる。

---

② 社会的性格論の展開とイデオロギー論

（1）背　景

　D.リースマン（1909 ～ 2002）は『**孤独な群衆**』（1950）において、フロムの社会的性格論の影響を受けつつ、**人口増加のS字曲線**（多産多死型段階→多産少死型段階→少産少死型段階）に注目して、「**同調の様式**」という観点から社会構造の変化と性格構造の間の密接な関連を明らかにした。

人口のS字曲線

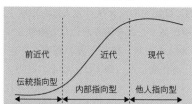

（2）社会的性格の3類型

　以下の3類型は**理念型**であり、完全に時代と対応しているわけではない。現実には混在している。

① 伝統指向型

　伝統指向型（伝統志向型）とは、**人口がほとんど増加せず社会変動が緩慢**な多産多死型段階（高度成長潜在期）の**前近代社会**に特徴的な性格構造をいう。

　前近代社会では社会秩序が比較的安定しているために、人々は主体的な選択をせず伝統的な規範や秩序に従って行動すればよい。伝統指向型の性格構造とは、このように自己の行動を**伝統的規範や秩序に準拠**させる人々の心的構造を指す。

② 内部指向型

　人口が急増し、**急激な資本主義化・産業化**を経験する多産少死型段階（過渡的成長期）の**近代社会**に入ると、それまで準拠していた伝統的な規範・秩序が崩壊し、**自分自身の内面にある目標や良心に禁欲的に従う**人間が社会構造に適合的となる。

　伝統指向型に代わって登場するこのような個人主義的な性格構造を**内部指向型**（内部志向型）と呼ぶ。これは内面に方向指示器を持つと喩えられ**ジャイロスコープ内蔵型**とも呼ばれる。

③ 他人指向型

　人口増加が再び停滞する少産少死型段階(初期的人口減退期)の現代社会(『孤独な群衆』が刊行された1950年当時)になると、社会生活で消費が大きな割合を占め、対人サービスが産業の中心となり、自分自身の良心にだけ忠実な人間ではなく、他者の意見・趣向に合わせながら自己の目標を修正しつつ行動する性格が適合的となる。このような他者の意見・趣向を行動基準としている現代人を他人指向型(他人志向型)[1]という。これは絶えず周囲に目を配っているということからレーダー内蔵型とも呼ばれる。

2.2 マンハイム　★★☆

(1) 背景

　ハンガリー出身の社会学者K.マンハイム(1893～1947)は、第一次世界大戦後の革命騒動の中、ドイツに亡命してフランクフルト大学で教鞭をとった。ただし、同大学の社会研究所にいたフランクフルト学派とは距離をとっており、『イデオロギーとユートピア』(1929)ではマルクスのイデオロギー概念を批判的に取り上げたため、マルクスの影響下にあったフランクフルト学派の人々には評判が悪かった。

　その後、ドイツではヒトラーが政権を獲得したことから、ユダヤ人であったマンハイムはさらにイギリスに亡命し、そこで生涯を過ごすこととなる。

1　「他者指向型 (他者志向型)」、「外部指向型 (外部志向型)」と訳されることもある。

（2）イデオロギー論

「イデオロギー」とは、広義には信念・態度・意見など、人間の意識活動の総体を意味する概念であり、狭義にはある主張・行動を特定の政治的立場からのものとして否定的・批判的に表す場合に用いられる概念である。

イデオロギーはマルクスの社会意識論でも扱われたが、それを包括的・体系的に論じたのはマンハイムの『イデオロギーとユートピア』であった。

（3）存在被拘束性

マンハイムは、人間の知識や認識がその人の立場によって異なり、ひいては社会や歴史によって異なることに着目し、これを知識の存在被拘束性（存在拘束性）と呼び、それを専門的に研究する分野を知識社会学と名づけた。人間の知識は常に拘束されたものである限り、完全な真理・客観的な知識というのは存在しない。その意味では、すべての知識・認識は、イデオロギー（偏見や誤解を含んだ認識）といえる。

（4）虚偽意識の分類
① イデオロギーとユートピア

マンハイムは人々の持つ認識・意識を、支配集団の現状肯定的な虚偽意識であるイデオロギーと、被支配集団の現状超越的な虚偽意識であるユートピアに分けた。

さらにイデオロギーは以下のように分類される。

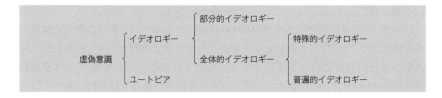

虚偽意識 ┬ イデオロギー ┬ 部分的イデオロギー
　　　　 │　　　　　　　└ 全体的イデオロギー ┬ 特殊的イデオロギー
　　　　 └ ユートピア　　　　　　　　　　　　└ 普遍的イデオロギー

② 部分的／全体的イデオロギー

部分的イデオロギーは、相手の個別の利害関心により規定された認識を指し、その虚偽性を暴露しようとするものである。

全体的イデオロギーは、社会構造からの作用に規定された対象の世界観を指し、その虚偽性を暴露しようとするものである。それゆえ、後者の方が包括的でレベルが高い。

③ 特殊的／普遍的イデオロギー

特殊的イデオロギーは、自分以外の立場をすべてイデオロギーとして批判する一方で、自分の認識はすべて正しいからイデオロギーではない、とする把握の仕方であり、マルクス主義が典型的である。

普遍的イデオロギーは、自分の認識も含めてすべてが普遍的にイデオロギーであるとみなすものであり、マンハイムの知識社会学はこの立場を採り、「敵の立場だけでなく、原理上、一切の立場を、つまり自己自身の立場さえイデオロギーとみなす勇気がなければならない」としている。

④ 相関主義

ただし相対主義やニヒリズムのように、「すべてはイデオロギーなのだから唯一絶対の真理はない」という立場をとらない点がマンハイムの特徴である。

彼によれば、さまざまな異なる見地からの部分的な認識を相互に関係づけて綜合すれば、全体に対する認識に到達することができるのであり、知性を持つ自由浮動のインテリゲンチャがこの役割を担うと捉えた。そして、このような立場を相関主義と名づけた。

⑤ 自由のための計画

自由のための計画とは、自由と計画を「両立」させる立場である。マンハイムは自由放任主義に反対する一方で、そのころ台頭していたファシズムや社会主義のような人間を抑圧する計画主義にも反対した。そして「第三の道」として、自由を保障するために統制を行う自由のための計画を主張した。

01 E.フロムは、社会的性格とは一つの集団の大部分の成員がもっている性格構造の本質的な中核であり、その集団に共通する基本的経験と生活様式の結果、発達したものであるとした。**特別区Ⅰ類2009** `1.2`

◯ 「大部分の成員」(=全員ではない)という点と、「基本的経験と生活様式の結果、発達したもの」(=民族精神等の抽象的な観念ではなく、日常生活の経験に根ざして性格構造が作り上げられるという唯物論的発想)という点は把握しておこう。

02 T.W.アドルノらは、権威主義的パーソナリティが、生産手段をもたない労働者階級に特有のパーソナリティであることを明らかにし、労働者階級は、その性格特性ゆえに積極的にファシズム運動を支持し、自らの階級利害を主張したと論じた。**国家一般職2007** `1.2` `1.3`

✕ 権威主義的パーソナリティは労働者階級に特有のものではない。またE.フロムによれば、権威主義的パーソナリティを持ちヒトラーのファシズムを熱烈に支持したのは下層中産階級(小売店主・職人・下層ホワイトカラー)である。

03 E.フロムは、一つの集団の成員の大部分が共有している性格構造の中核を社会的性格と呼んだ。これは社会心理の研究の基礎的概念として、後の研究に大きな影響を与えた。D.リースマンは、アメリカ人の社会的性格を分析して、権力志向型・金銭志向型・趣味志向型という三つの類型を提示した。**国家一般職2002** `1.2` `2.1`

✕ 3類型の名称は、伝統指向型・内部指向型・他人指向型である。

04 D.リースマンは、産業化の進展とともに、人々の社会的性格が、伝統集団への同調を重視する伝統指向型から、同世代人の動向に絶えず気を配る他人指向型を経て、個人の内面にある人生目標を追求する内部指向型へ、順に変化していくと論じた。**国家一般職2007** `2.1`

✕ D.リースマンによれば、人々の主たる社会的性格は、伝統指向型から内部指向型を経て他人指向型へと変化していく。

05 K.マンハイムのイデオロギー概念は、ユートピアの概念の対極に位置するもので、彼は、「普遍的イデオロギー」と「特殊的イデオロギー」とを区分し、後者を更に「全体的イデオロギー」と「部分的イデオロギー」とに区分した。**国家専門職2003** `2.2`

✕ K.マンハイムは、まずイデオロギーを「全体的イデオロギー」と「部分的イデオロギー」とに区分

し、前者をさらに「普遍的イデオロギー」と「特殊的イデオロギー」とに区分した。

[06] （マンハイムは、）ナチス政権下のドイツからアメリカに亡命し、自由放任の立場から「自由のための計画」の実現を目指した。**東京都Ⅰ類2005** [2.2]

✕ 「自由放任の立場から」が誤り。「自由のための計画」とは、自由放任主義でも計画主義でもなく、その中間の立場である。

[07] デュルケムは、著書『イデオロギーとユートピア』において、マルクス主義がプロレタリアートによる真理の独占を主張するのに反対して、歴史主義的相対主義の立場からマルクス主義的思惟そのものを相対化することによって、普遍的イデオロギー概念の成立をめざす知識社会学を構想した。**国家専門職2004** [2.2]

✕ これはK.マンハイムに関連する記述である。また内容も微妙に異なる。彼はマルクス主義のイデオロギー概念を批判すると同時に相対主義も批判し、相関主義を提唱した。これは、特定の利害関心に囚われない自由浮動のインテリゲンチャ（知識人）により様々なイデオロギーが綜合される、という立場である。

[08] K.マンハイムのいう「浮動的インテリゲンチャ」とは、大学教育が普及した社会において、大量の高学歴層が生み出された結果、知識を活用する安定的職業に就くことが困難になり、不安定な立場のまま批判的な発言をする集団のことを指す。**国家一般職2010** [2.2]

✕ 「浮動的インテリゲンチャ」（自由浮動のインテリゲンチャ）とは、自由浮動に様々な立場をとり、多様な観点から綜合的に対象を認識しようとするインテリゲンチャ（知識人）のことである。

問題1 パーソンズの社会体系の理論に関する記述として、妥当なのはどれか。

特別区Ⅰ類2014

❶ パーソンズは、社会は、社会成員の没個性的な類似による結合である機械的連帯から、社会成員の個性的な差異を基礎とした分業の発達によって生ずる結合である有機的連帯へと進化するとした。

❷ パーソンズは、AGIL図式により、社会システムが維持・存続するためには、適応、目標達成、統合、潜在的パターンの維持及び緊張の処理という4つの機能要件が満たされなければならないとした。

❸ パーソンズは、サイバネティクスの原理を行為システムに適用し、最も情報量が多いパーソナリティ・システムが他のシステムを条件付け、最もエネルギーが高い文化システムが他のシステムを制御するとした。

❹ パーソンズは、経験的調査と一般的な理論との有効な結合として中範囲の理論を提唱し、全体社会システムの諸部分を構成する個々の社会現象を分析すべきであるとした。

❺ パーソンズは、社会体系の参与者によって意図され認知された結果である顕在的機能と、これに対して、意図されず認知されない結果である潜在的機能との区別を明らかにした。

解説

❶ ✕ これは、É.デュルケムの社会変動論に関する記述である。「機械的連帯」、「有機的連帯」で判別できる。

❷ ◯ 問題文が短く、「AGIL図式」、「適応」、「目標達成」、「統合」、「潜在的パターンの維持及び緊張の処理」、「４つの機能要件」はいずれも重要キーワードなので、一本釣りで選べるだろう。

❸ ✕ T.パーソンズは、最もエネルギーが高い行動有機体が他のシステムを条件付け、最も情報量が多い文化システムが他のシステムを制御するとした。詳しくは、パーソンズの項目の「Power UP」を参照のこと。ただし、この選択肢の内容がわからなくても、正解肢が明確なので正解できるだろう。

❹ ✕ これは、R.K.マートンの中範囲の理論に関する記述である。

❺ ✕ これも、マートンに関する記述である。

リースマンの社会的性格に関する記述として、妥当なのはどれか。

特別区Ⅰ類2018

❶ リースマンは、社会的性格を、１つの集団や階層の大部分の成員が共有している性格構造の本質的な中核であり、その集団や階層に共通な基本的経験と生活様式の結果として形成されたものであると定義した。

❷ リースマンは、伝統指向型、内部指向型、他人指向型という３つの社会的性格を挙げ、第二次世界大戦後のアメリカの都市的な上層中産階級に見られる社会的性格を内部指向型であるとした。

❸ リースマンは、伝統指向型を、変化の緩やかな伝統的社会の中で、その文化が提供する伝統慣習などに従順に従って行動する社会的性格であり、初期資本主義社会に支配的な性格類型であるとした。

❹ リースマンは、内部指向型を、権威あるものには服従し、弱者には絶対的服従を要求する社会的性格であり、ドイツ資本主義社会における中産階級に典型的に見出される性格類型であるとした。

❺ リースマンは、他人指向型を、期待や好みといった他者からの信号に敏感に反応し、それに応じて自己の生活目標を変えていく社会的性格であり、現代の大衆社会に支配的な性格類型であるとした。

解説

❶ ✕　これは、E.フロムによる「社会的性格」の定義である。D.リースマンは、フロムの社会的性格論を発展的に継承し、アメリカ社会を分析した。

❷ ✕　第二次世界大戦後のアメリカの都市的な上層中産階級に見られる社会的性格は「外部指向型」である。リースマンがこの類型を示した著作『孤独な群衆』が発表されたのは1950年であり、その当時の「現代的な」性格類型とされている。

❸ ✕　初期資本主義社会(近代社会)に支配的な性格類型は、「内部指向型」である。伝統指向型は、前近代社会に支配的な性格類型とされる。

❹ ✕　これは、フロムが論じた「権威主義的性格」の特徴である。リースマンの社会的性格論は、ドイツではなくアメリカ社会の分析を中心としている。

❺ ◯　リースマンは、この性格類型は20世紀のアメリカの都市的な上層中産階級に最も早く現れて、さらにそれが一般化してきたと論じた。

第3章

ミクロ社会学と現代の社会学

　第3章では、主に1950年代後半以降の社会学説について学習します。このうち第1節では、ミクロ社会学の源流となった自我論・パーソナリティ論を扱い、次に機能主義パラダイムに対抗して登場したミクロ社会学の諸学説を示します。また、第2節では主に1970年代以降の社会学説を扱います。抽象的な議論もありますが、近年は出題が増えてきている分野でもあり、重要度が増しています。

1 ミクロ社会学

第1節では、ミクロ社会学について学習します。社会学は、マクロな社会領域だけでなく、身近なミクロな社会領域も研究対象とします。ミクロ社会学の理論はかなり抽象的ですが、公務員試験対策として考えるのであれば、深い理解は必要としません。代表的なキーワードを確認しておきましょう。

キーワード

> 鏡に映った自我／客我と主我／プレイ段階とゲーム段階／一般化された他者／無意識／夢判断／超自我 - 自我 - イド／アイデンティティ／モラトリアム／意味学派／シンボリック相互作用論／現象学的社会学／エスノメソドロジー／会話分析／ドラマトゥルギー／自己呈示／印象操作／儀礼的無関心／役割距離／交換理論

❶ 自我・パーソナリティ

1.1 クーリー ★★★

（1）背 景

R.デカルトに代表される近代哲学では、自我は生まれながらに人間に備わったものだと考えられてきた。しかし、アメリカの社会心理学者C.H.クーリーは、自我を社会から隔絶した存在とする従来の自我論を批判し、**自我は他者との関係において社会的に形成される**という自我の社会理論を展開した。

C.H.クーリー
[1864 ～ 1929]

このように、他者との社会関係を通じて形成される自我を「**社会的自我**」という。

（2）鏡に映った自我

クーリーは、人間は、**他者との直接的で親密な接触**の過程の中で、他者の反応を一種の鏡のようにして**自分自身を認識し自我を形作っていく**として、他者の反応から得られるこの**自我の社会的側面**のことを「**鏡に映った自我**」と呼んだ。つまり、自分が何者であるのか（自己イメージ）は社会的に獲得されるということである。

またクーリーは、自我発達の基礎になる集団についても論じた。子どもは生まれた集団(家族や地域集団)の中で、**対面的な親密な結びつきによって自我を形成していき、道徳意識の基盤を形成していく。**この集団を「**第一次集団**」という。

⇒第5章 第2節 1.3

1.2 G.H.ミード ★★☆

(1) 背 景

G.H.ミードは、T.パーソンズが登場するまでアメリカ社会学をリードしていた**シカゴ学派**の伝統に属する社会哲学者・社会心理学者である。

G.H.ミード
[1863 ～ 1931]

ミード自身は、シカゴ大学の社会学部ではなく哲学部に所属しており、C.S.パース、W.ジェームズ、J.デューイと並ぶ4人目の**プラグマティズムの哲学者**とされる。ただし、ミードの講義には、後述する**H.ブルーマー**など社会学部の大学院生・学生も多く出席しており、後世に与えた影響は、社会学・社会心理学の方が大きい。

機能主義全盛の頃は忘れられた学者だったが、パーソンズに対する疑念が生じたとき、「機能主義以前の社会学」に関心が集まり、再発見された。

ミードは、時代的に先行していたクーリーの自我論の影響を強く受けており、クーリーと同様に、**自我を社会から隔絶した存在とする従来の自我論を批判し、自我は他者との関係において社会的に形成される**という社会的自我の理論を展開した。ただし、クーリーの他者像は観念的であると批判して、他者を具体的・現実的に考察しようとした。

ミードの主要な考え方は、講義録である『**精神・自我・社会**』(1934)で展開されている。

(2) 客我と主我

人間の自我は他者の役割・態度を取得する過程の中で形成されるとした上で、自我を、社会的価値・役割を内面化した部分である「**客我(me)**」と、客我に対する積極的・主体的反応である「**主我(I)**」の2側面に分けて考察した。

この2側面の間のコミュニケーション(ときには協力、ときには葛藤)が人格を作り上げている。「**主我**」を重視するところに、内面化・社会化という「**客我**」の側面を**強調するパーソンズとの違いがある。**また、主我も完全に非社会的なものではなく、客我との関係の中で形成されるという意味では社会的なものである。

（3）自我の発達段階

　人間の自我は、**役割取得過程**の中で形成される。人間は**対面状況**において、自分の行為に対する相手の反応から意図を読み取り、自らの行為を相手の意図に応じた形に変えていくことで自らの役割を取得していき、その積み重ねにより自我が発達していく。

　プレイ段階では対面関係にある**重要な他者**との相互行為の中で相手の態度や視点を学んでいくが、発達が進み**ゲーム段階**になると**複数の他者の多様な役割期待を組織化し一般化**する。そして**一般化された他者**の役割期待に応えていくようになる。

プレイ段階	・対面関係にある**重要な他者**（意味ある他者）との相互行為の中で相手の態度や視点を学んでいく段階 ・この段階で内面化されるのは、目の前の具体的な他者の個別的・局所的な役割期待や態度である ・「ごっこ遊び」の段階
ゲーム段階	・複数の他者の多様な役割期待を組織化・一般化して「**一般化された他者**」の役割期待に応えていくようになる段階 ・野球が例

　プレイ段階では、例えば社会的ルールを破りたいという欲求は、母や父のような重要な他者が頭に浮かぶことで抑止されるが、ゲーム段階になれば、もっと**抽象的なルール意識**ができる。母親が怒るからしないのではなく（「重要な他者」による禁止）、ルール上してはいけないからしない（「一般化された他者」による禁止）、となる。

1.3 フロイト　　　　　　　　　　　　　　　　　★★☆

（1）背　景

　主にオーストリアで活動した**S.フロイト**は、社会学者ではなく**精神分析学**を創設した精神科医である。しかしその学説は、パーソンズやフランクフルト学派などの社会学者にも大きな影響を与えた。

S.フロイト
[1856 ～ 1939]

（2）「無意識」の発見

　フロイトは、人間の心の中には、**自分で理解できている自分とは異なる「無意識」の領域があり、しかもそれが行動を左右している**と考えた。フロイトは、「知性によって自己をコントロールしなければならない、また、できる」、という近代社会の価値観に挑戦した。

この説は常識破りだったが、多くの人々は「コントロールしきれない自分」を抱えて悩んでいただけに熱狂的に受け入れられた。フロイトが無意識を知るための「窓」として着目したのは夢である。「夢判断（夢分析）」は精神分析の代名詞となり、20世紀初頭にはブームのように広がった。

（3）心の三層構造論

ミードは**自我の二面性**を説いたが、フロイトは自我を**心の三層構造**の中に位置づけた。

① 前期フロイト

当初フロイトは、人間の心を**意識ー前意識ー無意識**の３層で成り立っていると捉えて分析した。

このうち、「**意識**」は通常に意識している領域、「**前意識**」は普段は意識していないが思い出そうと思えば自分の意志で思い出せるもの、「**無意識**」は自分の意志では思い出せない領域を指す。

② 後期フロイト

その後フロイトは、人間の心を**超自我ー自我ーイド（エス）**の３層で成り立っていると捉えて分析した。

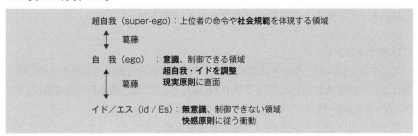

超自我（super-ego）：上位者の命令や**社会規範**を体現する領域

　　↕　葛藤

自　我（ego）　：**意識**、制御できる領域
　　　　　　　　　　超自我・イドを調整
　　↕　葛藤　　　　**現実原則**に直面

イド／エス（id / Es）：**無意識**、制御できない領域
　　　　　　　　　　快感原則に従う衝動

1.4 エリクソン ★★☆

（1）背 景

ドイツ出身で主にアメリカで活動した**E.エリクソン**も、社会学者ではなく**精神分析家・発達心理学者**である。

しかし、彼の「**アイデンティティ**」概念は社会学に大きな影響を与えた。アイデンティティはいまや日常用語となり、非常に多様な意味で用いられているが、その根本には「**同一**」という意味が含まれていると考えれば理解しやすい。

E.エリクソン
[1902～94]

（2）アイデンティティ

エリクソンは、アイデンティティを**自己アイデンティティ**(self identity)と**自我アイデンティティ**(ego identity)の2側面に分けて論じた。

このうち自己アイデンティティとは、他者や社会との関係の中で生じてくるアイデンティティ(同一性)のことである。例えば、「私は東京都民である」／「〇〇大学の学生である」というアイデンティティで、**社会的な同一性**にあたる。

一方、自我アイデンティティとは、自己アイデンティティ同士をつなぎ合わせ統合する同一性である。例えば、「東京都民」＋「〇〇大学の学生」＋……、を統合したものとしての私であり、**内面的な同一性**にあたる。

自我アイデンティティによって「自分らしさ」が生まれる。

（3）モラトリアム

エリクソンは人の一生を8段階に分け、それぞれに次の段階へ上がるために乗り越えるべき課題を設定した(**ライフサイクル論**)。ここでは、**青年期の達成課題(アイデンティティ(同一性)vs. アイデンティティ拡散)**を覚えておこう。

青年期には、**アイデンティティの確立**が達成課題となるが、そのためにはさまざまな**試行錯誤**を行う期間が必要になる。その期間をエリクソンは「**モラトリアム**」[1]と名づけた。

エリクソンの発達段階

乳児期 → 早期児童期 → 遊戯期 → 学齢期 → 青年期 → 初期成人期 → 成人期 → 成熟期

---

1 「モラトリアム」は、もともとは「支払い猶予」を意味する経済用語である。

❷ ミクロ社会学の展開

2.1 > 概　要　　　　　　　　　　　　　　　　★☆☆

　1950年代にはパーソンズを中心とした機能主義パラダイム(理論枠組み)が隆盛を誇ったが、1960年代以降、パーソンズの枠組みに対して「**個人の主体性を軽視している**」、「**現状維持的・保守的である**」との批判が相次ぎ、それ以降、社会学では支配的なパラダイムがないまま、現在に至っている。

　その中で、クーリー、ミード、フロイトらが注目していた**個人の内面と他者とのコミュニケーション**に着目する流れは、パーソンズ批判の中で**ミクロ社会学**という分野に成長した。その中の代表的な立場と中心人物を挙げておく(名前とキーワードを覚えるくらいでよい)。

　彼らはパーソンズに反発し、**個人の主体性・創造性を強調する社会理論**を構築した(以下、交換理論以外の論者は「**意味学派**」と呼ばれる)。

2.2 > シンボリック相互作用論　　　　　　　　★★☆

　アメリカの社会学者**H.ブルーマー**(1900 ～ 87)は、シカゴ大学社会学部の博士課程に在籍中に**G.H.ミード**から強い影響を受け、その経験が**シンボリック相互作用論**(象徴的相互作用論)の提唱につながっていく。

　シンボリック相互作用論では、**社会は「共有されたシンボル」によって形成される**と考え、**シンボルの意味解釈**における人間の**主体性・創造性**を強調する。

　ここで「シンボル」とは、例えば言語などの記号を思い浮かべればよい。メールで友だちとコミュニケーションできるのはお互いに文字が読めるからである。このように、人間はシンボルを媒介にして相互作用しているが、かといって意味の受け取り方が100%同じわけでもない。メールが伝えるメッセージは読む人によって解釈が違うことがある。

現象学的社会学　　　　　　　　　　　　　　　　　　★★★

現象学はドイツの哲学者E.フッサール(1859 ～ 1938)が提唱した立場である。

前半生はオーストリアで、後半生はヒトラーの台頭により亡命先のアメリカで過ごしたユダヤ系社会学者A.シュッツ(1899 ～ 1959)は、それを現象学的社会学として社会学に応用し、日常生活が繰り広げられる生活世界において、人々がどのように他者を理解しリアリティを構成しているのかを考察した。

人間は、自明な領域を確保しておかないと安心して日常生活を送ることができないため、世界や自己の存在に対する疑念を停止している。例えば私たちは、明日世界が滅ぶのではないか、いま乗っている電車が転覆するのではないか、といった「余計な」思考を封じ込めている。これをエポケー(思考停止)といい、明日も「きっと」今日と同じ世界があるはずだ、という期待を自然的態度という。

シュッツはこのような自明性の成立構造を解明するため、『社会的世界の意味構成』(1932)でM.ウェーバーの理解社会学を批判的に検討し、社会学を現象学的に基礎づけている。

また、人々の主観から出発して考察するシュッツは、人それぞれ社会の捉え方・意味づけは異なると考える(＝個々人で経験する現実は違う)。さらに、様々な意味の領域の原型となる日常生活世界は至高の現実だが、夢・空想・小説なども一貫した意味のまとまりを持っているという点でそれぞれ現実であるという多元的現実論を唱えた(＝一個人内にも様々な現実がある)。

エスノメソドロジー　　　　　　　　　　　　　　　　★★☆

アメリカの社会学者H.ガーフィンケル(1917 ～ 2011)は、大学院時代にパーソンズの下で学んだが、博士論文の内容は、パーソンズの構造＝機能主義を批判しつつ、シュッツの現象学的社会学の立場から「ホッブズ的秩序問題」について考察したものであり、その延長線上でエスノメソドロジーを展開している。

ここでエスノメソドロジー(ethnomethodology)とはガーフィンケルの造語であり、「ethno(人々の)・method(方法の)・ology(学)」という名の通り、人々が普段の生活の中で「自明な領域」を作り維持している過程を、違背実験を通じて、より詳細に研究したものである。つまり日常生活のレベルで秩序問題を解明しようとしている。

またH.サックス(1935 ～ 75)らは、エスノメソドロジーの研究手法として会話分析を創始した。

2.5 ドラマトゥルギー ★★★

（1）概　要

　アメリカの社会学者E.ゴフマン（1922 ～ 82）は、**ドラマトゥルギー**（演劇論的アプローチ）と呼ばれる立場から、人々を**社会という劇場で役割演技する俳優**に喩えて捉えて**相互行為を分析**した。

（2）自己呈示と印象操作

　ゴフマンは、人々がお互いにコミュニケーションする過程で、見られたいように自分を見せる「**自己呈示**」や「**印象操作**」をしていると考えた。

　といっても日常の演技は大げさなものではなく、例えば、道端で見かけた人を友だちだと思って手を振るのも演技（友だちらしさの呈示）、実は別人だとわかって目をそらすのも演技（他人であることを呈示）である。

（3）儀礼的無関心

　儀礼的無関心の例として、ゴフマンは、道端で見知らぬ人とすれ違う状況を挙げている。

　ある程度の距離までは相手を観察することは許されるが、「相手が通り過ぎるときには、あたかもライトを下向きにするかのように、お互いに視線を伏せる」。すぐ近くにいるときに相手をじろじろ見続けるのは不作法だという文化があるため、儀礼的に無関心を装うのである。

（4）役割距離

　社会学の専門用語としての「**役割**」とは、**ある地位に望ましいと期待され学習される個人の行動様式**を指す。ただし、自我と役割との関係には様々な見解がある。

　T.パーソンズの行為システム論では、**所与の制度化された役割期待・社会規範を受動的に個人が学習していき、自我と役割の距離がなく一体化**していると捉える。

　一方、ゴフマンの理論においては、**行為者は与えられた役割に埋没することなく、さまざまな方法で距離を取りつつ行為を遂行する存在**として描かれている。ゴフマンの例によれば、手術中の外科医は、執刀医という役割にふさわしく冷静沈着な態度を取りつつも、緊迫した局面に差し掛かったときに冗談を言ったり、前の晩のパーティーや野球の話をしたりすることにより、一定の役割に収まりきらない自分を演出している。これを**役割距離**という。

　このように、ゴフマンによれば、人々は一つの役割に全人格を預けているのではなく、様々な役割に係わったり距離を取ったりすることで**主体性**を示している。

　「役割」の形成については、大別して二つの見解がある。一つはR.リントンからT.パーソンズに至る構造＝機能主義の流れに代表される見解であり、もう一つはG.H.ミードからシンボリック相互作用論に至る流れに代表される見解である。

　前者の場合、個人に先立って客観的に確立された社会体系が存在し、社会体系の中で特定の個人が占める位置を「地位」、その個人が社会体系のためにしなければならない権利と義務の体系を「役割」と捉える。この見解において、役割の形成とは、すでに制度化されている役割期待や社会規範を個人が学習していく過程となる。ただし、この見解では役割は所与のものとされることから、個人の主体性が捉えられなくなっているという批判もある。

　一方、後者の場合、行為者に先立って役割の体系が存在しているのではなく、行為者の相互行為の中で主体的に役割関係が形成されると捉える。それゆえ、この見解における「役割」の形成とは、すでに制度化されている役割期待や社会規範を個人が学習していく過程ではなく、行為者の解釈を経て選択的に取得することで各個人の役割が形成されることを指す。

　アメリカ社会学では、1950年代までは前者の見解の方が主流であった。しかし、これはあらかじめ定められた役割を遂行するためだけに生きているロボットのように人間を捉えているという批判もあり、1960年代に入ると後者の見解の勢いが増した。とはいえ、主体性を強調しすぎると役割関係の安定性・持続性が説明しにくくなるという欠点もあり、論争は続いている。

　「役割葛藤」とは、同一の個人が持つ複数の役割同士が矛盾・対立する要素を含んでいるために、当事者に心理的緊張が生じたり役割遂行に問題が生じたりする状態を指す。

　例えば、家族集団と職場集団の両方のメンバーである人物は、各集団で役割が必要とされる時期が重なっている場合は、ときに「仕事と家庭のどちらが大事か」という役割葛藤に直面することがある。学校教師において、自分が担任しているクラスの入学式の日と、別の学校に入学した自分の子どもの入学式の日が重なった場合、職業人としては勤務校の入学式に出席するという役割期待に応えなければならない一方で、家庭人としては子どもが入学した学校の入学式に出席するという役割期待に応えなければならない。

　一般に、役割は所属する社会集団との関連で割り当てられるものであるため、同一の人物が複数の社会集団に所属して、なおかつそれぞれの集団の規範・論理に齟齬がある場合は、その人物が担っている役割同士にも齟齬が生じる可能性が高くなる。

2.6 ▷ 交換理論　　　　　　　　　　★★☆

　交換理論は、アメリカの社会学者**G.C.ホマンズ**（1910 〜 89）や**P.ブラウ**（1918 〜 2002）が提唱した立場であり、**交換**という観点から、経済的現象だけでなく、社会的現象までも説明しようとする理論である。

　「合理的な個人の効用最大化」という仮定をミクロ経済学と共有しつつも、交換に伴う社会的・心理的な変化までも扱う。例えば心づくしのホームパーティに招かれた客は、招待主に対して何らかの返礼の義務を負う。これは**経済的交換**の側面もあるが、**社会的・心理的交換**の側面も持つ。

　なお、ホマンズは、**小集団研究**を通じて、ミクロな視点による**独自の社会システム論**も展開している。また、ブラウは、交換概念を軸に、ミクロな権力からマクロな権力まで**権力の成立過程**を論じている。

過去問チェック

01 C.H.クーリーは、集団規範や価値を内面化することを目的に、人間が、家族、友人集団など身近な所属集団との相互作用を通じて、他者の行動や態度をまねるなど他者との同一化を図ろうとすることを「鏡に映った自己」と概念づけた。**国家一般職2010** [1.1]

✕ C.H.クーリーのいう「鏡に映った自我」とは、他者との直接対面的接触の過程において、自分の行動に対する他者の反応から推測される自分の姿(内的な自己イメージ)のことである。

02 G.H.ミードは、家族や仲間集団など、対面的・親密的・協同的な集団が、自我の形成に重要な機能をもつと論じ、これを「第一次集団」と呼んだ。さらに、C.H.クーリーは、この概念から着想を得た「一般化された他者」の概念を用い、自我の形成過程について論じた。**国家一般職2006** [1.1] [1.2]

✕ 「G.H.ミード」と「C.H.クーリー」が入れ替わっている。第一次集団について詳しくは、第5章第2節参照。

03 G.H.ミードは、パーソナリティの形成について独自の理論を提示した。生得的な自我(アイ)が他者の期待する役割を演ずることで、社会的な自我(ミー)に転化するというのがそれである。それは自我の一元性を強調するもので、自我の二元性を強調するS.フロイトの理論とは対照的なものである。**国家一般職2000** [1.2] [1.3]

✕ 「一元性」と「二元性」が誤り。G.H.ミードはI／meの2側面で、S.フロイトは超自我／自我／イドの3側面で捉えている。

04 G.H.ミードは、人間は複数の他者との相互作用の積み重ねのなかで、多様な役割期待を認識するが、それぞれの役割が相互に矛盾・対立することで他者との心理的距離が広がる現象を「一般化された他者」と概念づけた。**国家一般職2010** [1.2]

✕ G.H.ミードのいう「一般化された他者」とは、複数の他者との相互作用の積み重ねの中で組織化・一般化された多様な役割期待のことである。組織化・一般化する中で、役割期待相互の矛盾・対立は調停されている。

05 T.パーソンズは、「自我とエス(イド)」の中で超自我という言葉を初めて用いたが、超自我とは、ひたすら快楽を求める人間の中の生物学的、本能的、衝動的な部分である。**国家専門職2009** [1.3]

✕ これは、S.フロイトの自我論に関する記述である。また、「ひたすら快楽を求める人間の中の生物学的、本能的、衝動的な部分」は、エス(イド)である。T.パーソンズもフロイトの自我論の影響を受けてパーソナリティ・システムの特徴を論じたが、「自我とエス」はフロイトの論文である。

06 彼(E.エリクソン)は、アイデンティティとは自己における内面的同一性を示すものであり、他者との社会的同一性を示すものではないとした。東京都Ⅰ類2004 14

✕ アイデンティティは内面的同一性と社会的同一性の両方の側面を持つ。E.エリクソンは、アイデンティティを「自己アイデンティティ(self identity)」と「自我アイデンティティ(ego identity)」の2側面に分けて論じた。前者は社会的な同一性、後者は内面的な同一性である。

07 青年期は、ライフステージとして、子供の段階と大人の段階との中間に当たっている。精神分析学者のE.H.エリクソンは、青年期を「モラトリアム」という概念で特徴付けた。これは青年が、社会的な義務や責任を猶予されていることをいう。青年期は、今日、短縮される傾向にあるといわれる。国家一般職2001 14

✕ 青年期は、今日「延長」される傾向にあるといわれる。大学進学率が50%を超えている現状から推測しよう。

08 H.ブルーマーは、人々は意味に基づいて行為しているが、その意味は相互作用の産物であり、社会とは結局、人々が相互作用しながら意味を解釈していく過程であると論じ、社会を客観的実在としてとらえる見方を批判して、現象学的社会学を提唱した。国家一般職2004 2.2 2.3

✕ H.ブルーマーは、シンボリック相互作用論を提唱した。現象学的社会学を提唱したのはA.シュッツである。

09 A.シュッツは、社会にみられる諸現象に共通した理論を導き出すことが社会学研究の本質であるとし、生活者による日常的な行為の意味よりも、様々な社会におけるマクロな現象に着目することが重要であると主張した。国家一般職2013 2.3

✕ A.シュッツは、社会にみられる諸現象に共通した理論を導き出すことを社会学研究の本質とはせず、様々な社会におけるマクロな現象よりも、生活者による日常的な行為の意味に着目することが重要であると主張した。

10 H.ガーフィンケルは、行為の合理的な側面に着目しつつ、行為が条件への受動的適応ではなく、価値実現を目指す能動的過程であることを強調して、主意主義的行為理論を確立し、この理論を「エスノメソドロジー」と名付けた。国家専門職2006 2.4

✕ H.ガーフィンケルはT.パーソンズの弟子だが、主意主義的行為理論は、初期パーソンズが採っていた立場である。

11 E.ゴフマンのいう「儀礼的無関心」とは、社会的に重要な儀式を遂行する際に存在する様々な利害対立や感情的な葛藤を表面上は無視することで、その儀式の遂行を達成することを優先し、社会秩序の安定化を図る態度のことを指す。**国家一般職2010** 2.5

✕ E.ゴフマンのいう「儀礼的無関心」とは、他者との対面的な相互行為を継続・安定させるために、相手が自己プレゼンテーションに破綻をきたした場合でもあえて気づかないふりをする(無関心を装う)ことである。

12 パーソンズは、現代社会学に交換の視点を導入し、人々の相互作用は報酬の交換過程であると考え、交換動機に基づく個々人の選択の積み重ねこそが、社会状況や社会秩序を導き出すとした。**特別区Ⅰ類2004** 2.6

✕ これは、G.C.ホマンズやP.ブラウの交換理論に関する記述である。

13 社会的交換理論は、人々の相互作用を報酬の交換過程としてとらえる。助言や是認の交換など、返報の義務が特定化されない社会的交換のインバランスから、権力関係が生じるとしたE.ゴフマンの理論は、この一例である。**国家一般職2007** 2.5 2.6

✕ 社会的交換のインバランス(不均衡)から権力関係が生じるとしたのは、P.ブラウである。

14 P.M.ブラウは、交換可能性や交渉力の多寡が権力関係の基礎にあると指摘し、財力、情報、人的ネットワークなど多くの社会的資源を持つ者ほど、他者の利害状況を左右することができ、自己の意志を貫徹させうる可能性が高くなるとした。**国家一般職2011** 2.6

◯ P.ブラウは、交換概念を軸に、ミクロな権力からマクロな権力まで権力の成立過程を論じている。

現代の社会学

第2節では、現代の社会学について学習します。特に、N. ルーマン、J. ハーバーマス、M. フーコー、A. ギデンズの社会理論は高度に抽象的ですが、公務員試験対策として考えるのであれば、深い理解は必要としません。代表的なキーワードを確認しておきましょう。

キーワード

複雑性の縮減／オートポイエシス／ダブル・コンティンジェンシー／コミュニケーション的行為／生活世界の植民地化／『狂気の歴史』／パノプティコン／規律権力／第三の道／構造化理論／構造の二重性／リスク社会／リキッド・モダニティ／弱い紐帯／社会関係資本

❶ ヨーロッパ社会学の展開

1.1 ルーマン ★★☆

（1）背　景

ドイツの社会学者N.ルーマン(1927 ～ 98)は、パーソンズ流の構造=機能主義が廃れ、ミクロ社会学が勃興する風潮に対抗し、「社会はなぜ存在するのか」という根本問題を考え抜いた。

（2）複雑性の縮減

当初ルーマンは、**社会システムの要素を行為である**と考え、このシステムが成立する根拠を原理的に説明しようとした。

私たちは、日々の生活の中で様々な行為を行い様々な体験をするが、この世界には、**実際に実現するよりもはるかに多くの体験や行為の「可能性」がある**。この無数の可能性を、我々はすべて追究しているわけではない（追究できない）。

例えば、向こうから歩いてくる人がいきなり自分に殴りかかるかどうか。その可能性はゼロではないけれども、いちいち考えていたらきりがない。私たちは、これから起こりうることの可能性をすべては考えず、部分的にしか考えないからこそ生きていける。

この「限定」のことをルーマンは**複雑性の縮減**と呼んだ（「複雑性」とは、ありうる出来事や状態の総体のこと）。ここで、何が有意味で何が無意味なのかを決めるのは、個々の行為者ではなくて「システム」である。

またルーマンは、**システム内部は環境よりも複雑性が低い**とした。例えば、誰もいない山奥に置き去りにされたら、起こりうる現象は多種多様であり（複雑性が高く）、生きていくためにはいろいろなことを考えなければならない。だが、都市というシステムの中では、獣に襲われる心配はない

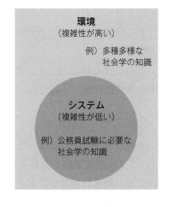

し、コンビニエンスストアに行けば食べ物はある（起こりうる現象が限定される）。そのため、いろいろなことを考えなくても生きていけることになる。

（3）オートポイエシス

その後ルーマンは、**社会システムの要素を行為からコミュニケーションに変更する**とともに、**オートポイエシス（自己産出）**の概念を取り入れた。そして、社会システムについて、**自己を構成する要素（コミュニケーション）を自ら生み出し、姿を変える、自己言及的な「オートポイエティック・システム」**として定式化した。

例えば、車のエンジンの構成部分は人間によって作られ組み立てられているのであって、エンジン自身が生産・修復能力を持っているわけではない（＝非オートポイエティック・システム）。だが、それに対して社会システムは、構成要素を自己産出する[1]。さらに現状を維持するだけではなく、環境に適応してシステムを複雑化していく。

（4）ダブル・コンティンジェンシー
① 概　要

社会的行為では、自己の行為は他者の行為に依存するが、それは相手にとっても同じである。例えば見知らぬ人とうまく会話できるかどうか。こちらがいくらうまく話しても相手が受け止めてくれなければ独りよがりで終わるが、逆にいくら相手

---

[1]　生き物はケガをしてもしばらくすれば傷が治るし、ファストフード店のアルバイトが辞めて欠員が出ても店が募集して補充することによってまたもとのように営業できる。この意味で、生き物や企業はオートポイエティック・システムといえる。
　　もちろん、「自己産出」といっても完全に自分の中だけで産出するわけではない。生き物が傷を修復するためのタンパク質は食物などによって外部から取り入れる必要があるし、新しいアルバイトは社内で融通するだけではなく外部から集めることも必要になる。つまり「自己産出」といっても、それは材料の問題ではなく、修復していく作動原理をシステム自身が持っているということを指す。

が聞き上手でも、こちらが意味不明のことを話したら会話は成り立たない。会話がうまく持続できるかどうかは**両者(double)の出方に依存(contingent)**しており**不確実性を伴う**。

　このような状況設定を、**ダブル・コンティンジェンシー(double contingency；二重の条件依存性・不確定性)**という。

② パーソンズの解釈

　最初にダブル・コンティンジェンシーを論じたのはT.パーソンズである。彼は、**ホッブズ的秩序問題**を論理的に突き詰めていく中でこの問題にぶつかり、学習・経験により**両者に規範が共有される**ことでこの問題は解決されると考えた(＝行為者同士の規範の共有により社会秩序は成立し維持される)。

　例えば、仲の良い友だちと顔を合わせたときには特に意識をせずにお互いに挨拶できるが、知らない相手と顔を合わせた際にどうなるかは不確定である。自分と相手が両方とも挨拶を交わしているか、または両方とも無視しているのならよいが、こちらが挨拶しているにもかかわらず相手が挨拶してくれないと気まずいし、逆に相手が挨拶しているにもかかわらずこちらが挨拶を返せないのも気まずい。知らない相手なので、挨拶をしてくるか／してこないかが予想できず、偶然一致することはあるけれども一致しないこともあるので落ち着かない。

　しかし、「公共の場で他人に会ったら必ず挨拶する」または「公共の場で他人に会っても挨拶しない」というルールが定められ、さらに各個人がそのルールを身につけて(内面化して)いれば、公共の場で他人に会ったときにどのように振る舞えばよいのか明確になり、気まずい思いをすることがなくなる(相互行為が安定する)。

③ ルーマンの解釈

　一方、ルーマンはこの解決策はとらず、**不確実性が残る状況でも相互行為を可能にさせるメカニズム**を考察し、社会システムの理論を構築した。

　ルーマンによれば、本来であれば、この問題は、相手側の予期にとって自分の出方がどういう意味を持つか、ということまで予期できないと解決できないはずである(**予期の予期**)。このように、**人間は、普段の生活の中でパーソンズが想定している以上に複雑な状況に直面している**が、社会システムが法を構造化するなどして**複雑性を縮減**してくれるおかげでそれに対応できている、とルーマンは指摘している。

1.2 ハーバーマス ★★☆

（1）背 景

　ドイツの社会哲学者J.ハーバーマスは、フランクフルト学派の第二世代である。第一世代のフロムやアドルノたちは30代でヒトラーの台頭に直面したことからファシズムと全面的に対決する社会理論を構築したが、ハーバーマスが学者として活動したのは第二次世界大戦後であるため、異なる問題意識から考察を進めた。

J.ハーバーマス
[1929～　]

（2）公共性の構造転換

　ハーバーマスは、『**公共性の構造転換**』(1962)において、国家による支配や統制に対抗して**市民の自由な言論による世論形成の場**として機能する領域を**市民的公共圏**と呼んだ。そして、その起源の一つを17世紀後半のイギリスに現れた**コーヒー・ハウス**(喫茶店)に求め、コーヒー・ハウスにおいて自律的・継続的に文化や芸術等について討論する**公衆**が現われ、さらに文化的公共性の中から政治的公共性が生じていったとした。

（3）社会的行為論

　ハーバーマスは、『**コミュニケーション的行為の理論**』(1981)において、発語と行為を一体のものとする言語行為論を参照しつつ、コミュニケーション的行為の理論を展開した。

　M.ウェーバーはその西洋合理主義論において、近代化を**目的合理性の制度化過程**と捉え、近代官僚制や近代資本主義等が、ついには「鋼鉄の檻」と化すと論じた。それに対してハーバーマスは、ウェーバーは合理性概念を認知的・道具的合理性に限定して狭く捉えていると批判し、代わりに**コミュニケーション的合理性**の概念を提示した。

　ハーバーマスは、**言語を媒介とした相互行為を戦略的行為とコミュニケーション的行為に分類する**。

① 戦略的行為

　戦略的行為は、対人的な目的合理的行為であり、行為者が相手に対して明示的・暗示的な影響力を及ぼすことで自己の目的を達成しようとする行為類型である。この行為は、相手の納得を前提とせずに遂行される。

② コミュニケーション的行為

コミュニケーション的行為は、規範的文脈の拘束力を前提としつつ、お互いの理解・了解を志向し、行為を調整し合う行為類型である。ここで発話者は、その発話内容の客観的真理性、規範的正当性、主観的誠実性のそれぞれの妥当性に対していつでも論拠を示すようにし、相手との対話を通じた納得を前提として行為を遂行する。そして、この対話に内在する合理的連関をコミュニケーション的合理性とした。

（4）システムによる生活世界の植民地化

ハーバーマスは、社会を生活世界とシステムの2層に分けて捉えた。

このうち生活世界とは、日常生活の中で直接経験される、個人を取り巻く世界のことである。資本主義社会では、経済と国家というシステムが分化し、非言語的な貨幣と権力という媒体によって制御され、戦略的行為が展開される。しかし、コミュニケーション的行為の場である生活世界に貨幣や権力が入り込むことにより、生活世界でも戦略的行為も展開されているとして、これを「生活世界の植民地化」と呼んだ。

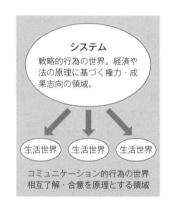

システム
戦略的行為の世界。経済や法の原理に基づく権力・成果志向の領域。

生活世界　生活世界　生活世界

コミュニケーション的行為の世界
相互了解・合意を原理とする領域

1.3 フーコー ★★☆

（1）背　景

フランスのM.フーコーは、幅広い領域に影響を与えた哲学者・歴史学者である。

（2）エピステーメー

エピステーメーとは、それぞれの時代の物事の捉え方（総体的な知の枠組み）のことである。

フーコーは『言葉と物』(1966)において、言説の分析を通して、西欧におけるエピステーメーの歴史的変化を論じた。

M.フーコー
[1926〜84]

（3）「狂気」の歴史

フーコーは、『狂気の歴史』(1961)において、「狂気」にまつわるエピステーメーの変容を論じた。

フーコーによれば、西欧ではルネサンス期までは「狂気」は社会に受容されていたが、17世紀中頃になると「非理性的」なものとして扱われて一般施療院などに収容され社会から排除された。

例えば「天からのお告げを受けた」という発言を触れ回る人は、かつての社会では預言者として厚遇されたが、現代では異なる扱いを受けることが多い。

（4）権力論
① 監獄の誕生

フーコーは、『監獄の誕生』(1975)において、18～19世紀のイギリスの哲学者J.ベンサムが考案したパノプティコンと呼ばれる囚人の監視装置の説明を通して、近代社会における規律訓練型の権力論を展開した。

フーコーは、パノプティコンが、監視者の側から常に受刑者を見ることができる構造となっていることに着目した。そして、「常に監視されている」と思い込ませることで、人々は自ら「規律正しくしなければならない」という意識を内面化し、物理的・精神的な圧力を与えなくても権力に自発的に服従するとして、これを規律権力と呼んだ。

現代社会では、学校・軍隊・工場・病院における「監視装置」によって、人々は監視する権力の視線を内面化し、規律に従うよう主体化させられるという。

② 生権力

フーコーは、『性の歴史』(1976～84)において、17世紀以降、個人の生活領域に対する権力の影響が増し、産児奨励・抑制などの「生権力(生に関する権力)」も強化されたことによって、性と婚姻が結びついた家族が生成したと説いた。

2 現代社会論

2.1 ギデンズ

★★☆

（1）背 景

イギリスの**A.ギデンズ**は理論社会学者として著名なだけでなく、**労働党・ブレア政権のブレーン**を務め、旧来の労働党の福祉国家路線でも、保守党・サッチャー政権的な新自由主義路線でもない社会民主主義的な「**第三の道**」を提唱した人物としても知られる。

A.ギデンズ
[1938～　]

彼はそれまでの社会理論・哲学を、**行為者・主観・意味解釈に重点を置く潮流**（ウェーバー、シュッツなど）と、**社会構造・客観・規範に重点を置く潮流**（デュルケム、パーソンズなど）とに大別した上で、両者の分裂・矛盾を解消すべく**構造化理論**を体系化した。

（2）構造化理論

相互行為を構成する主体である個人は、**規則と資源**を活用して行為する。例えば、会話ができるのは、自分と相手との間に、**文法という規則**や、社会集団の中で蓄積されてきた**語彙という資源**が共有されているからである。

ギデンズは**構造**を、**人間の行為を可能にするとともに制約する条件**とみなした。つまり文法や語彙は、会話を**可能にする前提となる条件**だが、それを完全に無視しては会話できないという点で**制約条件**ともなる。また、主体は文法や語彙を用いることで会話を成立させる一方で、会話が行われることで文法や語彙は再生産されていく（例えば、使用されない文法や語彙は時代とともに消えていく）。このように、主体は行為するために構造を必要とし、構造はその再生産に主体の行為を必要とする（お互いに必要不可欠の関係）。

（3）構造の二重性

ただし、**主体は構造に関して完全な知識を持ち合わせているわけではない**。限られた文法知識でも会話は可能である。

ギデンズは、構造に関する行為者の知識は、**言説的意識**（言語化できるもの）、**実践的意識**（知ってはいるが言語化できないもの）、**無意識**の三つに関連しているとした。主体は自らの行為を反省的に再考する能力を持っているが、多くの行為は意図せざる結果を招くのであり、その連鎖で**構造は再生産**され、さらにそれが**再帰的に**主体の行為の条件を成すという相互規定関係がある。

ギデンズは、こうした行為と構造との関連を**構造の二重性**と呼んだ。

（4）再帰的近代化

前近代社会では、個人は地域共同体や身分に強く結びつけられていたため、改めて「自分とは何者であるか」と問い直す必要はなかった（「●●村の村人だ、農民だ」というアイデンティティが自明だった）。だが現代の社会において、人々は様々な意味で自由になったが、それと同時に自分が何者であるのかも不明確・流動的となった。そのため、絶え間ない自己定義の繰り返しが求められるのだという。

ギデンズによれば、**後期近代社会**では、神や伝統を含め、あらゆる事柄が吟味の対象となりうるものとなり、反省的に捉え返されて、**再帰的に再編成**される。

（5）脱埋め込み

ギデンズは前近代社会から近代社会への移行の指標として、**時間と空間の分離**に注目し、局所的（ローカル）な場所からの「**脱埋め込み**」のメカニズムを論じた。

前近代社会では、**時間は場所に埋め込まれていた**。例えば江戸時代の日本において、正午とは、太陽が真南に位置し、その日で最も仰角が高くなる時刻を指した。そのため、場所によって正午の時刻は違っていた。しかし現在は、東経135度の経線上で太陽が真南に位置し、その日で最も仰角が高くなる時刻（したがって、他の場所では太陽が真南に位置していない時刻）が、日本全国での正午（お昼の12時）となる。

前近代	前期近代	後期近代
神が保障する確実性	人工的な確実性	不確実性
自明性	再帰性	絶え間ない再帰性
埋め込み	脱埋め込み	脱埋め込み

2.2 ベック ★★☆

（1）背 景

ドイツの社会学者U.ベックは、チェルノブイリ原発事故が起こった年に『リスク社会』(1986)を発表し、著名になった人物である。

U.ベック
[1944〜2015]

（2）リスク社会論

① 概　要

ベックによれば、リスク社会では、リスクに関する**政治と非政治の領域があいまいになり、あらゆる領域が政治化する**ことになる。彼は『リスク社会』において、「リスク」を**推測・測定・計算が可能な不確実性**と定義し、推測・測定・計算が困難な不確実性である「危険」と対置した。また、原子力災害、地球温暖化、ダイオキシン問題、狂牛病などの**人為的な大災害を「大いなる危険」**と呼んだ。

しかし、その後のリスク社会論では「大いなる危険」を**現代社会における**「リスク」とした上で議論が展開されている。

② 現代社会におけるリスクの特徴

現代社会における「リスク」（＝「大いなる危険」）は、以下のような特徴を持つ。

第一に、いずれも**科学技術の発達の意図せざる結果**として生じたものである。

第二に、**知覚が難しく個人レベルでは予防措置をとることが困難**である。放射性物質や化学物質、ウイルスなどは通常、五感で捉えることはできない。

第三に、このようなリスクへの**対策には専門知が必要**だが、**専門家によりリスク評価が分かれ、判断が政治化**する。

第四に、これらのリスクは**グローバルな現象**となり、被害の対象は**場所や社会的地位を超越**する。ベックが『リスク社会』を発表した1986年はチェルノブイリ原発事故が起こった年であり、誰もがリスクに曝される可能性を意識させた。

第五に、これらのリスクの発生には様々な要因が結びついていることから、特定の個人や企業のみの責任とすることは難しく、保険制度による対応が困難である。

（3）個人化

ベックはギデンズらとの共著『**再帰的近代化**』では、後期近代社会の特徴として「**個人化**」を挙げ、官僚制、階級、近代家族などの近代的な制度でさえ、再帰的・反省的な吟味の対象となるために不安定になり、**各個人は様々なリスクに直接向き合わなければならなくなった**と主張している。

2.3 バウマン ★★★

　ポーランド出身でイギリスで活動したユダヤ系社会学者のZ.バウマン（1925 ～ 2017）によれば、**初期近代はソリッド・モダニティ（強固な近代）**であり、近代化という目標が共有されているとともに、社会秩序や人間関係を規定する**強固な枠組み**があった。しかし、**後期近代はリキッド・モダニティ（流動化された近代）**であり、近代化という目標が喪失するとともに、社会秩序や人間関係を規定する**強固な枠組み**はなくなり流動化しているとした。

❸ 数理社会学とネットワーク分析

3.1 集合行為論 ★★★

（1）概　要

　集合行為論とは、経済学者の**M.オルソン**（1932 ～ 88）が論じた問題である。

（2）フリーライダー

　フリーライダー（ただ乗り）とは、**公共財**（集合財）の供給に必要なコストを負担せずに、その便益だけを享受する行為者のことを指す。

　ここで**公共財**とは、多くの人が同時に消費可能で特定の者をその財・サービスの消費から排除できない（＝**非排除性**）、利用者が増えても追加的な費用を伴わない（＝**非競合性**）という二つの特徴を持つ財・サービスのことであり、例としては道路、公園、ある種の社会制度等が挙げられる。

　公共財の供給にはコストを伴うが、公共財はその性質上、コストを負担しない者を排除できない。そこで個人の観点からすると、コストを負担せずに便益だけを享受するのが合理的である。例えば、労働組合に加入していない者も、所属している企業の労働条件が組合活動により改善すれば、その恩恵を受けることができる。

　そこで、労働者個人の観点からすると、労働組合に加入して組合費を払ったり活動に参加したりというコストを負担せずに、向上した労働条件だけを享受することが（経済学的な意味で）最も合理的といえる。つまり、**利己的な個人を前提にするのであれば、公共財の供給に関する協力行動は成立しないことになる。**

（3）集合行為問題

　とはいえ、すべての労働者が同様に考えて労働組合から離脱してフリーライダーになると、組合活動は消滅してしまい労働条件の向上という便益を誰も得られなく

なってしまう。

　このように、個人レベルでは合理的に判断される行為でも、それが合成されて集合レベルになると集合的な行為は成立せず公共財は供給されなくなり、結果的に個人レベルから見ても非合理的な行為となってしまう。

　この問題を、オルソンは集合行為問題として指摘した。

（4）フリーライダーを防止するための仕組み

　オルソンによれば、フリーライダー問題を防止するための方策は、❶フリーライダーが発生しないように相互監視できるぐらい小規模な集団にするか、❷公共財から得られる共通の便益の他に、参加者のみに与えられる正の選択的誘因（報酬等）を設けるか、❸フリーライダーに対する負の選択的誘因（罰則等）を設けることで参加を強制するか、のいずれかである。

　まず❶について、小さな職場であれば組合への参加状況は明らかであるため、熱心に活動すれば仲間内の評価が上がるのに対してフリーライドしようとすれば評価は下がる。このように、小集団であれば参加には正の、離脱には負の選択的誘因がインフォーマルなレベルで与えられることから、フリーライダーの発生が防止される。

　しかしそれを超える規模の集団になると、❷と❸のようにフォーマルな選択的誘因が必要になる。

　❷について、労働組合の活動によって得られる成果（ここでは労働条件の向上）とは別に、組合員だけが得られる便益（組合員に限定した低金利の融資や緊急時の資金援助等）を提供することで、加入を促進する方策がある。

　また❸については、ユニオン・ショップ制のように、企業の労働組合から脱退した場合は企業の従業員の地位を失う制度を設けることで、離脱を防ぐ方策がある。

　このように、オルソンは三つの方策を示しているものの、いずれにせよ集団本来の活動によって達成される公共財は誘因とはならず、それ以外の正負の誘因によって参加を促すという点では共通している。

（5）社会的ジレンマ

　個々人による合理的な自己利益の追求が、結果的に社会的な不合理を招いてしまう悪循環のメカニズムを社会的ジレンマという。例えば、上記のフリーライダー論や、個々人の自己利益の追求により共有地の資源が乱獲され共倒れに至る「共有地の悲劇」、「囚人のジレンマ」がこれに該当する。

3.2 ▷ コールマンの合理的選択理論 ★★★

(1) 社会規範生成のメカニズム

政治学と同様に、社会学でも個人の合理的選択という観点による社会理論が提示されている。

例えば、マートンの弟子であるアメリカの社会学者J.S.コールマン（1926 〜 95）の合理的選択理論は、規範によって制約されない純粋に利己的な行為者たちを想定して、それらの相互行為の過程でどのようにして規範的なものが生成するかを説明しようとする理論である。

社会学では伝統的に、社会規範の存在を前提にした理論（例えばパーソンズ）が主流だが、コールマンはミクロ経済学的な前提の延長線上で社会理論を構築しようとした。

(2) 閉じたネットワークによる規範形成

コールマンはネットワーク分析において、ネットワークが開かれていると規範や評判などのサンクション（制裁）が効果的でなくなるため、閉ざされたネットワークの方が規範形成（逸脱防止）には効果的だとした。このように対内的なネットワークの優位を強調する点は、次のグラノヴェターとは対照的な立場となる。

3.3 ▷ グラノヴェター ★★★

アメリカの社会学者M.グラノヴェター（1943 〜 　）は、集団間に弱い紐帯が存在することで、情報が流れやすくなり、誤解の解消に寄与することから、集団間の紛争や対立に歯止めがかけられていると指摘した。

従来の通説では、強い紐帯こそが我々の日常生活に大きな影響を持ち、人間関係の形成にも重要だと考えられていた。しかし、強い紐帯だけだと閉じた関係の形成にとどまり、またその関係内での情報交換には繰り返しが多く、新規性に乏しくなる。

他方で、弱い紐帯は、生活圏を共有せず価値観やライフスタイルが異なる他者との関係形成を可能にし、またその関係内での情報交換は新規性に富んだものとなる。

このように、弱い紐帯は橋渡し機能を持つため、広範囲にわたる情報の普及・拡散や、コミュニティ同士の結合、転職情報の収集などにおいて重要な役割を果たすとされる。

3.4 社会関係資本 ★★☆

（1）概　要

　社会関係資本(social capital)とは、社会における信頼・互酬性等を基盤とした人々のネットワーク的なつながり総体を指す概念であり、様々な学者が論じている。

R.パットナム
[1941〜　]

　特にアメリカの政治学者R.パットナムは、「協調的な行動を促進することによって社会の効率性を改善することのできる信頼・規範・ネットワークといった社会組織の特徴」と定義しており、具体的にはコミュニティにおける活動状況、ボランティア活動、インフォーマルな社交性等を総合して社会関係資本の指標としている。

（2）紐帯強化型と架橋型

　パットナムは、社会関係資本を「紐帯強化型」と「架橋型」に分類した上で、アメリカ社会を分析した。**紐帯強化型とは同一集団内の効用のみを高めるものを指し、対内的なつながりを対象にしている。**具体的には、民族や宗教に基づいた互助集団が挙げられる。**架橋型とは異なる集団間で効用を高め合うものを指し、対外的なつながりを対象としている。**具体的には、環境団体や趣味の会等が挙げられる。

　ただし、紐帯強化型が強まりすぎると社会の寛容性を低下させる危険性もあるとパットナムは指摘している。

（3）イタリアの事例

　パットナムは、『**哲学する民主主義**』(1993)で、**イタリアの州制度は1970年**に全国で一斉に始まったにもかかわらず、**地方自治・経済成長・市民参加等の制度的パフォーマンス**は、北部では**充実している**のに対して南部ではあまり充実していないことを統計データ等で明らかにし、その原因として**社会関係資本の違い**を挙げた。

　北部には自治都市国家(コムーネ)の歴史があり、**水平的で相互扶助的な人的ネットワークの伝統**があることから、市民は積極的に政治参加し、議論をしながら共通の目的に向かって協力する傾向がある。

　それに対して、南部は封建制・専制政治(恩顧主義)の歴史が長く、**垂直的・従属的な人的ネットワークの伝統**が強いために民主主義に基づく意思決定が機能せず、地方政府との関係でも当事者意識がなく行政に任せきりになる。

　パットナムは、このような違いが制度的パフォーマンスに影響を与えたのではないかと指摘した。

（4）米国の事例

　パットナムは『孤独なボウリング』(2000)では、アメリカのコミュニティが抱える問題を指摘した。

　19世紀のフランスの政治哲学者A.トクヴィルは『アメリカの民主主義』で、アメリカの民主主義を下支えする様々なアソシエーション（自発的結社）の存在を指摘したが、パットナムはそのアソシエーションが解体し始めていることを豊富な歴史的データを用いて明らかにした。

　かつてのアメリカでは、チームを組んで地域のボウリング場に定期的に集まり、その都度相手を変えながらチーム戦を行う「リーグボウリング」という形態（架橋型）が一般的だったが、近年は個人または仲間内だけ(紐帯強化型)でプレイするようになっている。

　このように、近年は架橋型の社会関係資本が衰退してきており、これが投票率の低下、公的な集会への参加の減少、政府への不信感の増大、社会的信頼の低下等につながっているとして、アメリカの民主主義の基盤が掘り崩されていると警鐘を鳴らした。

過去問チェック

01　N.ルーマンは、複雑性の増大を基本概念とした社会システム論を考え、システムは環境よりも常に複雑でなければならないとした。また彼は、法の構造化によって複雑性が増大するが、そのことで人々の選択が制限され、社会秩序が実現すると主張した。国家一般職2016 1.1

✕ N.ルーマンは、複雑性の「縮減」を基本概念とした社会システム論を考え、システム内部は環境よりも複雑性が低いとした。また彼は、法の構造化によって複雑性が縮減され、そのことで人々の選択が制限され、社会秩序が実現すると主張した。

02　T.パーソンズは、社会の多様化の進行により社会が複雑化しているとし、その複雑性を縮減するためのシステムとして、AGIL図式を提唱した。また、彼は、人々が行為するときに採り得る選択の基準を、二者択一的な変数の組合せで説明できるとするN.ルーマンの主張を批判した。国家一般職2018 1.1

✕ 複雑性の縮減に注目した社会理論を展開したのは、N.ルーマンである。また、人々が行為するときに採り得る選択の基準を、二者択一的な変数(＝パターン変数)の組合せで説明しようとしたのは、T.パーソンズである。

03　J.ハバーマスは、社会における規範的構造の妥当性がどのようにして保証さ

れるのかを問題とし、理想的な発話状況においては、コミュニケーション的行為によって、規範的構造に関する合意が形成可能であると論じた。しかし、コミュニケーション的行為ができるのはエリートだけであるから、大衆を含めた規範的合意形成はできないと考えた。国家一般職2003 [1.2]

✕ J.ハーバーマス(ハバーマス)は、コミュニケーション的行為ができるのはエリートだけだとはしていない。彼は、普通の人々の日常的な生活が営まれる場のことを「生活世界」として概念化し、この生活世界では他者との了解や合意を目指す行為であるコミュニケーション的行為が主に展開されている、とした。すなわち、エリートではない一般の人々であってもコミュニケーション的行為を行っていることになる。

[04] J.ハーバーマスは、近代的な合理性概念を、行為者相互の言語的了解に基づくものにすぎないとして批判し、そうした「コミュニケーション合理性」に対して、目的や成果によって測られる「道具的合理性」という概念を新たに提起した。国家専門職2006 [1.2]

✕ 「コミュニケーション合理性」と「道具的合理性」が逆になっている。J.ハーバーマスは、近代的な合理性概念が目的に対する手段の効率性や成果ばかりを追求する「道具的合理性(道具的理性)」に限定されていると批判し、それに対して他者との了解や合意の確立によって測られる「コミュニケーション合理性」という概念を新たに提起した。つまりコミュニケーション的行為に対応するのが「コミュニケーション合理性」である。

[05] (M.フーコーは、)「狂気の歴史」において、カントの批判哲学の影響を受け、考古学的手法による西欧近代社会の分析を行い、西欧近代において「狂気」が社会から排除されることなく、社会に受容されていった過程を明らかにした。東京都Ⅰ類2005 [1.3]

✕ M.フーコーは、社会に受容されていた「狂気」が排除されていった過程を明らかにした。

[06] M.フーコーは、17世紀のイギリスにおける市民革命以降、個人の生活領域に対する権力の影響が低下し、産児奨励あるいは抑制などの「生に関する権力」も同時に弱体化したことによって、性と婚姻が結び付いた家族が生成したと説いた。国家一般職2013 [1.3]

✕ M.フーコーは、17世紀以降、個人の生活領域に対する権力の影響が増し、産児奨励・抑制などの「生に関する権力」も強化されたことによって、性と婚姻が結び付いた家族が生成したと説いた。

[07] A.ギデンズは、構造が行為の条件であるとともに帰結でもあることを二重の条件依存性と呼んだ。構造とは社会システムを組織化している規則と資源であり、構造がなければ行為することは不可能である。行為者は、構造に関して十分な知識

を持ち合わせていて、それに基づいて行為し、その帰結として、構造が再生産されるとした。**国家一般職2003** [2.1]

✕ 正しくは、「二重の条件依存性」ではなく「構造の二重性」である。「二重の条件依存性（ダブル・コンティンジェンシー）」は、T.パーソンズやN.ルーマンが論じた。また、行為者が構造に関して十分な知識を持ち合わせているともいえない。

[08] G.H.ミードは、個人が近代的な集団から解放されつつある21世紀の社会においては、自己は、自己が存在する広範な制度的文脈と同様に、再帰的に形成される必要があるが、この自己の形成という課題は、多様な選択肢と可能性による混乱の中で達成されることは不可能であるとした。**国家専門職2010** [2.1]

✕ G.H.ミードではなく、A.ギデンズに関連する内容である。ただし、ギデンズは、「達成されることは不可能である」ではなく「達成されなければならない」としている。現代の社会において、人々は様々な意味で自由になったが、それと同時に自分が何者であるのかも不明確・流動的となった。そのため、絶え間ない自己定義の繰り返しが求められるのだという。

[09] U.ベックは、後期近代社会には、科学技術の進歩を追求することによって、前期近代社会までには解決できなかったリスクを回避することが可能になったと述べた。また、彼は、今日のリスクの回避可能性は富の分配によって説明でき、多くの富を持つ者ほどリスクからの回避傾向が高まると指摘した。**国家総合職2017人間科学** [2.2]

✕ 現代社会における「リスク」は、科学技術が進歩したことで、その意図せざる結果として生じたものである。また、新型コロナウイルス感染症の世界的な大流行からもわかるように、多くの富を持つ者でも回避困難である（大統領でも感染する）。

[10] U.ベックは、現代は近代化に起因するリスク社会であると主張し、リスクに関する知識・評価を専門家が独占することを否定した。リスク社会論では、政治と非政治の領域が明確となり、原子力発電など従来極めて政治的であった領域が非政治化するとされる。**国家専門職2011** [2.2]

✕ リスク社会では、リスクに関する政治と非政治の領域があいまいになり、あらゆる領域が政治化することになる。

[11] U.ベックは、現代社会において個人が様々なリスクにさらされる可能性について分析した。現代社会においては、生態系が破壊されるリスクが国家によって統制され、その一方で、家族や会社といった集団が個人を保護し続けていることから、個人が様々なリスクにさらされる可能性が低減していることを明らかにした。

✕ U.ベックは、官僚制、階級、近代家族などの近代的な制度でさえ、再帰的・反省的な吟味の対象となるために不安定になり、各個人は様々なリスクに直接向き合わなければならなくなったと主張している。

⑫ I.ウォーラーステインは、現代社会の特徴として、リキッド・モダニティからソリッド・モダニティへの変化が挙げられるとした。彼は、ソリッド・モダニティでは、全てが流動化していた状態から、秩序や人間関係を規定するソリッドな規制の枠組みが強固になっていることを示した。国家一般職2016 2.3

✕ リキッド／ソリッド・モダニティは、Z.バウマンの類型である。ただし順番が逆で、初期近代はソリッド・モダニティ、後期近代はリキッド・モダニティとなる。

⑬ 合理的選択理論は、各行為者を、利得やコストの計算に基づいて選択肢を比較検討し、意思決定する存在とみなす。公共財の供給において生じるフリーライダー問題について提起したN.J.スメルサーの集合行為論は、この一例である。国家一般職2007 3.1

✕ フリーライダー問題について提起し、集合行為について論じたのは、M.オルソンである。一方、N.スメルサーは、師のT.パーソンズとともにAGIL図式を定式化した『経済と社会』を著した後、集合行動論の体系化に取り組んだ。

⑭ J.S.コールマンは、人間の合理的な行動に着目し合理的選択理論を展開した。この理論において想定されている典型的な行為者は、各行為者が属する社会の価値・規範を内面化し、他者の利害を考慮しつつ適切に行為する理性的な行為者である。国家一般職2012 3.2

✕ J.S.コールマンの合理的選択理論は、規範によって制約されない純粋に利己的な行為者たちを想定して、それらの相互行為の過程でどのようにして規範的なものが生成するかを説明しようとする理論である。

⑮ J.S.コールマンは、開かれたネットワークにおいては、その成員は他者と協力しながら自律的に行動することが強く求められることから、逸脱行為が発生しにくいと論じた。彼によれば、開かれたネットワークに支えられた公立高校に比べて、カトリック系の高校では、閉ざされた宗教的ネットワークにより、生徒・保護者・親子の親密性が強いために、そこにおいては生徒の自律性が育ちにくく、退学者が多い傾向があるという。国家総合職2017人間科学 3.2

✕ J.S.コールマンによれば、ネットワークが開かれていると規範や評判などのサンクション（制

裁)が効果的でなくなる。そのため、閉ざされたネットワークの方が規範形成(逸脱防止)には効果的だとした。

16 M.グラノヴェターは、紐帯の強弱で社会を分析することを提唱した。紐帯は血縁関係、交際の時間量、親密さの程度によってその強弱が定義され、集団間で弱い紐帯が形成されている現代社会においては、集団間で情報が流れにくいなど、集団間において誤解が生じやすいとした。そして弱い紐帯により、集団間において、紛争や対立が引き起こされていると指摘した。**国家総合職2015人間科学** [3.3]

✕ M.グラノヴェターは、集団間に弱い紐帯が存在することで、情報が流れやすくなり、誤解の解消に寄与することから、集団間の紛争や対立に歯止めがかけられていると指摘した。

17 R.D.パットナムは、社会的ネットワークとそこから生じる互酬性と信頼性の規範である社会関係資本について論じ、同一集団内の効用を高める社会関係資本と、異なる集団間で効用を高め合う社会関係資本を区別した。**国家専門職2011** [3.4]

◯ R.パットナムは、社会関係資本(social capital)のうち、同一集団内の効用のみを高めるものを紐帯強化型(=対内的なつながり)、異なる集団間で効用を高め合うようなものを「架橋型」(=対外的なつながり)と呼んで区別した。

問題1 　行為に関する理論についての記述として最も妥当なのはどれか。

国家専門職2019

❶ 　C.H.クーリーは、能率面で合理的に目的と手段を結び付ける功利主義の観点から人間の行為を理解しようとし、社会が存続するために必要なシステムとして、AGIL図式を提唱し、経済、政治等の社会的領域において秩序が維持される過程を明らかにした。

❷ 　M.ヴェーバーは、個人の社会的行為の意味を理解することによって社会変化を説明しようとし、社会的行為を八つの理念型で表した。そのうち、感情的行為とは、伝統や習慣へのこだわりに基づく合理的行為であるとした。

❸ 　E.ゴフマンは、相互行為において、個人が期待された役割を演じることで、社会秩序を保っているとした。また、公共空間で、見知らぬ他人に対してあえて無関心を装い、特別の関心や意図がないことを示すことを儀礼的無関心と呼んだ。

❹ 　N.ルーマンは、シンボリック相互作用論を提唱し、人間は物事に単に反応するのではなく、意味に基づいて行為はなされているとした。また、その意味は、他者との社会的相互作用において形成され、解釈されると説いた。

❺ 　P.ブルデューは、コミュニケーション的行為という独自の行為類型を導入し、行政や経済の肥大化によって、貨幣や権力に基づくシステムが、言語的コミュニケーションの代わりに行為調整の役割を担うことを「生活世界の植民地化」と呼び、批判した。

❶ ✕　これは、T.パーソンズの行為理論に近い記述である。ただし、彼は功利主義の観点のみから人間の行為を理解していない。彼は、M.ウェーバー（ヴェーバー）のような個人の動機・理念を重視する立場とÉ.デュルケムのような社会規範・制度を重視する立場の両方を採り入れた「主意主義的行為理論」を提唱した。また、社会が存続するために必要な「システム」ではなく、存続するために必要な「機能要件」として、AGIL図式を提唱した。

❷ ✕　ウェーバーは、社会的行為を「伝統的行為」、「感情的行為」、「価値合理的行為」、「目的合理的行為」の「四つ」の理念型で表した。そのうち、感情的行為は感情に基づく「非」合理的行為であり、伝統や習慣に依拠するのは「伝統的行為」である。

❸ ◯　ただしE.ゴフマンは、期待された役割に全人格を預けずに距離をとることで自分の個性を演出するという「役割距離」についても論じているので、第1文は一面的な記述ではある。

❹ ✕　これは、H.ブルーマーの行為理論に関する記述である。

❺ ✕　これは、J.ハーバーマスの行為理論に関する記述である。

次は、現代社会に関する記述であるが、A、B、Cに当てはまるものの組合せとして最も妥当なのはどれか。

国家専門職2018

・U. ベックは、『 A 社会』などの著書において、近代産業社会の進展によって人類に豊かさがもたらされた一方、 A が地球規模で人々の生活を脅かしているとした。

・ B は、『リキッド・モダニティ』などの著書において、現代社会をソリッド・モダニティからリキッド・モダニティへの変化として特徴付け、セキュリティ社会や消費社会のありようなど、現代社会の現状についての分析を行った。

・R. パットナムは、『哲学する民主主義』の中で、イタリアの地域による「制度パフォーマンス」の研究において、成果の違いを生み出すものとして「 C 」という考えを導入し、これを結束型 (bonding) と橋渡し型 (bridging) に区分した。

	A	B	C
1	監視	A.シュッツ	社会関係資本(social capital)
2	監視	A.シュッツ	メリトクラシー(meritocracy)
3	リスク	A.シュッツ	メリトクラシー(meritocracy)
4	リスク	Z.バウマン	メリトクラシー(meritocracy)
5	リスク	Z.バウマン	社会関係資本(social capital)

解説

A：リスク

　『監視社会』は、カナダの社会学者である D.ライアンの著作だが、地方上級・国家一般レベルの公務員試験対策としては覚えておく必要はない。いずれにせよ、「地球規模で……脅かしている」という下りから、「監視」よりも「リスク」の方が当てはまると判別できるだろう。

B：Z.バウマン

　これも、一般的なテキストの中で扱われている A.シュッツのキーワードを覚えていれば、「シュッツに関する記述ではない」ということで、消去法で「バウマン」を選ぶことはできるはずである。

C：社会関係資本

　「社会関係資本」とは、社会における「信頼」を基盤とした人々のネットワーク的なつながり全体を指す概念であり、P.ブルデューや A.ギデンズも重要な鍵概念として論じていたが、この言葉が一般に浸透したのは R.パットナムの貢献が大きい。

第 4 章

社会学の諸領域

　第4章では、さまざまな領域での社会学説について学習します。このうち第1節では、逸脱行動論を扱います。社会学者は、逸脱行動に対する常識的なイメージを覆してきました。第2節では、文化論を扱います。日本文化論は一般書でも採り上げられる議論ですが、ここでは公務員試験に出題される内容に特化して扱います。第3節では階級と階層を扱います。社会学には、格差や不平等に関するさまざまな議論の積み重ねがあります。

逸脱行動論

第1節では、逸脱行動論について学習します。一般的な「犯罪」のイメージとは異なる観点から、社会学は逸脱行動を研究してきました。「常識」に囚われず、その論理を追いかけていくようにしましょう。

キーワード

生来的犯罪人説／社会解体／非行地域／分化的接触理論／ホワイトカラーの犯罪／ラベリング理論／非行下位文化理論／第一次逸脱と第二次逸脱／スティグマ／社会統制理論／構築主義

❶ 逸脱行動論の源流

1.1 逸脱行動論の概要 ★☆☆

　逸脱行動とは、それぞれの社会や集団で通用している道徳的基準・規則・価値から外れた行動を指す。
　第1章で扱ったデュルケムの自殺論や犯罪論、第2章で扱ったマートンのアノミー論も逸脱行動論に含まれるが、それ以外にもさまざまな議論が展開されている。

1.2 ロンブローゾ ★★☆

　イタリアの法医学者で犯罪人類学を創始した**C.ロンブローゾ**(1835 ～ 1909)は、**生まれつき犯罪者になりやすい傾向を持つ者が存在する**という**生来的犯罪人説**を提唱した。
　彼は医師として、多くの犯罪者の生体・死体を計測してデータを集め、犯罪者に特有の身体的特徴があると考えた。しかしその後、様々な反論を受ける中でロンブローゾは学説を修正していき、身体的特徴・生物学的要因よりも社会環境要因の方を重視するようになっていった。
　現在では、当初の生来的犯罪人説は全く受け入れられていないが、多様なデータ

に基づく客観的・統計的な研究手法は後世に引き継がれていき、ロンブローゾは**実証的な犯罪学の始祖**と評価されている。

❷ シカゴ学派

2.1 背　景 ★☆☆

　アメリカ内陸部の都市**シカゴ**は19世紀から20世紀にかけて、南アメリカの黒人やヨーロッパの移民を吸収して**急成長**した。同時にシカゴは「**犯罪都市**」とも呼ばれ、さまざまな犯罪が多発していた。このような社会的背景の下、**シカゴ学派**では、逸脱行動の研究が盛んに行われた。

2.2 社会解体論 ★☆☆

　社会解体とは、「それまでの**社会的な行動規則が、個々の集団の成員に影響力を及ぼさなくなる状態**」であり、**W.トマス**(1863 〜 1947)と**F.ズナニエツキ**(1882 〜 1958)が『**欧米におけるポーランド農民**』で提唱した。

　E.W.バージェス(1886 〜 1966)は**社会解体論**の立場から、都市の拡大・分化の過程を、与えられた環境に適応しようとする個人・集団間で生じる競争と淘汰の結果として捉え、こうした都市の人間生態学的構造は不変ではなく、解体と再編を通じて新陳代謝を繰り返すと主張した。

2.3 ショウとマッケイ ★☆☆

　非行少年に対するモノグラフである『**ジャック・ローラー**』の著者**C.ショウ**(1896 〜 1957)と**H.マッケイ**(1899 〜 1980)は、アメリカの15の主要都市の犯罪・非行の発生状況を比較検討した上で、シカゴ以外の都市でも都市中心部の周辺で犯罪・非行が多発していることを明らかにし、このような地域を**非行地域**と名づけた。

　そして彼らは、非行地域では**犯罪・非行に関与しやすい地域環境や社会的資源**があるため、犯罪・非行が多発するのだとした。

（1）分化的接触理論

　E.サザーランド(1883 ～ 1950)は社会解体を否定し、社会組織の分化により遵法的文化から隔絶されて犯罪的文化に接触することが犯罪・非行の原因になるとする分化的接触理論を提唱した。

　この学説により、それまで主流だった人格特性や情動障害を犯罪の原因とする見解を全面否定することとなった。

（2）ホワイトカラーの犯罪

　サザーランドは、犯罪は下層労働者階級に集中して発生するというそれまでの通念を否定し、ホワイトカラー(上層・中層労働者)の組織的犯罪がその重大さにもかかわらず見過ごされてきたことを立証した。

　例えば、大がかりな銀行強盗でも被害額は数億円単位だが、不正経理や株価操作では数十億円単位、時には数百億円単位の被害を与えることもあり、被害額という点でも社会制度に対する信頼を失わせるという点でも後者の方がはるかに悪質であろう。しかし一般的には、銀行強盗の方が悪質だとみなされる傾向がある。

2.5 ベッカー

（1）ラベリング理論（レーベリング理論）

　H.S.ベッカー（1928 〜　）は、『アウトサイダーズ』の中で、逸脱行動に関するラベリング理論を提示した。

　従来の逸脱行動論の多くは、逸脱者の属性・行動に注目して逸脱の原因を分析することを主目的としていたが、ラベリング理論では、「**逸脱**」の定義そのものや「**逸脱者**」というラベルを貼る社会の方に注目する。

　ベッカーによれば、**社会集団**は、これを犯せば逸脱となるような**規則**を設け、それを**特定の人々に適用**し、彼らに**アウトサイダーのラベルを貼る**ことによって**逸脱を生み出す**。

　20世紀前半の一時期に米国で禁酒法が施行されていたことからもわかるように、「飲酒」という同じ行動であっても、社会・時代が違えば逸脱となったりならなかったりする。このことは、ある行動が逸脱行動であるか否かは、行動それ自体の性質によって決まるのではなく、その社会の規則によって規定されることを示している。

　そして、規則は客観的・中立的なものではなく政治過程の中で生み出されるものであることから、当該社会の多数派が定めた同調・逸脱の線引きの恣意的な適用により、逸脱者のラベルが貼られる。そのため、特に社会的弱者に対して適用されやすい。

（2）逸脱アイデンティティの形成

　従来の逸脱行動論の多くは、逸脱行動の動機に注目して逸脱者のみが逸脱的衝動を持つと捉えていたが、ベッカーによれば、ほとんどの人間は空想の中では逸脱的な衝動を経験しており、現実的に逸脱行動に出るかどうかは偶発的なものである。

　とはいえ、最初は偶発的だった逸脱行動も、それにより逮捕されて**逸脱者のラベルを貼られる**ことで、当人のその後の**社会参加とアイデンティティに対して重大な影響**を及ぼす。

　最も大きな影響は、当人の公的アイデンティティの決定的な変化である。一度逸脱者として判定されると、社会集団への参加が拒まれる。このように、逸脱者としてのラベルがいつまでもつきまとう結果、社会集団に十全には参加できず、当人は絶望して**自身を「逸脱者」と自己規定**し、逸脱者としてのアイデンティティを持つに至るのである。

③ その他の逸脱行動研究

3.1 コーエン ★★☆

　ハーバード大学出身でパーソンズの弟子である**A.コーエン**(1918 ～ 2014)は、**非行下位文化理論**(非行副次文化理論)を提唱した。

　非行下位文化とは、**下層階級出身の少年が中流階級文化への反動として生んだ文化**であり、**非功利性、破壊主義、否定主義**によって特徴づけられる。コーエンは、労働者階級の非行少年は、富の獲得のためではなく非行集団内部での地位の獲得のために犯罪に走るとしている。

3.2 レマート ★★☆

　カリフォルニア大学で活動した**E.レマート**(1912 ～ 96)は、ベッカーに先立って、**第一次逸脱／第二次逸脱**という区別で**逸脱アイデンティティの形成**を論じている。

第一次逸脱	人々の**逸脱行動そのもの**を示す。第一次逸脱は様々な社会的・文化的・心理的要因によって生じるものの、この段階では「逸脱者」としてのアイデンティティは形成されていない。
第二次逸脱	第一次逸脱が発覚したことにより、周囲の者から否定的な社会的反作用(ラベリング、処罰、隔離など)が加えられると、当人の精神構造が変容し、逸脱的なアイデンティティの形成に至る。 このように、逸脱が単に行動にとどまらずに、その人のアイデンティティまで変化させた状態。

3.3 スティグマ ★★☆

　E.ゴフマンは、**対面状況**において、正常から逸脱したとみなされ他人から蔑視されるような**欠点・ハンディキャップ**を**スティグマ**と呼んだ。「**スティグマ**」は、元々は奴隷や犯罪者に押された焼印の意味である。

　例えば、現在の日本では、生活保護を受給していることがスティグマとなっている。生活保護の受給は憲法が保障する国民の正当な権利であり、また受給に至る理由も社会環境や運不運なども含めて人によって様々であるにもかかわらず、「劣った人間」とみなされる目印とされる傾向がある。

3.4 ハーシ ★★☆

　カリフォルニア大学などで活動したT.ハーシ(1935 ～ 2017)は、犯罪の**社会統制理論(絆の理論)**を提唱した。

　社会統制理論では、少年を社会につなぎ止めておく**絆の弱体化が非行の原因**と考える。愛着・投資・巻き込み・規範概念という社会的な絆があるからこそ犯罪が抑制されているのであって、これが弱まれば人間は**生来的な傾向に従って逸脱行動に走る**という。

愛着	両親・学校・仲間との情緒的なつながり
投資	犯罪・非行に伴う利害よりも仲間との同調行動からもたらされる利害の方が上回る場合は「同調への賭け」を選択すること
巻き込み	合法的な日常生活が忙しくて(日常生活に巻き込まれていて)逸脱行動に走る時間・機会が少ない状況
信念	自分の属する社会集団の規範の道徳的妥当性を信じている度合い

3.5 マッツァとサイクス ★☆☆

　アメリカの社会学者・犯罪学者D.マッツァ (1930 ～ 2018)とG.M.サイクス(1922 ～ 2010)は、少年が非行の実行に際してその罪悪感を和らげて自らの行為を正当化する**中和の技術**という概念を提唱し、自分の責任ではないと主張する「責任の否定」、実害を与えていないと主張する「加害の否定」、被害者の落ち度を責める「被害者の否定」、自分の非行を非難する大人への非難を行う「非難者への非難」、非行は自分の所属するグループの仲間に対する忠誠の証であると主張する「より高い忠誠心への訴え」の五つの様式を示した。

　さらに、マッツァは**漂流理論(ドリフト理論)**を提唱し、非行は非行下位文化に同調する結果として起こるのではなく、非行少年の多くは基本的には社会の価値や規範に従っているが、完全に内面化していないため一時的に非行をするにすぎず、順法行為と違法行為の間を「漂流」しているようなものだ、と論じた。

（1）概　要

　社会学における**構築主義**とは、（論者によって徹底度に差はあるが）児童虐待やいじめなどの社会問題や男女の性、さらには数学に至るまで、**社会的構築物**だという主張であり、社会的要因によって物事を説明しようとする社会学の視点を徹底させた立場といえる。

（2）スペクターとキツセ

　M.B.スペクター（1943〜　）と**J.I.キツセ**（1923〜2003）は、ある社会現象を「問題である」と人々が定義し社会に訴えかける「**クレイム申し立て活動**」により「**社会問題**」が構築されていくと主張し、**社会問題の構築主義**の先駆けとなった。

　彼らは、社会問題なるものは客観的に存在するのではなく、それを不適正なものとして申し立てる活動によって社会問題として可視化されるのだと指摘した。

　例えば、児童虐待という現象は昔から多数生じていたと推測されるが、それが社会問題と一般に捉えられるようになったのは1990年代に入ってからである。

過去問チェック

[01] E.H.サザランドは、生来性犯罪人の存在を指摘し、非行副次文化は、下層階級出身の少年が生来的所産として生み出したもので、非功利性、破壊主義、否定主義によって特徴付けられるものであるとした。**国家専門職2019** 1.2 3.1

✕ 生来的犯罪人の存在を指摘したのは、犯罪人類学を創始したC.ロンブローゾである。また、非行副次文化について論じたのは、A.K.コーエンである。ただしコーエンは、ロンブローゾの主張を批判して、非行について、生来的・生物学的・心理学的な要因ではなく、一つの集団の成員によって共有される思考・価値・行動等の様式という社会的要因で説明した。

[02] シカゴ学派の社会解体論は、警察などの社会統制機関の機能低下が、犯罪や非行の原因であると論じる。**国家一般職2005** 2.2

✕ シカゴ学派の社会解体論では、急激な都市化・産業化や移民をきっかけに規範・価値観が混乱→社会解体（＝集団成員に対して、既存の社会的行動規則が及ぼす影響力の減退）→犯罪や非行が増える、と説明する。

[03] E.サザーランドの分化的接触理論は、マス・メディアに接触することで、逸脱行動が学習され、組織化される点を強調した。**国家一般職2005** 2.4

× E.サザーランドの分化的接触理論では、マス・メディアにではなく、遵法的文化から離れて(＝分化して)犯罪的文化に接触することで、犯罪への動機・技術・態度などが学習されて犯罪行動が生じると捉える。

[04] サザーランドは、犯罪的文化との接触が犯罪行動の基本的原因であるとする分化的接触理論を提唱し、下層階級の人々が行う犯罪で、名望ある社会的地位の高い人物が被害者となるものを「ホワイトカラー犯罪」と命名した。**特別区Ⅰ類2013** 2.4

× E.サザーランドのいう「ホワイトカラー犯罪」とは、名望ある社会的地位の高い人物(ホワイトカラー)が「被害者」ではなく「犯罪者」となるものを指す。

[05] ある少年が周囲の人々から「良い子」であるとみなされると、その少年はその期待にこたえて実際に良い子になり、「不良」とみなされると実際に不良になる。H.ベッカーは、このような「自己破壊的予言」に着目して、「不良」といった逸脱ラベルをはられることが、逸脱行動の原因となるという「ラベリング理論」を提唱した。**国家一般職2003** 2.5

× これは、R.K.マートンのいう「自己破壊的予言」ではなく「自己成就的予言」である。

[06] A.K.コーエンは、非行集団には特有の価値観や社会規範があるわけではなく、中産階層と同じ価値観や社会規範を共有しつつも、その下に特有の行動様式を持っているにすぎないとする非行下位文化理論を構築し、非行集団特有の行動様式は非行集団内での人間的接触の希薄化がもたらしているとした。**国家専門職2007** 3.1

× A.コーエンは、非行集団には中産階級の文化に対抗的な特有の価値規範や社会規範が「ある」として、これを非行下位文化と呼んだ。また、非行集団特有の行動様式は、非行集団内での人間的接触が「濃密」になり非行下位文化が浸透することにより拡がっているとした。

[07] E.レマートのいう第二次的逸脱とは、最初の逸脱行為が発覚しなかったために、繰り返して行われるようになった逸脱行為を指す。**国家一般職2005** 3.2

× E.レマートのいう第二次逸脱(第二次的逸脱)とは、最初の逸脱行為が発覚「したため」に、他者から否定的な社会的反作用を加えられた結果として、本人が逸脱者としてのアイデンティティを持つに至る事態を指す。

[08] 逸脱の研究の中には、社会が逸脱者にレッテルを貼ること(ラベリング)を問題にする立場がある。例えば、一度窃盗を働いた者が「また窃盗を働くだろう」と決

めつけられることは、そこでいうレッテルに当たる。E.ゴッフマンは、「正常」から逸脱していると評価される属性をステッカーと呼んだ。**国家一般職1999** [3.3]

✕ 「ステッカー」ではなく「スティグマ」である。

[09] 社会統制理論とは、人間の行動は本来的に順社会的であるが、過度な統制が行われることによって個人の抱く願望が満たされない状況に陥られた場合、その不満を解消しようとして逸脱行動に走る傾向を指摘した理論である。**国家一般職2009** [3.4]

✕ 社会統制理論とは、人間の行動は本来的に「反」社会的であるが、「適度な」統制が行われることによって逸脱行動が「防がれる」傾向を指摘した理論である。

[10] R.K.マートンは、非行少年自身による自らの逸脱行動に対する合理化・正当化の方法として、五つの様式をとる中和の技術論を提唱した。その五つの様式の中で、仲間に対する忠誠の証としての非行であると合理化することを「責任の回避」とした。**国家専門職2022** [3.5]

✕ これは、R.K.マートンではなくG.M.サイクスとD.マッツァに関する記述である。また、第2文は「責任の回避」ではなく「より高い忠誠心への訴え」である。

[11] 構築主義とは、過去や現在における社会問題を批判するのは非生産的であるとして、社会の諸問題を解決するための枠組みを具体的に構築すべきと主張する、社会計画論の一潮流である。**国家一般職2013** [3.6]

✕ 社会学における構築主義とは、児童虐待やいじめなどの社会問題や男女の性、さらには数学に至るまで、社会的構築物だという主張であり、社会的要因によって物事を説明しようとする社会学の視点を徹底させた立場といえる。

2 文化論

第2節では、文化論を学習します。このうち、文化の定義と諸類型の出題頻度は低いですが、文化遅滞説と日本文化論は様々な試験種に出題される可能性があるため、概要を確認しておきましょう。

キーワード

物質文化 - 非物質文化 - 適応文化／文化遅滞／罪の文化と恥の文化／『タテ社会の人間関係』／『「甘え」の構造』／たこつぼ型とささら型

① 文化の定義と諸類型など

1.1 タイラー ★☆☆

文化人類学の父と呼ばれるE.タイラー（1832 ～ 1917）は、文化を「ある社会の一員としての人間によって獲得された知識・信仰・芸術・道徳・法・慣習、およびその他の能力や習慣を含む複合体」と包括的に定義した。

1.2 マリノフスキー ★☆☆

ポーランド出身でイギリスで活動した機能主義的文化人類学者のB.マリノフスキーは、文化を以下の三つに分類した。

物質文化	道具・機械・交通手段など
非物質文化	芸術・宗教・科学理論など
制度文化	慣習・法など（機能主義者なので、法制度の役割を強調）

1.3 A. ウェーバー ★★★

M.ウェーバーの弟であるドイツの社会学者A.ウェーバー(1868～1958)は、歴史の展開を社会過程・文明過程・文化運動の三つのレベルで把握した。「社会過程」は社会の流れだが、ここで重要なのは残り二つの区分である。

| 文明過程 | 科学や技術の流れ。連続的・蓄積的に進歩する。 |
| 文化運動 | 精神文化(宗教・理念・芸術など)の動き。連続性・蓄積性は弱い。 |

1.4 リントン ★★★

アメリカの文化人類学者R.リントン(1893～1953)は、文化を「学習された行動とその成果の統合形態であり、その構成要素は、特定社会の成員によって分有され、伝達されているもの」と定義した上で、文化に対する個人の関わり方により、文化を以下の三つに分類した。

普遍的文化	全員が関わる文化。言語や共通の道徳、基本的な生活様式など。
特殊的文化	特定の性・階級・職業の者が関わる文化。女性の化粧法など。
任意的文化	支持や選択が自由な文化。芸術やファッションの流行など。

1.5 下位文化と上位文化 ★★★

下位文化(サブカルチャー)は、上位文化(high culture)や支配的文化(main culture)の対義語として用いられる概念である。

リントンの特殊文化と同様の意味を持つ場合と、公認されていないマイナーな文化(マンガやアニメなど)を意味する場合がある。

1.6 対抗文化 ★★★

対抗文化(カウンター・カルチャー)とは、ある社会の支配的文化と敵対・対立している文化のことである。

狭義の対抗文化運動とは、主に1960～70年代に先進国の中産階級出身の若者たちが産業社会のさまざまな矛盾に対して異議申し立てをした新左翼運動・ヒッピー文化運動・コミューン運動等を指す。

1.7 カルチュラル・スタディーズ ★★★

　カルチュラル・スタディーズ（文化研究）は、政治・経済的要因に基づいて文化を研究する立場であり、イギリスのR.ホガート、R.ウィリアムズ、S.ホールなどが研究を進めた。

❷ 文化遅滞説

2.1 物質文化と非物質文化 ★★☆

　アメリカの社会学者W.F.オグバーン（1886 〜 1959）は、人間社会の産物を**物質文化**と**非物質文化**に分けた。

物質文化	住宅・工場・機械・原料・生産物などの物理的な産物。
非物質文化	物質文化以外の社会的産物。宗教・科学・芸術・法律・慣習など。

　非物質文化の中には、物質文化に対処して**調節的な働き**をする**適応文化**がある。**法律**や**規則**は二つの文化の調節に特化されたものであり、適応文化の代表例である。

A.ウェーバー	文明過程	文化運動	
B.マリノフスキー	物質文化	非物質文化	制度文化
W.F.オグバーン	物質文化	非物質文化（適応文化を含む）	
	連続的・累積的に進歩	進歩の連続性・蓄積性は弱い	

　物質文化においては、発明・発見・伝播などによって文化は累積的に付加されていく。こうして、**物質文化の変化が先行し、非物質文化の変化はそれよりも遅くなる**。両文化の間には相互依存関係があるから、前者の変化は後者の変化（再調節）を引き起こす。これが**文化遅滞**（cultural lag）である。

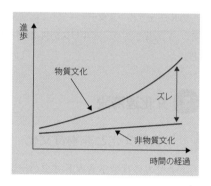

　文化遅滞の例として、軍事技術の進歩と平和思想の発展とのズレや、情報化の進展（インターネットなど）と著作権の整備のズレなどを挙げられる。

③ 日本文化論

3.1 罪の文化と恥の文化 ★★★

　アメリカの文化人類学者R.ベネディクト（1887〜1948）は、第二次世界大戦中に日本文化を研究し、『**菊と刀**』（1946）において、「**罪の文化**」と「**恥の文化**」という観点で、**欧米文化と日本文化を比較**した。

欧米文化＝罪の文化	日本文化＝恥の文化
内面的な罪の自覚により善行を行う。自ら心中に描いた理想的な自我にふさわしいように行動することが名誉であるため、自分の非行を誰一人知るものがいなくても罪の意識に悩む文化。	外面的強制力（他人の批評・嘲笑）により善行を行う。とにかく他人の前で恥をかくことを恐れる文化。逆に言えば、他人の目がなければどんな悪いことでもするということになる（「旅の恥はかき捨て」）。

3.2 タテ社会の人間関係 ★★☆

中根千枝(1926 〜 2021)は、インド社会の研究を専門とする人類学者の立場から、『**タテ社会の人間関係**』(1967)において、日本社会の特徴を「**典型的なタテ社会**」(タテのつながりが強い社会)と指摘した。

タテ社会＝タテつながりの社会(日本的)	ヨコ社会＝ヨコつながりの社会(カースト的)
・同じ「場」にいるという条件によって集団への所属が認められる。例)企業別組合 ・集団は、異質な成員によってタテつながりで構成される。例)企業成員の学歴・資格は様々。	・同じ「資格」を持つという条件によって集団への所属が認められる。例)職業別組合 ・集団は、同じ資格を持つ同質的な成員によってヨコつながりで構成される。

3.3 「甘え」の構造 ★★☆

精神科医の**土居健郎**(1920 〜 2009)は『**「甘え」の構造**』(1971)において、「**甘え**」は**日本語にしかない語彙**であり、他者に対する全面的な依存欲求を意味すると述べた。これは元来は乳幼児期の心性だが、日本では成人になってもこうした態度が容認され、他者をあてにするようなパーソナリティ構造が形成されるとした。

しかし「甘え」概念は**プラス面とマイナス面、両義的に使われている**ことに注意しよう。

3.4 たこつぼ型社会 ★★☆

政治学者の**丸山真男**(1914 〜 96)は『**日本の思想**』(1961)において、「**たこつぼ型**」と「**ささら型**」を対比し、日本の組織が専門化・閉鎖化して「たこつぼ型」になっていることの問題点を指摘した。

「ささら」とは、竹を細かく割って片側を束ねた民俗楽器ないしタワシであり、丸山は「手のひらでいえば……元のところが共通していて、そこから指が分かれて出ている」という形態をイメージして語っている。一方、「たこつぼ」には互いの連絡も共通部分もなく、それぞれ孤立したツボが並んでいる状態をイメージしている。

丸山は、まず学問にこの類型を当てはめる。ヨーロッパでは哲学が共通の母体となり、そこから様々な学問がささら型に分化した。一方、日本では明治期にいきなり専門分化した学問を輸入したために、統一するものがなくそれぞれの分野がたこつぼ型に形成されてしまった。そして、同様のことが社会全般についても言えるのではないかと指摘した。

社会学者の濱口惠俊(はまぐち えしゅん)(1931〜2008)によれば、従来は、**欧米型の個人主義と対比して日本人は集団主義を原理としている**という議論が多かったが、これは個人−集団という欧米起源の二分法に基づいたものであって、**日本人の基本的な価値観は「間人主義」**(かんじん)(人と人との間における連関性そのものを自己自身だと意識するような見方)という視点で捉える方が適切である。そして「間人主義」の特徴を、相互依存主義・相互信頼主義・対人関係の本質視の3点と述べ、自己中心主義・自己信頼主義・対人関係の手段視を特徴とする欧米型の個人主義と対比した。

また、間人主義の特徴それぞれについて、「相互依存主義」を「社会生活では親身の相互扶助が不可欠であり、依存し合うのが人間本来の姿だとする理念」、「相互信頼主義」を「自己の行動に対して相手もまたその意図を察してうまく対処してくれるはずだとする互いの思惑」、「対人関係の本質視」を「いったん成り立った〈間柄〉は、それ自体値打ちのあるものとして尊重されるべきだとする見解」とした。

過去問チェック

01 リントンは、文化を個人の文化への参与の仕方により、社会の全成員が共通に参与し支持している普遍的文化と、社会の特定の階層や職業に属する成員だけが参与し支持している任意的文化との二つに区分した。**特別区Ⅰ類2005** 1.4

✕ 社会の特定の階層や職業に属する成員だけが参与し支持しているのは「特殊的文化」である。また、R.リントンは文化を三つに区分した。

02 対抗文化(counter culture)運動とは、度重なる革命の経験や植民地支配への抵抗の歴史によって、ある争点について妥協や懐柔を拒否したり、対立点を強調して対決的姿勢をもつ運動を意味する。**国家一般職2009** 1.6

✕ 対抗文化とは、ある社会の支配的文化と敵対・対立している文化のことであるが、狭義の対抗文化運動とは、主に1960〜70年代に先進国の中産階級出身の若者たちが産業社会の様々な矛盾に対して異議申し立てをした新左翼運動・ヒッピー文化運動・コミューン運動などを指す。いずれにせよ、植民地発の運動ではない。

03 カルチュラル・スタディーズは、文化と政治・経済的要因とを切り離して捉え、文化の純粋な文化性を探求しようとする研究であり、フランスを中心に研究が進められた。代表的な研究著作として、M.フーコーの『読み書き能力の効用』が挙げられる。**国家一般職2017** 1.7

✕ カルチュラル・スタディーズは、文化と政治・経済的要因を関連づけて捉える研究であり、イギリスを中心に研究が進められた。また、『読み書き能力の効用』を著したのは、R.ホガートである。

04 オグバーンは、「非物質的文化」の変動が速いのに対して、「物質的文化」の変動がそれにともなわず、その間に遅速のずれが生ずる事実から、文化の不調和の現象を指摘した。**特別区Ⅰ類2016** 2.2

✕ W.F.オグバーンは、「物質的文化」の変動の方が速いのに対して「非物質的文化」の変動がそれに遅れるという「文化遅滞説」を唱えた。

05 ベネディクトは、欧米の「罪の文化」に対して日本は「恥の文化」をもち、恥の意識は普遍的かつ内面的であるとした。**東京都Ⅰ類2002** 3.1

✕ 恥の意識は普遍的でも内面的でもない。罪の文化では心に道徳が刻み込まれており（＝内面的）、どの場面でも共通する（普遍的）。一方、恥の意識は目の前の他者の嘲笑によるため（＝外面的）、人がいなくなれば恥の意識も消えてしまう。

06 中根千枝は、その著書『菊と刀』の中で、家族の役割は親子のタテ社会構造に基づく「恥の文化」の継承と「徳のジレンマ」の解消にあるとし、バブル経済崩壊後の日本においてはこうした家族のタテ社会構造が衰退しているとして警鐘を鳴らした。**国家専門職2005** 3.1 3.2

✕ 『菊と刀』(1946)はR.ベネディクトの著作である。さらに、中根千枝の『タテ社会の人間関係』も1967年刊行であり、バブル経済とはかなり時代がずれている。

07 土居健郎は、「甘えの構造」において、日本では、母子間の甘えの関係が成人後も継続し、成人後の甘えが家庭外での人間関係に有害であるとした。**東京都Ⅰ類2006** 3.3

✕ 土居健郎によれば、日本では成人後も「甘え」の態度が容認され、所属集団へ埋没する（思いっきり甘える）ことでアイデンティティを確立し、自信が持てるようになる。つまり甘えは家庭外での人間関係にもプラスに働くのである。

08 丸山真男は、日本の文化は、すべてその根幹に共通の思想・宗教を持ち、そこから派生し発展したものであり、全体として掌の形をしていることから日本の文化を「ささら型文化」とした。**特別区Ⅰ類2005** 3.4

✕ これは欧米文化に関する記述である。丸山真男は「たこつぼ型」と「ささら型」を対比し、日本の組織が専門化・閉鎖化して「たこつぼ型」になっていることの問題点を指摘した。

3 階級と階層

第3節では、階級と階層を学習します。ここでは、階級と階層の違い、K.マルクスの階級論とその後の歴史的展開、そしてP.ブルデューの階級論については、特に注意して内容を確認しておきましょう。

キーワード

身分／階級／資本家階級と労働者階級／搾取／対自的階級と即自的階級／ホワイトカラーとブルーカラー／旧中間階級と新中間階級／階級状況と身分状況／階層／地位の非一貫性／階級対立の制度化／メリトクラシー／ハビトゥス／文化資本／文化的再生産

① 身分から階級へ

1.1 ▷ 身 分　　　　　　　　　　　　　　　　　　　　★☆☆

　身分とは、**宗教・慣習・法制などにより秩序づけられた上下関係**のことである(中世ヨーロッパの封建制、日本の江戸時代の身分制度、インドのカースト制など)。近代以前の社会には厳密な意味での階級も階層も存在しなかった。それぞれの人間には身分があり、それに応じて人生が決まっていた。**身分の流動性は極めて低かった**(江戸時代には農民に生まれた者は武士にはなれなかった)。

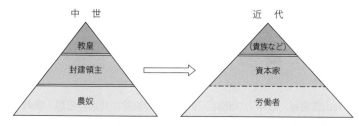

1.2 ▷ 階 級 ★★☆

　階級とは、生産手段の所有／非所有を基準にして決まる上下関係であり、生産手段の所有者が**資本家階級**(ブルジョアジー)、非所有者が**労働者階級**(プロレタリアート)である。

　K.マルクスによれば、資本家と労働者は、富の分配という点で**搾取／被搾取**の関係にあり、自らの生活や労働を自分で制御可能か否かという点で**支配／被支配**の関係にある。そして、**資本主義社会が高度化するにつれ、資本家は弱い資本家を合併し強大化し、逆に労働者階級はますます搾取され貧困化する**ため、階級の対立は**激化していく**(＝**窮乏化理論**)。自営農民・小工業者・小商人などの(旧)中間階級はプロレタリアートに転落し、**階級は二極分化していく**。

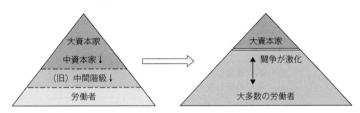

　マルクスは、二極分化による対立・矛盾が最大限に達したとき、世界の労働者が団結して資本家支配を打倒する社会主義革命が起こると予言した。そして、自分の階級の歴史的使命を自覚し革命に身を投じる労働者のことを**対自的階級**、無自覚な労働者を**即自的階級**と呼んだ。

❷ 中流化の時代

2.1 ## 20世紀の社会状況　　　　　　　　　　　　　　　　　　★★☆

　マルクスの予言に反して、社会主義革命が成功したのは、産業が未発達で農業を基盤とした奴隷制的な労働が行われていた地域（ロシアや中国など）だけであり、**産業化が進んだ地域（ヨーロッパ、アメリカ、日本）では階級対立はあまり激化せず**、専門知識や技能に基づく安定した職業・収入とある程度の資産を持った**新中間階級（新中間層）**、すなわち**ホワイトカラーが急増**した。

ホワイトカラー （white collar） ＝新中間階級	・事務労働者 ・直接、物を生産しない職種の雇用労働者であり、管理職・専門職・事務職が該当する ・白襟の服を着ていたことからついた名称
ブルーカラー （blue collar） ＝労働者階級	・肉体労働者 ・直接、生産工程に就く職種の雇用労働者であり、製造業・建設業・鉱工業などの現業職が該当する ・青襟の作業服を着ていたことからついた名称

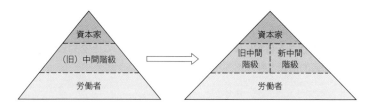

（上流）	（貴族等）	—	—
中流	資本家階級	資本・生産手段を所有している ＝自営	所有が中規模以上
	旧中間階級		所有が小規模
	新中間階級	資本・生産手段を所有していない＝雇用労働	直接、物の生産に携わっていない
下層	労働者階級		直接、物の生産に携わっている

2.2 ウェーバーの階級理論 ★★☆

　マルクスは、社会の不平等状態に関する区分を一元的に捉えて階級論を展開したが、M.ウェーバーは、それを階級状況と身分状況の二つに分けて論じた。

階級状況	経済的な所有状況や獲得・運用能力による区分（＝経済的な指標による区分）
身分[1]状況	生活の様式・教育の方法・職業威信による区分（＝社会的な指標による区分）

　ウェーバーは、階級をさらに財産階級（＝資産の有無に注目した区分）・営利階級（＝財貨の運用度合いに注目した区分）・社会階級（＝社会移動に注目した区分）の三つに区別した。このように、社会的な上下の評価に多元的な尺度を用いる点から、階層理論の源流と位置づけられている。

2.3 社会階層 ★★☆

　階層とは、全体社会の中で同一の社会的資源の配分を受け社会的地位を等しくする者の集合であり、研究者の測定手法によってさまざまに捉えられる層である。階級は歴史的・実体的・相互対立的な存在として概念化されているが、階層は非歴史的・操作的・非対立的な概念といえる。

　例えば、資本家と労働者はそれぞれ自分自身を「資本家だ」、「労働者だ」と意識しており、お互いに異質な存在であり、利害も対立している。それに対して、階層は研究者がその時々の問題設定に応じて操作的に分けただけのグループであり、当事者自身に集団としての意識があるわけではない。例えば、年収ごとにグループ分けして階層ごとの違いを分析することはよくあるが、年収300万円台の人々と年収400万円台の人々がそれぞれ集団としての仲間意識を持ち、お互いの集団を敵視しているとはいえないだろう。

　なお、階層を扱う理論を成層理論と呼ぶこともある。この場合、階層は個々の層、（社会）成層は層の重なり全体を指す。

---

1 ここで言われている「身分」とは、封建的な身分のことではなく、社会指標に基づいた上下の位置関係であり、英語のstatusに近い意味で用いられている。

2.4 地位の非一貫性　★★☆

　先進資本主義社会では、人々の欲望を実現させる**資源**も多元化している。

　経済的資源(=所得・財産)は多くの欲望を実現する手段になるが、民主主義社会では経済力だけで欲望を実現することはできない。他の人に対して優位な社会関係を持つ**関係的資源**(=権力・威信)も必要である。また、知識や学歴のような**文化的資源**(=教育・教養)は、自分の欲望を実現していくうえで大きな助けとなる。

　あらゆる資源を身につけた人もいるが、資本主義が発達し民主化が進んだ社会では資源が分散され、一人一人を見ると資源に偏りがあるのが普通になった。これを**地位の非一貫性**という。**現代社会では、下方一貫層**(すべての資源を持っていない人々)と**上方一貫層**(すべての資源を持っている人々)が少なくなり、**中間層**(すべては持たないが、どれかをある程度は持っている人々)**が増えた。**

　例えば**現代の日本の意識調査**では、「あなたの生活程度は、上/中の上/中の中/中の下/下のうち、どれに当てはまりますか?」というような質問に対して、「中の上」、「中の中」、「中の下」と答える人(「**中流意識**」を持つ人)の割合を合計すると、**約9割**となる。

2.5 階級対立の制度化　★★☆

　マルクスの窮乏化理論によれば、資本主義が高度化するにつれて資本家と労働者の階級対立は激化していくはずだったが、実際には**労働争議は減少傾向にある。**

　この状況を、**T.ガイガー**(1891 〜 1952)や**R.ダーレンドルフ**(1929 〜 2009)は、「**階級対立の制度化**」と捉えた。資本主義が成熟するにつれて資本家と労働者はそれぞれ組織化されていき、それに伴いお互いの関係にも一定のルールが形成されていく(団体交渉制度や労働者の経営参加制度など)。つまり**労資の対立関係も、制度化されることにより沈静化していった**ということである。

❸ 教育による地位達成

3.1 メリトクラシー社会　★★☆

（1）概　要

　メリトクラシー（meritocracy）社会とは、人材を登用する際に、その人物の身分や出自ではなく、**能力を基準とする社会**のことである。

　前近代社会では階層・階級移動は**閉鎖的**だったが、基本的にメリトクラシー社会である近代社会では**開放的**である。また、身分や出自といった個人では変えようのないものを基準とする評価法を**属性主義**と呼び、個人の能力や行為によって可変性のあるものを基準とする評価法を**業績主義**と呼ぶことも覚えておきたい。

（2）機能主義の成層理論

　近代社会にも高い地位と低い地位の格差は存在するが、それは「能力」の差ということで正当化されている。例えば、K.デービス（1908〜97）やW.ムーア（1914〜87）などの**機能主義**に基礎を置く成層理論では、**階層分化・格差の生成は分業の進展に必然的に伴う現象**だと考える。その論理は以下の通り。

❶　分業が進展するにつれ、機能的に重要な地位とそうでない地位が分化していく

❷　重要な地位に課せられた役割を遂行するためには、特殊な知識・能力が要求される

❸　しかしどの社会でも、このような知識・能力を持つ者は少数派である

❹　さらに、特殊な知識・能力を身につけるためには一定期間の訓練が必要だが、その獲得には様々なコストを要する

❺　才能ある者に誘因を与えるためには、将来就く地位に特権・権限・名誉・威信・収入などで何らかのメリットがあることが必要である

❻　そのため、分業が進展するにつれて各種の報酬が不平等に配分されるようになり、社会成層が生成される

（3）学校化社会

　生得的地位（ascribed status）よりも**獲得的地位**（achieved status）が多数を占める現代社会において、教育機関が担う役割は「有能な人材の選抜と育成」にほかならない。一方で、個人にとっても、有能な人材が集まる教育機関で教育を受けることは、能力の実証と獲得を可能にする機会である。

　メリトクラシー社会では、学校に大きな期待が集まる。これが行きすぎて学びが受動的になり、何事も学校を始めとした制度に依存してしまう社会のことを、I.**イリイチ**（1926～2002）は「**学校化社会**」と呼んでいる。

（4）メリトクラシー社会への評価

　だが、メリトクラシーの仕組みが高学歴者が高い地位を得る根拠となるためには、**教育機会が万人に向かって開かれていなければならない**し、学校が行う選抜が本当に**客観的な能力の測定になっていなければならない**。つまり、❶誰でも参加できる、❷スタート地点が一緒、❸選抜ルールが公平、という条件を満たす必要がある。

　多くの社会学者が、この点に疑問を投げかけてきた。というのは、実際に調査してみると、高学歴・高地位の人物の子どもは、やはり高学歴・高地位を得ていることが多いためである。

3.2 ウィリス ★☆☆

　イギリスの社会学者P.**ウィリス**（1950～　）は『**ハマータウンの野郎ども**』（1977）において、**イギリスにおける労働者階級の若者世代**が、**労働者階級の親の世代の文化に同調して学校の価値を否定する**ことによって、**中産階級的な知識や文化を習得する機会を失い**、**結果として労働者階級としてのアイデンティティを主体的に再生産していく過程**を明らかにした。

3.3 ブルデュー ★★☆

（1）背　景

　フランスの社会学者P.**ブルデュー**は、フランスの旧植民地アルジェリアを調査・研究する中で、通常は「個人的なもの」とされている**性向・くせ・態度でさえ社会的影響を受けており**、民族・階級・地域・性別などによって特徴が異なることに注目した。

P.ブルデュー
[1930～2002]

（2）ハビトゥスとプラティーク

　ハビトゥスとは、経験に基づき個人に内面化された行為の傾向・趣味判断・ものの考え方のことである。また、ハビトゥスと社会的・文化的構造に規定されつつ、実際に行われる**慣習行動をプラティーク**(実践)と呼んだ。

　例えば、「映画好き」という趣味嗜好はハビトゥスであり、「映画館に行くこと」はその趣味嗜好が現実の行動として表れたプラティークとなる。

　ブルデューによれば、ハビトゥスは、**社会化の過程で習得され当人自身にほとんど意識されず半ば自動的に作用**する。

　その結果、各個人は自由に行為しているつもりでも、自身の生まれ育った社会的・文化的構造の中で身につけたハビトゥスを無意識にプラティークとして実践することになることから、**既存の社会的・文化的構造が遂行的に再生産**されるとした。

（3）文化資本と文化的再生産

　文化資本とは、家族などの社会的環境において伝達される文化的な財・知識・言語能力、その他のハビトゥスのことである。また**文化的再生産**とは、文化資本などの影響を通じて、親世代の階層的地位・職業的地位が子世代に引き継がれることをいう(『ディスタンクシオン』(1979))。

　学校の試験をはじめとして、高い社会的地位を得るための選抜基準を作成しているのは、すべて高学歴・高地位の人々である。試験は、いくら客観的に見えても、特定の階層の人たちの知識と考え方を身に付けているかどうかを審査している。

　ここで、高学歴・高地位の家庭に育ち、家庭環境を通じてごく自然に身につけ慣れ親しんだハビトゥスは、選抜試験の場面で有利に働く。例えば、小さい頃からピアノなどを習っていればクラシック音楽に強い興味を持つだろうが、そうでなければただの眠い音楽になるかもしれない。小さい頃からテレビの科学番組に親しんでいれば学校の理科の時間は楽しく過ごせるかもしれないが、そうでなければ興味の持てない科目で終わるかもしれない。小さい頃から家庭内で英語が飛び交っていたり親の海外赴任などで英語圏で暮らした経験があったりすれば、学校の英語の時間は苦にならないかもしれない。

　このように、趣味判断や勉強への興味もまた出身階層の影響を強く受けているとブルデューは考える。そして、入試をはじめとする各種試験が、実は上流階層のハビトゥスを身につけているかどうかを判定する役割を果たしており、文化資本を相続した上流階層の子弟に大きく有利に働くことが多いがゆえに、一見客観的な能力判定の制度が階層の固定化に寄与していると指摘した。

④ 社会移動研究

[4.1] 社会移動の類型　　　　　　　　　　　　★★★

　社会移動とは、異なる時点間で社会の成員がその社会的地位を移動することを指し、**世代間移動**および**世代内移動**の両方を包括する。

（1）世代間移動と世代内移動

世代間移動	**子が親と別の階層へ移動する**こと 例：親が農家で子がサラリーマン
世代内移動	一生の間に**本人が別の階層へ移動する**こと 例：会社員が脱サラして自営業

（2）水平移動と垂直移動

　P.ソローキン（1889～1968）は、**水平移動**（水平的移動）と**垂直移動**（垂直的移動）の両方の側面を含む「**社会移動**」という概念を提示した。

水平移動（水平的移動）	階層的に同レベルの社会的地位の間の移動
垂直移動（垂直的移動）	階層的に上方／下方の社会的地位への移動

（3）純粋移動と強制移動

　社会移動研究において、「**開放性**」とは、親が所属する階層と独立に（無関連に）子が階層を達成する度合いを指す。

　身分制度が確立されていた封建社会のように親の職業と子の職業がほぼ同一の場合は、開放性はゼロに近い。だが、属性主義ではなく業績主義を近代社会の特徴と考えるならば、開放性が高い方がより近代的となる。

　だが単純に、親の職業と子の職業が違うだけでは開放的とはいえない。例えば国勢調査により日本の産業別就業者の割合（第一次産業／第二次産業／第三次産業）を見ると、1950年の48.5％／21.8％／29.6％から、2015年には4.0％／25.0％／71.0％と変化している。つまり、親が農業（第一次産業）で子がサービス業（第三次産業）だとしても、その理由のかなりの部分は「産業構造の変化」で説明されることになる。このような社会移動を**強制移動**（**構造移動**）という。

　それに対して**純粋移動**（**循環移動**）とは、社会移動全体から強制移動を差し引いた残りを指す。純粋移動の大きさは、社会の開放性の指標の一つとされる。

なお、「産業化の進展に伴って純粋移動は増加する」という主張は「産業化命題」と呼ばれ、後述のSSM調査によれば、純粋移動率は1955年調査から1995年調査まで一貫して増加していた（全世代の合計）。ただし、指標の捉え方の問題や「産業化」という概念の曖昧さなどをめぐって様々な論争がある。

4.2 ▷ SSM 調査 ★★★

SSM調査とは、日本で実際されている「社会階層と社会移動に関する全国調査」の略称である（SSMは、Social Stratification and Social Mobilityの頭文字をとったもの）。1955年調査を第1回として、**10年ごとに実施**されている（最新は2015年調査）。SSM調査は社会学界では名が通っているが、官公庁の統計調査のように資金が潤沢なわけでも専従の職員がいるわけでもないため、毎年実施というのは不可能に近い。

なお、SSM調査に代表される**階層研究**では、**職業を基準として階層分けする場合**が多い。階層分けには様々な尺度が考えられるものの、**現代社会において収入や威信は職業に結びついている**ことが多いため、**一つの尺度で代表させるとしたら職業が最も妥当**だという判断による。

過去問チェック

01 マルクスは、まだ自らの地位や利害について自覚していない階級を対自的階級と呼び、自覚段階に達した即自的階級と区別して、対自的階級が即自的階級に転化するには、階級意識と階級組織が形成されなければならないとした。特別区Ⅰ類2017 [1.2]

✕ 「即自的階級」と「対自的階級」が逆になっている。ここで「対自」とは、自分に向き合う（対－自）ことで自らの地位・利害を自覚すること、「即自」とは、自分に向き合わずにそのままの自分である（即－自）ために自らの地位・利害を自覚していないことと理解すればよい。

02 マルクスは、その階級論において、新中間層は、支配階級であるブルジョアジーと労働者であるプロレタリアートという二大階級の間に位置するとした。東京都Ⅱ類2003 [1.2] [2.1]

✕ K.マルクスの時代には、新中間階級（新中間層）は注目されていなかった。マルクスの理論において、二大階級の中間に位置するのは自営農民・小工業者・小商人などで、いまで言うところの旧中間階級（旧中間層）である。

03 ウェーバーは、階級は資産の有無によって成立するのではなく、生活様式や名誉や社会的評価の差異によって成立するので、階級と身分は同概念であるとした。**特別区Ⅰ類2014** 2.2

✕ M.ウェーバーは、階級と身分を区別した。また、資産の有無によって成立するのが階級、生活様式や名誉や社会的評価の差異によって成立するのが身分である。

04 階層とは、人々を収入、職業、学歴などによって序列化したときに、同じ区分に入る人々の集合体をいい、各階層間では、歴史的に、異質的・敵対的な意識関係が生じている。**東京都Ⅰ類2002** 2.3

✕ 歴史的に、異質的・敵対的な意識関係が生じているのは階級間である。

05 「地位の非一貫性」とは、社会階層の移動によって、子どもが親に比して社会的に高い階層に上昇したことにより、出身背景と子どもの獲得した社会的な地位との間に一貫性が失われ、アイデンティティの揺らぎが生じることを指摘した議論である。**国家一般職2008** 2.4

✕ 地位の非一貫性とは、測定する指標により一個人の社会的地位が異なる事態を指す。学歴は高いが貧乏な人、お金持ちだが尊敬できない仕事をしている人等の例が挙げられる。

06 T.ガイガーは、マルクス主義を擁護する観点から、高度に発達した産業社会では階級対立が制度化されるとし、その結果、労使間の階級対立が激化し、階級闘争が拡大することによって、マルクス主義社会が到来すると主張した。**国家専門職2004** 2.5

✕ T.ガイガーは、マルクス主義を批判し、階級対立の制度化の結果、労使間の階級対立が沈静化し、階級闘争が縮小することによって、マルクス主義社会は到来しなくなると主張した。

07 一般にある人物が「何であるか」ということを基準に、その人物を評価することを属性主義(ascription)という。これに対して「何をするか」ということを基準に、その人物を評価することを業績主義(achievement)という。ある人物を学歴を基準に評価する学歴主義は、典型的な属性主義の一つである。**国家一般職1999** 3.1

✕ 学歴主義は、典型的な業績主義の一つである。卒業後の視点に立てば自分の学歴は変更できないように思えるかもしれないが、入学時点で学力さえあれば高学歴を得ることもできたはずであり、その意味で学歴は「業績」だから、学歴主義は典型的な業績主義といえる。

08 P.ウィリスは、イギリスにおける労働者階級の若者世代を研究し、こうした

世代が親の世代の文化に反発することによって、社会で蓄積された知識や文化を習得する機会を失い、結果として労働者階級としてのアイデンティティを主体的に再生産していく過程を明らかにした。**国家一般職2012** 3.2

✕ P.ウィリスは、イギリスにおける労働者階級の若者世代が、親の世代の文化に「同調」して「学校文化」に反発することによって、中産階級的な知識や文化を習得する機会を失い、結果として労働者階級としてのアイデンティティを主体的に再生産していく過程を明らかにした。

09 P.ブルデューのいう「文化資本」とは、金融・不動産の所有ではなく、絵画・骨董品などの文化的な財の所有とその投機的な価値の増大によって経済的な格差が拡大するメカニズムに着目した、現代の高度消費社会における階層を分析するための概念である。**国家一般職2008** 3.3

✕「文化資本」は、文化的な財の投機的な価値(つまり経済的な価値)に注目した概念ではない。

10 強制移動は、経済的要因や人口動態の変化によってもたらされる移動であり、この大きさが、社会の開放性の指標とされる。**東京都Ⅱ類2006** 4.1

✕ 社会の開放性の指標とされるのは、強制移動ではなく純粋移動である。

11 社会移動とは、個人が異なる社会階層に移動することをいう。社会移動には、子どもが親と異なる社会階層に移動する垂直移動と、個人が生涯のうちに異なる社会階層に移動する水平移動とがある。これらの移動は、産業構造の変動に起因する純粋移動の影響を受けて増減する。**国家一般職2016** 4.1

✕ 子どもが親と異なる社会階層に移動するのは世代間移動、個人が生涯のうちに異なる社会階層に移動するのは世代内移動である。また、産業構造の変動に起因する移動は、強制移動である。

12 SSM調査は、社会階層と社会移動に関し、毎年実施されている全国規模の調査であり、主に所得移動についてデータの分析が行われている。**東京都Ⅱ類2006** 4.2

✕ SSM調査は、「所得移動」ではなく「社会移動」の調査である。また、毎年ではなく10年ごとに調査が実施されている。

13 SSM調査は、事例調査やインタビューなどの質的データを時系列的に集めることによって、我が国の階層構造の変動と社会移動を分析することを目的としている。**国家一般職2010** 4.2

✕ SSM調査は、事例調査やインタビューなどの質的データではなく、質問紙によって収集された量的データを時系列的に集めている調査である。

問題1　逸脱に関する社会学理論についての次の記述のうち、妥当なのはどれか。

国家一般職2016

❶　T.ハーシは、『アウトサイダーズ』を著した。彼は、個人が、これを犯せば逸脱となるような独自の規則を設け、その規則を自ら破ることで、自らにアウトサイダーのラベルを貼ることによって、逸脱をする者としてのアイデンティティを獲得することを明らかにした。

❷　E.H.サザーランドは、分化的接触理論の提唱者である。彼は、犯罪行動が、パーソナルな集団における他の人々との相互作用を通じて学習された行動であり、遵法的文化から隔絶され、犯罪的文化に接触することから犯罪行動は学習されるとした。

❸　E.ゴフマンは、『社会病理学』を著した。彼は、逸脱行動には、行為者が自分に対するイメージを変えようとすることから生ずる第一次逸脱と、状況的逸脱要因などの逸脱への圧力から生ずる第二次逸脱があるとした。

❹　H.S.ベッカーは、統制理論の提唱者である。彼の非行に関する統制理論では、少年が非行化するのは、警察、地域社会における大人等による、地域社会の治安を維持する力である社会的絆が弱まることが原因であるとされた。

❺　E.M.レマートは、『スティグマの社会学』を著した。彼は、スティグマとは、ある社会における好ましい特徴のことであり、スティグマをもっていないと周囲に判断された者は、その者の危険性や劣等性が説明され、様々な差別を受けることを明らかにした。

解説

❶ ✕ 『アウトサイダーズ』を著したのは、H.S.ベッカーである。ただしベッカーによれば、これを犯せば逸脱となるような独自の規則を設け、その規則を破った者に対してアウトサイダーのラベルを貼り、逸脱をする者としてのアイデンティティを与えるのは社会であって、個人自身によるものではない。

❷ ◯ E.サザーランドは、遵法文化から隔絶されて「分化」し、犯罪的文化に「接触」して学習される点に注目している。

❸ ✕ これは、E.レマートに関する記述である。ただし「第一次逸脱」は、人々の逸脱行為そのもの、「第二次逸脱」は、人々の精神構造・アイデンティティの逸脱を指す。

❹ ✕ 統制理論を提唱したのは、T.ハーシである。また、ハーシのいう社会的絆は幅広い概念であり、警察や大人の影響だけでなく、愛着・投資・まきこみ・規範概念という四つの要素から分析している。

❺ ✕ 『スティグマの社会学』を著したのは、E.ゴフマンである。またゴフマンによれば、スティグマとは、対面状況において、正常から逸脱したとみなされ他人から蔑視されるような欠点・ハンディキャップのことであり、スティグマを持っていると周囲に判断されることで、その者は危険性や劣等性を持っていると説明され、様々な差別を受けるとした。

階級又は階層に関する記述として、妥当なのはどれか。

特別区Ⅰ類2017

❶　階級とは、生産手段の所有、非所有とそれに由来する生産関係における地位の違いに基づき搾取、被搾取の関係に立つ集団であるが、実体的な集団ではなく、操作的な概念である。

❷　階層とは、職業、収入、学歴などの社会的資源が不平等に配分されているとき、同種の社会的資源が同程度に配分されている社会的地位ないし人々の集合であり、階層と階層の間には異質的で敵対的な関係が設定される。

❸　マルクスは、まだ自らの地位や利害について自覚していない階級を対自的階級と呼び、自覚段階に達した即自的階級と区別して、対自的階級が即自的階級に転化するには、階級意識と階級組織が形成されなければならないとした。

❹　ダーレンドルフは、産業社会の成熟とともに、労働者、資本家いずれの階級にあっても、労働組合や経営者団体のような組織が形成され、階級闘争に一定のルールができあがると、階級闘争の激しさが増すとした。

❺　デービスとムーアは、社会成層の中で上位を占める人々は社会の中で重要性の高い仕事をしている人々で、高い報酬や威信を得るのは当然であり、社会的地位の不平等の存在こそ上昇志向を動機づけ、社会全体の機能を高めるとした。

❶ ✕　階級は、実体的な集団とされる。操作的に定義されるのは「階層」である。

❷ ✕　異質的で敵対的な関係が設定されるのは「階級」である。

❸ ✕　「即自的階級」と「対自的階級」が逆になっている。ここで「対自」とは、自分に向き合う（対－自）ことで自らの地位・利害を自覚すること、「即自」とは、自分に向き合わずにそのままの自分である（即－自）ために自らの地位・利害を自覚していないことと理解すればよい。

❹ ✕　R.ダーレンドルフによれば、階級闘争に一定のルールができあがると、ルールの枠内での闘争となるため、階級闘争は弱められていく。

❺ ◯　アメリカの機能主義社会学では、このような論理で社会的不平等を正当化した。

第 5 章

社会変動と社会集団

　第5章では、社会変動と社会集団について学習します。このうち第1節では、社会変動論を扱います。前近代社会から近代社会への変動は、社会学の成立当初からの中心主題でした。第2節では、社会集団論を扱います。前近代的集団と近代的集団の対比は、社会変動論とも深く関係します。第3節では組織・労働を扱います。これは、行政学や経営学でも出題されることが多い領域となります。

社会変動論

第1節では、社会変動論について学習します。公務員試験では頻出分野であり、出題パターンも決まっています。人名やキーワードがたくさん登場しますが、いったん覚えてしまえば得点源になりますので、繰り返し読んで理解するようにしましょう。

キーワード

キツネ型とライオン型／エリートの周流／テイク・オフ／高度大衆消費社会／収斂理論／脱工業社会／イデオロギーの終焉／近代世界システム／ゆたかな社会／依存効果／『有閑階級の理論』／誇示的消費

1 社会変動とは

1.1 概　要 ★☆☆

　社会変動とは、社会構造の変動、および社会の産物としての**文化の変動**を指す言葉である。これはさらに、**社会全体の変動**を論じる場合と**個別領域の変動**を論じる場合とに分けることができる（後者の場合は**社会集団論**との関連が深くなる）。

　いずれにせよ、社会変動は**近代化ないし産業化**との関連で論じられることが多い。

1.2 社会変動の社会的要因 ★☆☆

　社会変動の**社会的要因**の一例としては、**人口密度・規模の増大**が挙げられる。18世紀のイギリスにおいて、第二次囲い込みにより土地を奪われた農民たちの移動により、都市の人口密度・規模は激増した。

　そこで彼らは労働力として産業革命の担い手となると同時に、伝統的な生活様式から都市的生活様式への変動の担い手ともなった。

1.3 社会変動の文化的要因　★★★

　文化的要因の一例としては、M.ウェーバーのいう「プロテスタンティズムの倫理」が挙げられる。この倫理によって、近代資本主義成立の前提条件となる資本蓄積と生活の合理的な再組織化が達成されたと論じられている。

1.4 社会変動の技術的要因　★★★

　社会変動の要因として注目されることが多いのは**技術的要因**である。前述のイギリスの例に戻れば、農業技術の進歩は第二次囲い込みの一因となった。また機械技術の進歩は工業生産力を激増させて産業革命の一因となった。さらに近年では、情報技術の進歩は社会の形態を情報産業中心へと変化させている。

　以上のように、それぞれの要因は相互に関連し合っている。それゆえ社会変動の要因は、複合的に捉えた方が生産的といえよう。

② 発展段階論と社会循環論

2.1 発展段階論　★★★

　第1章で扱った社会学者たちは、近代化に伴う社会変動に注目している。

（1）コントの三段階の法則

　A.コントは社会進歩の法則として三段階の法則を示した(再掲)。

人間の知性の段階	神学的段階 → 形而上学的段階 → 実証的段階
社会の発展段階	軍事的段階 →　法律的段階　→ 産業的段階

（2）スペンサーの社会進化論

　H.スペンサーは、社会が**軍事型社会**(＝前資本主義社会)から**産業型社会**(＝資本主義社会)へと進化すると捉える社会進化論を展開した。

（3）マルクスの史的唯物論

　ドイツの哲学者G.ヘーゲル(1770〜1831)は**観念論**の立場から、社会変動の基本要因を**人間精神**と捉えたが、K.マルクスは**唯物論**の立場から、**生産力と生産関係の矛盾からくる生産様式(下部構造)の変動**を基本要因と捉えた。

（4）デュルケムの社会的分業論

　Ė.デュルケムは、人口の密度・規模の増大が社会変動の要因だと捉え、機械的連帯の環節的社会から有機的連帯の組織的社会（有機的社会）への変動を論じた。

2.2 社会循環論：パレート ★★☆

（1）概　要

　前半生を経済学者として、後半生を社会学者として活動した**イタリアのV.パレート**によれば、**あらゆる社会は、一部の統治エリート（および非統治エリート）と、大多数の非エリートによって構成**されている。

V.パレート
[1848〜1923]

　統治エリートは、その社会的性質において、知恵と術策とによる**キツネ型**から、信念と力に依拠する**ライオン型**へ、そしてまたキツネ型へと**周流（循環）**する。

　パレートは、近代社会における平等と民主主義の理念が全くの幻想でしかなく、実質的には一部エリートによる支配がいまなお永続している、と主張した。また、彼の変動論は**循環論**であり、階段を上るように社会が発展するという**一方向的な進歩史観（コント、スペンサー、マルクス）とは異なる歴史観**を持っている。

（2）論理的行為と非論理的行為

　パレートは人間の行為を**論理的行為**と**非論理的行為**に分けた上で、**人間の行為の大半は非論理的行為**であるとして、人間社会の分析のためには非論理的行為の考察が不可欠だと考えた。

論理的行為	当事者だけでなく第三者にとっても、目的と手段の組合せが妥当な行為
非論理的行為	上記以外の行為 例えば古代ギリシアの水夫は航海の安全のために（主観的目的）ポセイドンに犠牲を捧げた（手段）が、手段が適合しておらず非論理的である

（3）残基と派生体

　パレートによれば、行為の正当化／非正当化の仕方には、恒常的な部分と可変的な部分がある。

　例えば、キリスト教も仏教も殺人を禁止するが、そこに与えられる禁止の理由は違う。このうち、**恒常的な要素**（ここでは「殺人の禁止」）を**残基**と呼び、**可変的・イデオロギー的要素**（ここでは、「殺人禁止の理由」）を**派生体**と名づけた。

　残基の中で最も主要な二つの類型は「結合」と「集合体の持続」である。前者は**異質**

なものを結びつけることで新しいものを生み出す創造性・革新性の原動力であり、後者は一貫した強い信念と暴力に訴えてでも秩序を維持する傾向である。前者の残基が強いエリートが**キツネ型**、後者の残基が強いエリートが**ライオン型**となる。

キツネ型は狡猾で柔軟、しかし信念が薄く節操なく金権腐敗に陥ることが多い。そのとき大衆を率いて秩序の回復と強大な政府を求めるライオン型が登場する。しかしライオン型は知性や創造力に欠けるのでキツネ型を体制内に迎え入れざるを得ない。そして、いつの間にかキツネ型に実権を握られてしまう。これが**エリートの周流**である。

❸ 産業社会論

3.1 背 景　　　　　　　　★☆☆

産業社会論は、社会で中心的な役割を果たす産業が、**第一次産業**(農業など)から**第二次産業**(工業など)へ、さらに**第三次産業**(サービス業など)へと**移行**した第二次世界大戦後の状況に対する議論である。

マルクスの窮乏化理論が「資本主義が高度化すれば人々は不幸になる」と考えるのに対して、ロストウやベルは「産業が発展すれば人々は幸福になる」と考える。そして資本主義／社会主義という**経済体制**ではなく、**産業構造**に注目する。

3.2 ロストウのテイク・オフ論　　★★☆

（1）概　要

W.**ロストウ**は、アメリカのケネディ政権とジョンソン政権で大統領補佐官を務めた経済学者である。米ソの冷戦まっただ中という時代背景もあって、旧ソ連が信奉していた**マルクスの理論**に対抗すべく、『**経済成長の諸段階：非共産党宣言**』(1960)で、アメリカ的な価値観を前面に押し出した経済成長段階説を提唱した。

W.ロストウ
[1916～2003]

（2）経済成長段階説

伝統的社会	産業構造が在来産業のモノカルチュアで、労働生産性も低く、経済活動の大部分が食料確保のための農業生産に向けられている（**第一次産業中心**）
離陸のための先行条件期	経済の成長局面・好循環局面に移る「離陸」のための必要条件が徐々に満たされていく時期（離陸のための助走期間） **第二次産業も導入される**
離陸（テイク・オフ）	貯蓄率と投資率が飛躍的に高まり、1人当たりGNPが**持続的な上昇を開始** ❶投資率が5%以下から10%以上に増加 ❷主導産業が出現し、他の産業部門の成長を誘発 ❸**経済成長を持続するための政治的・社会的・制度的枠組みが成立**
成熟への前進期	波動を伴う長い進歩の時期 近代的産業技術が全分野に広がり、主導産業が重化学工業になる また産業構造は**第二次産業に特化**
高度大衆消費社会	国民一般の所得水準がさらに上昇 消費需要の構造が変化し、耐久消費財（住宅・自動車・家電製品）やサービスに対する需要が爆発的に増大（**第三次産業中心**）

　ロストウは産業の発展を**飛行機の離陸**に喩えた（以下の図の線は一国の経済規模のグラフ）。伝統的社会では経済成長はないが、離陸のための先行条件期で準備期間に入る（飛行機が飛ぶ前には助走が必要なのと同様）。やがて離陸期を迎えて、経済成長率は急激に上昇する。

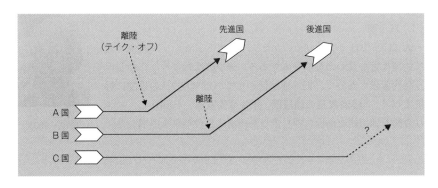

「テイク・オフ論」の考えでは、富裕国／貧困国の違いは、単に離陸の順番が前か後かという違いに過ぎない[1]。先進国／発展途上国という言葉自体がこの考え方に基づく。

（3）収斂理論

ロストウは資本主義／社会主義というマルクス主義的な図式には乗らず、あくまで産業構造の発展という観点から経済成長を論じた。そして、**資本主義社会であれ社会主義社会であれ、産業構造としては同じ方向に向かって発展している**（収斂している）のであって、どちらも最終的には高度大衆消費社会になると考えた。

このような考え方を**収斂理論**という。

3.3 ベ ル　　★★☆

（1）脱工業社会

アメリカの社会学者**D.ベル**（1919 〜 2011）は、**技術的次元**に注目して、産業社会の発展を３段階に分けた。工業化が成熟すると、**脱工業社会**（脱産業化社会）が到来する。

前工業社会	第一次産業が中心であり、**伝統主義**が社会の基軸原理
工業社会	第二次産業が中心であり、大規模機械工業に基づく**経済成長**が基軸原理
脱工業社会	**第三次産業**が中心となり、理論的知識が社会の中心に据えられているため、政策決定や技術革新に関わる科学的知識とそれに携わる**テクノクラート**（技術官僚）が重要になる

（2）イデオロギーの終焉

ベルはロストウと同様に収斂理論の立場をとり、最終的には資本主義／社会主義という経済体制の違いは重要でなくなるとする。そして、豊かな高度大衆消費社会の到来とともに「階級闘争を通じての社会の全面的変革」という**マルクスの理念はその効力を失い**、資本主義か社会主義かというイデオロギー対立は意味を失ったという「**イデオロギーの終焉**」を主張した。

ベルがこの議論を掲げた**1960年頃**には、**先進資本主義国の福祉国家路線が明確**になっていた。福祉国家は、19世紀型の自由放任主義の資本主義体制でもなく、かといって市場をすべて計画的にコントロールする社会主義体制でもなく、その中

---

[1] ロストウによれば、テイク・オフの時期はイギリスでは1783〜1802年、アメリカでは1843〜60年、日本では1878〜1900年である。

間を採る形態である（福祉国家は、市場経済を前提としつつ、ある程度は計画的に市場介入する）。このように、すでに混合経済になっているのだから、資本主義または社会主義のどちらか片方だけを目指すという問題設定は成り立たなくなっているという議論である。

3.4 収斂理論批判 ★☆☆

（1）ゴールドソープ

イギリスの社会学者J.ゴールドソープ（1935 ～ ）は、『収斂の終焉』（1984）において、産業化の進展の中で社会主義と資本主義が相互に類似してくるという**収斂理論を批判し、産業社会のあり方が多様化しつつある**と説いた。

（2）従属理論

W.ロストウに代表される近代化論では、いずれすべての国は経済成長を遂げるとしていたが、**停滞から抜け出せない発展途上国**もあり、その理論的有効性が問われていた。

それに対して、ドイツ出身でアメリカで活動した経済学者**A.フランク**（1929 ～ 2005）やエジプト出身でフランスで活動した経済学者**S.アミン**（1931 ～ 2018）に代表される**従属理論**は、先進国**(中心)**の繁栄は発展途上国**(周辺)**の低賃金・不払い労働に依存しており、この関係性を維持する強固な仕組みがあると指摘した。

（3）世界システム論
① 概　要

世界システム論とは、社会の構造変動について、**国民国家単位の発展段階論を超えて、国際的な分業体制全体を包摂する関係性の視点から動態的に分析**する理論である。

I.ウォーラーステイン
[1930 ～ 2019]

アメリカの歴史社会学者**I.ウォーラーステイン**は、アフリカ地域の近代化を研究する中で、発展途上国地域の社会変動は、その**外部の地域との関係性とともに理解する必要がある**として、従属理論やアナール学派の歴史理論の影響を受けつつ、世界システム論を提唱した。

② 近代世界システム

ここで「**世界システム**」とは、**経済的分業関係で結ばれた範域**のことである。ウォーラーステインは『**近代世界システム**』（1974 ～ 89）において、16世紀から形成された資本主義世界経済を「**近代世界システム**」と捉え、当初は西ヨーロッパを「**中**

核」、東ヨーロッパとラテンアメリカ等を「周辺」として成立した近代世界システムが、その拡大過程で他の世界システムをも包摂し、ついには**世界全体を網羅する単一のシステム**となる過程を描いた。

③ 中核／半周辺／周辺

　世界システムに包摂される国家や地域は、**中核／半周辺／周辺**の三層に位置づけられて物質的不平等と不均等発展がもたらされるが、その**位置づけは流動的**であり、周辺から中核への上昇や、中核から周辺への下降も含めた動態的な過程として捉えられる。

　また、中核に位置する国家同士でも熾烈な競争が生じ、産業・金融・軍事等の点で極めて優位となり**ヘゲモニー**（覇権）を獲得する国家が出現することもあるとして、その事例として**17世紀のオランダ、19世紀の英国、20世紀の米国**を挙げている。

3.5 ガルブレイス ★★☆

（1）ゆたかな社会

　アメリカの経済学者**J.K.ガルブレイス**は『**ゆたかな社会**』（1958）において、第二次世界大戦後の先進国の問題を論じた。

J.K.ガルブレイス
[1908 ～ 2006]

　ガルブレイスによれば、昔の貧しい社会では貧困、不平等、将来の生活への不安という深刻な問題があったが、それは生産の拡大でほとんど解決された。しかし、彼が「**ゆたかな社会**」と呼ぶ先進諸国においては、不必要なまでに**消費への欲望**がかき立てられており、生産を拡大すると消費もさらに拡大していくことから、「ゆたかな社会」になっても**貧困問題は解決されず**、個人負債が増加し続けているとした。

（2）依存効果

　ガルブレイスは、巨大企業が操る**マス・メディアのメッセージにあおられて消費が促進される現象**を**依存効果**（dependence effect）と呼んで、その行き過ぎに警鐘を鳴らした[2]。

---

2 ある商品に対して購入意欲を持つか持たないか、またどのような商品に欲望を感じるかさえ、マス・メディアの宣伝内容に依存（depend）しているということである。

❹ 消費社会論

4.1 ヴェブレン ★★☆

（1）有閑階級の理論

アメリカの経済社会学者T.ヴェブレンは、『有閑階級の理論』
(1899)において19世紀末のアメリカ社会の「有閑階級」を分析した。

有閑階級とは、多大な富を所有し、**生産活動に従事せずに積極的に時間と消費財を浪費することで社会的威信を維持しようとする人々**のことであり、有用な財を生産して必要な消費のみを行う「産業階級」と対比される概念である。

T.ヴェブレン
[1857～1929]

（2）誇示的消費

ヴェブレンは、有閑階級が富と特権を誇示するために行う消費の様式を**誇示的消費**と呼んだ。

有閑階級は、実用性に乏しい乗り物や服装を好んで購入する。これらは使用価値、つまりそれを使うことで得られる即物的な効用というよりは、それを持っていることで周囲に社会的地位を示すことができる、といった象徴的な価値の方に重点がある。

ヴェブレンが念頭に置いていたのは19世紀の欧米社会だが、誇示的消費の習慣は、高度大衆消費社会においては上流階級にとどまらず、より多くの社会層に広まった。

4.2 ボードリヤール ★★☆

（1）消費社会の神話と構造

フランスの社会学者J.ボードリヤールは『**消費社会の神話と構造**』(1970)において、ヴェブレンが着目した**商品の象徴的な価値**について考察を進めた。

J.ボードリヤール
[1929～2007]

現代社会において、人々は商品そのものに備わった価値というよりはその商品と他の商品との**差異を重視**しており、さらに**機能的差異ではなく記号的差異**に基づいて商品を選択していると指摘し、これを**記号消費**と呼んだ。

衣服や装飾品などのブランドは、使用価値より記号的な価値を体現している。ま

た自動車のように一見実用性を重視しているように見える商品でも、単に人を乗せて走行するという機能だけではなく、持ち主の社会的地位や趣味の良さを表す記号となっている。企業による広告への多額の投資は、商品の記号的差異が重視される消費社会の特質を示している。

（2）シミュレーションとシミュラークル

ボードリヤールは「シミュレーション」という用語で、**現代消費社会**が、現実の単なる模像（コピー）ではなく、むしろ**現実との関連を持たない記号の世界**となっていることを示そうとした。

例えば、かつての携帯電話は「どこでも通話ができる」という現実的機能から購入されてきたが、今日のスマートフォンは機能自体に大した違いはなく、色違い・モデル違いのスマートフォン同士という各種記号相互の比較考量の結果購入される。そこでは通話機能という現実との関連性が失われており、現代消費社会はこのように現実と切り離された記号から成り立つ「シミュレーション」の世界であるとした。

このとき、**現実から切り離されて記号と化したモノのことを「シミュラークル」と呼ぶ**（「シミュラークル」は、フランス語で「虚像」、「まがいもの」を意味する言葉）。これは、現代社会における（現実という）原像の特権性を否定する概念として用いられている。

過去問チェック

01 V.パレートは、どのような形態の社会であっても、少数の支配者層からなるエリート集団と多数の被支配者層に区分されるとし、特定のエリート集団が支配を永続化させるためには、被支配者層から常に人材を補充し、構成員の代謝を行う必要があることを示した。**国家一般職2011** 2.2

✕ V.パレートのエリート論は、キツネ型のエリート集団とライオン型のエリート集団が交互に支配するという循環論（周流論）であり、特定のエリート集団の支配が永続化するという主張ではない。

02 V.パレートは、行為の手段と目的が主観的にも客観的にも存在し、かつ、手段と目的が合致するものを論理的行為、その他を非論理的行為とし、人間の行為の大半は前者であり、後者の比重は極めて低いとした。**国家専門職2006** 2.2

✕ V.パレートは、人間の行為の大半は非論理的行為であるとして、人間社会の分析のためには非論理的行為の考察が不可欠だと考えた。

03 近代以前の社会から近代社会への移行の過程を社会学では、近代化という。W.ロストウは近代化を、産業化としてとらえる独自のパースペクティブを提示した。そして①伝統的社会、②離陸のための先行条件期、③離陸期、④成熟への前進期、⑤高度資本主義社会という、経済成長の5段階説を提起した。国家一般職1999 3.2

✕ 第5段階は、高度「大衆消費」社会である。

04 サービス産業が発展し、インターネット技術によって情報化が高度に進んでいる状態のことを脱工業化社会と呼んだD.ベルは、この段階になると人々の価値観の一元化やイデオロギー化が著しくなると論じた。国家一般職2015 3.3

✕ D.ベル(1919〜2011)が脱工業社会(脱工業化社会)を論じたのは1960年代であり、インターネット技術はまだ実用化されていなかった。また、ベルは、脱工業社会では資本主義か社会主義かというイデオロギー対立は意味を失った(=イデオロギーの終焉)としている。

05 B.アンダーソンは、世界システム論を提唱した。彼は、社会の構造変動は国民国家を単位として起きていることを明らかにし、世界的な国際分業において、全ての国家は階層化されることなく、あらゆる点で平等であることを指摘した。国家一般職2016 3.4

✕ 世界システム論を提唱したのは、I.ウォーラーステインである(B.アンダーソンは、第6章第2節で扱う)。ただし、ウォーラーステインによれば、社会の構造変動は国民国家という単位では捉えきれず、近代世界システム(資本主義世界経済)という視点から分析することが必要である。また、世界システムに含まれる国家・地域は、中核・半周辺・周辺という3層に階層化しており、不平等な関係に位置づけられるとした。

06 豊かな社会においては、様々な様式で消費への欲望がかき立てられる。マス・メディアに接触することで消費の欲望がかき立てられることを、J.デューゼンベリーは「デモンストレーション効果」と呼んだ。これに対し、友人や隣人など、身近な人の消費行動に接して消費の欲望がかき立てられることを、J.ガルブレイスは「依存効果」と呼んだ。国家一般職2003 3.5

✕ J.デューゼンベリーの「デモンストレーション効果」とJ.K.ガルブレイスの「依存効果」の内容が逆になっている。ただし、デューゼンベリーが出題される可能性は低いので、ここでは「依存効果」だけ覚えておけばよい。

07 実際には経済力がないのに、経済力があるかのように見せかけて、社会的名声を獲得しようとする行動をT.ヴェブレンは誇示的消費と呼んだ。彼は、匿名性の

高い都市社会においては、互いに他人の経済力を正確に知ることはできないから、没落した有閑階級が誇示的消費によって社会的名声を維持していると批判した。国家一般職2003 [4.1]

✕ T.ヴェブレンの言う誇示的消費は、実際に経済力がある人々が、富と特権を誇示するために行う消費のことを指す。

[08] J.ボードリヤールは、『消費社会の神話と構造』において、顕示的消費という概念を生み出すとともに、現代社会を「消費社会」という角度から分析し、人々の消費の営みを、モノのデザインやイメージよりもモノの機能や効用に向けられた行為として捉えた。国家専門職2018 [4.2]

✕ 「顕示的消費」は、T.ヴェブレンが『有閑階級の理論』で提示した概念である。また、J.ボードリヤールは人々の消費の営みを、モノの機能や効用よりもモノのデザインやイメージに向けられた行為として捉えた。

2 社会集団の類型

第2節では、社会集団の類型について学習します。これも公務員試験では頻出分野であり、出題パターンも決まっています。社会変動論以上に人名やキーワードがたくさん登場してウンザリするかもしれませんが、いったん覚えてしまえば得点源になりますので、繰り返し読んで理解するようにしましょう。

キーワード

ゲマインシャフトとゲゼルシャフト／本質意志と選択意志／ゲノッセンシャフト／第一次集団と第二次集団／基礎社会と派生社会／生成社会と組成社会／コミュニティとアソシエーション／内集団と外集団

1 前近代的集団と近代的集団

1.1 概　要 ★☆☆

　前近代社会から近代社会への移行とともに、形成される集団の特徴にも大きな変化が生じた。中でも、**明確なまとまりがあり安定的で持続的な関係を形成する組織集団**は多数の社会学者の関心を集めてきた。このため、いくつかの異なった基準から組織集団の類型が論じられている。

　以下で扱う類型はいずれも集団を二分しているが、基本的には、**基礎集団／機能集団**の対比を念頭に置いて概念化されている。そして、この対比は多くの場合、**前近代的集団／近代的集団**と重ね合わされ、**社会変動**と関連づけられている。

前近代的集団（基礎集団）	近代的集団（機能集団）
・意志に関係なく所属	・自分で所属を選択
・人間関係が全面的	・人間関係が限定的
・自然的	・人工的
・役割・機能が未分化	・役割・機能の分化
・閉鎖的（加入・脱退が困難）	・開放的（加入・脱退が容易）

（1）概　要

　ドイツの社会学者F.テンニースは、社会結合の基礎にある意志に注目し、社会集団を、**本質意志**により成立する**ゲマインシャフト**と、**選択意志**により形成される**ゲゼルシャフト**に類型化した。

F.テンニース
[1855 ～ 1936]

（2）本質意志と選択意志

　本質意志と選択意志は、「意志が主で思考が従」、「思考が主で意志が従」という違いによって分けられている。

　本質意志は、人間の身体的な本質に基づき、**自然的かつ実在的**であり、他者を目的として扱い一体化を求める傾向を持つ。

　これに対して**選択意志**は、知性的な思考に基づき、**人為的かつ観念的**であり、他者を自己の利害充足の**手段**として扱う傾向を持つ。

（3）ゲマインシャフトとゲゼルシャフト

　これらの意志に対応して、**ゲマインシャフト**は、**自然発生的**で成員が全人格的な関係を持つ集団である。例としては、**家族・村落共同体・中世都市・教会**等が挙げられる。

　これに対して**ゲゼルシャフト**は、**人為的**に形成され成員が自己の目的達成のために**選択的な関係**を持つ集団である。例としては、**近代的企業組織・大都市・国民国家**等が挙げられる。

　一般に都市は近代的類型だが、（中世）都市はゲマインシャフト、大都市はゲゼルシャフトである点に注意が必要である[1]。

（4）ゲノッセンシャフト

　テンニースは、社会結合が**ゲマインシャフト優位**の時代から**ゲゼルシャフト優位**の時代へと移行していくと捉えていた。しかし彼はゲゼルシャフトを消極的に評価しており、それに代わって来るべき社会結合として「**ゲノッセンシャフト**」という概念を提示している。

　これは**ゲマインシャフトとゲゼルシャフトを綜合**したものであり、平等な人々の契約に基づく**協同組合**のような結合体を意味する。

1　「中世都市」とは、11世紀頃からヨーロッパに成立していた都市共同体のことである。現代の都市と違って、ほとんどの中世都市は数万人規模であったため、自治的な共同体の機能を保つことができた。その点で、人口がふくれあがり人々の連帯が失われている近代の大都市とは異なる。

1.3 クーリー他の類型 ★★☆

（1）第一次集団

　「第一次集団」とは、成員相互の親密で直接的・対面的な結びつきと協同を特徴とする集団であり、アメリカの社会学者C.H.クーリーが提唱した概念である。

　この集団は、個人の社会性と「第一次的理想」（親切・忠誠・奉仕・公正など）を形成する上で基礎となる点で、第一次的とされる。例としては、家族、近隣、子どもの遊び仲間が挙げられる。またクーリーは、民主主義とキリスト教の根底には上記の第一次的理想があるとして、第一次集団を道徳意識の社会的原型を育む場としても捉えている。

（2）第二次集団

　「第二次集団」とは、明確に意識された共通の目的・利益に基づいて合理的に組織される集団であり、成員相互の間接的な接触により特徴づけられる。例としては、国家・労働組合・経営者団体・政党などが挙げられる。

　クーリー自身は「第二次集団」の名称を用いていないが、K.ヤング（1893 ～ 1972）やK.デービス（1908 ～ 97）など、後代の社会学者たちによって、第一次集団と対照的な特徴を持つ集団として概念化された。

1.4 高田保馬の類型 ★★☆

　社会学者・経済学者の高田保馬(たかたやすま)(1883 ～ 1972)は、社会集団の発生のきっかけ、類似や社会的紐帯の内容・機能の複合度に注目して、社会集団を基礎社会と派生社会に類型化した。

　基礎社会とは、基礎的・自然的な血縁・地縁により結合した社会集団であり、家族・村落・都市・国家などが該当する。

　派生社会とは、類似や利益といった派生的紐帯により人為的に結合した社会集団であり、宗教集団・政党・企業・慈善団体が該当する。

アメリカの社会学者F.ギディングス（1855〜1931）も、社会集団の発生のきっかけ、類似や社会的紐帯の内容・機能の複合度に注目して、社会集団を生成社会と組成社会に類型化した。

生成社会とは、**自生的**に発生し、**地縁・血縁**により結びついた社会集団であり、家族・村落・国民社会などが該当する。

組成社会とは、生成社会を基盤とし、類似した目的や活動のために**人為的**に結合した社会集団であり、教会・職業集団・労働組合・国家などが該当する。

② その他の社会集団類型

2.1 マッキーヴァーの類型 ★★★

（1）概　要

アメリカの政治社会学者R.マッキーヴァー（1882〜1970）は、諸個人の関心の種類に注目し、社会集団を、類似・共同関心によって成立する「コミュニティ」と特殊・分有関心によって形成される「アソシエーション」に類型化した。

（2）コミュニティとアソシエーション

コミュニティは、言語や慣習等を共有する人々の間で、**地域性と共同性を基礎**として**自生的**に成立し、その範囲が生活の全領域にわたる**包括的**な集団である。例としては村落・都市・**国民社会**が挙げられる。

アソシエーションは、特定の類似した関心・目的を持つ人々が、それらを達成するために**意識的**に結合して形成する**人為的集団**であり、**コミュニティの中で限定された機能**を遂行することを目的として、**コミュニティの器官**として派生してくる集団である。例としては**家族・教会・政党・国家**が挙げられる。

（3）他の社会集団類型との違い

コミュニティ／アソシエーションは、F.テンニースのゲマインシャフト／ゲゼルシャフトと同様に基礎集団と機能集団の対比ではあるものの、**前近代的集団と近代的集団ではなく、包括的か部分的かという対比**である。例えば、**家族**はテンニースの分類では**ゲマインシャフト**に該当するが、部分領域であるためマッキーヴァーは**アソシエーション**に分類している。

（4）社会変動による変化

マッキーヴァーによれば、**コミュニティはアソシエーションの母体**であり、アソシエーションはコミュニティの器官なので時代が変化しても交替しないが、成員の個性と社会性が発達することにより**コミュニティも発達・拡大**し、それに伴う社会関係の分化と拡大により、アソシエーションも無数に表れるようになり、それを覆う**世界大のコミュニティが形成**されるという。

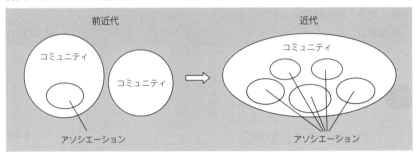

（5）多元的国家論

マッキーヴァーは、G.ヘーゲルなどの一元的国家論者が古代ギリシャの都市国家を念頭においていたために**国家と国民社会を区別していないことを批判**し、国家は他の諸集団を統制する役割を果たしているものの**アソシエーション**であり、コミュニティである国民社会の中で行政的・政治的機能を果たす一集団にすぎないとして、**多元的国家論**を展開した。

2.2 サムナーの類型 ★★☆

アメリカの社会学者W.サムナー(1840 ～ 1910)は、社会集団に対する**帰属意識**に基づいて、以下の表のように類型化した。

内(ない)集団	外(がい)集団
個人がそこに所属し、帰属感や愛着心を持ち、「われわれ」として仲間意識を持つ集団	自分はそこに所属しておらず、違和感や敵対心を持ち、「かれら」としか意識しえない集団

内集団の大きさは不定形であり、その時々の状況により範囲が変わる。例えば高校野球であれば、最初は自分の出身校を応援する(その学校の関係者が内集団)、負ければ同じ県の代表を応援する(県民が内集団)、そこが負ければ同じ地方の代表を応援する(その地方が内集団)。オリンピックなら日本全体が内集団となる。

2.3 組織集団と非組織集団 (未組織集団) ★☆☆

P.ソローキンは組織集団と非組織集団を区別した。この節で扱った集団はいずれも、ある程度継続的な成員間の相互作用、共同目標、地位と役割の分化、地位と役割を規定する規範、地位と役割に基づく協働関係がある組織集団である。

狭い意味では社会集団＝組織集団だが、広い意味では上記の要素を持たない非組織集団(群集・公衆・大衆などの非組織集団)も社会集団に含まれる(非組織集団については、第6章第1節を参照のこと)。

```
                   ┌ 非組織集団
広義の社会集団 ┤                              ┌ 基礎集団
                   └ 組織集団 (狭義の社会集団) ┤
                                                └ 機能集団
```

01 集団の社会学では、集団を基礎集団と機能集団とに分類することが通例である。基礎集団が自生的に形成され、メンバー間の直接的接触を前提とするのに対して、機能集団は人為的に形成され、メンバー間の間接的接触を特徴とする。M.ウェーバーが官僚制組織として問題にしたのは、前者である。**国家一般職2001**
1.1

✕ 官僚制組織は機能集団にあたる。官僚制組織について詳しくは第3節で扱うが、いずれにせよ「自生的に形成」された集団ではなく、人工的な集団であることはわかるだろう。「自生」とは、植物などが栽培によらず自然・天然に生え育つ状態を指して使われる言葉である。

02 社会学にとって、集団は、個人と社会との結節点として重要な研究対象であり続けてきた。古典的な社会学においては、集団類型の設定が、集団の社会学の実質的な内容を形作っていた。H.スペンサーが設定したゲマインシャフト（共同社会）とゲゼルシャフト（利益社会）との区分は、その一例である。**国家一般職2001** 1.2

✕ ゲマインシャフト／ゲゼルシャフトの区分を設定したのはF.テンニースである。ゲマインシャフトは「共同社会」、ゲゼルシャフトは「利益社会」、その後に到来するとされたゲノッセンシャフトは「協同体」と訳されるときもあるが、公務員試験ではそのままのカタカナ表記が多い。

03 F.テンニースは、本質意志によって結合された自然的・自生的・有機的な感情融合の集団である非組織集団と、選択意志によって結合された人為的・機械的な、相互に相手を手段視する利害打算の契約関係を特色とする集団である組織集団とに類別した。**国家専門職2000** 1.2

✕ F.テンニースは、ゲマインシャフト／ゲゼルシャフトに類別した。文中の「非組織集団」を「ゲマインシャフト」に、「組織集団」を「ゲゼルシャフト」に置き換えると妥当な記述になる。組織集団／非組織集団（未組織集団）は、組織化の程度に注目した分類である。

04 F.テンニースは、社会的結合の形態をゲマインシャフトとゲゼルシャフトに区別し、村落はゲマインシャフトであるが、中世都市はゲゼルシャフトであると論じた。**国家一般職2005** 1.2

✕ 村落も中世都市もともにゲマインシャフトである。現代の都市と違って、ほとんどの中世都市は数万人規模であったため、自治的な共同体の機能を保つことができた。その点で、人口がふくれあがり人々の連帯が失われている近代の大都市とは異なる。

05 C.クーリーは、成員相互の接触の仕方や社会関係により、直接的な接触による親密な結合と協力を特色とする第一次集団と、間接的な接触に基づいて目的意識

的に形成される、部分的・特殊的な利害関心の充足を特色とする第二次集団とに類別した。**国家専門職2000** [1.3]

✕ C.H.クーリーは第二次集団について論じていない。「第二次集団」はK.デービスなど、後の学者たちによって追加された類型であって、クーリー自身の概念ではない。

[06] 高田保馬は、社会集団を基礎社会と派生社会とに分類し、血縁や地縁といった自然的な基礎的紐帯によって結合した社会を基礎社会、類似や利益といった派生的紐帯による人為的な結合からなる社会を派生社会とした。**特別区Ⅰ類2007** [1.4]

◯「社会」という名称ではあるが、基礎的な社会集団と派生的な社会集団という対比で覚えておこう。

[07] ギディングスは、社会集団を組成社会と生成社会とに分類し、血縁や地縁に基づいて自生的に発生する社会を組成社会、類似の目的や活動のために人為的につくられる部分社会を生成社会とした。**特別区Ⅰ類2007** [1.5]

✕「生成社会」と「組成社会」の説明が逆になっている。

[08] R.マッキーヴァーは、村、町、国などのより広い範囲の共同生活の領域を表す概念をアソシエーション、アソシエーションを共通基盤としてその上に人々の意思によって形成される教会、学校、労働組合などの人的結合体をコミュニティとした。**国家専門職2005** [2.1]

✕「アソシエーション」と「コミュニティ」が逆である。なお、ここでは単純に「国」と表記されているが、本来なら「国民社会」と表記すべきである。R.マッキーヴァーは、国民社会(Nation)をコミュニティ、国家機構(State)をアソシエーションとしており、国家を唯一絶対的な存在と捉えていない(たくさんある組織の一つと捉えている)ため、多元的国家論者とされる。

[09] クーリーは、内集団を個人自らが所属意識を持ち愛情を抱いている集団、外集団を他者に敵意や違和感を持ったり所属意識を感じないような集団とし、前者をわれわれ集団、後者を彼ら集団と名付けた。**特別区Ⅰ類2007** [2.2]

✕ 内集団と外集団を対比して論じたのはW.サムナーである。

3 組織・労働

第3節では、組織・労働について学習します。このうち、支配と官僚制、企業組織については、社会学単体では中程度の頻出度ですが、行政学や経営学でも出題される内容です。繰り返し読んで理解するようにしましょう。

キーワード

> 寡頭制の鉄則／近代官僚制／普遍的官僚制化／官僚制の逆機能／科学的管理法／動作研究／時間研究／課業管理／差別出来高制／ホーソン実験／フォーマル集団／インフォーマル集団

❶ 支配と官僚制

1.1 寡頭制の鉄則 ★★☆

ドイツの社会学者R.ミヘルスは、大学卒業後、平等な社会の実現を目指して**ドイツ社会民主党**に参加したが、そこで少数支配の現実に直面した経験が、**寡頭制の鉄則**の提唱のきっかけとなった。

R.ミヘルス
[1876〜1936]

ミヘルスによれば、**社会民主党のような「民主主義」を唱導する**ような政党であっても、**組織が拡大すれば効率的運用を強いられ、組織の分業化と専門化、そしてヒエラルヒーが必要となる**(=官僚制化)。そしてすべての成員が意思決定に参加するのは不可能になり、組織は少数の指導者によって運営されるようになり、この地位が固定化される結果、**権力は一部の者に集中化**するという。

さらに、組織の**指導者層の関心**は、大衆に奉仕することではなく、**自らの地位と権力の保持、そして組織の拡大**に向けられるようになる。そして、多数者である大衆の側は、組織の決定に関われなくなると**無力さ**を感じる一方、その無力感が指導者の尊敬を強める傾向があることから、**権力の集中は維持される**としている。

1.2 ウェーバーの官僚制論　　　★★★

（1）支配の正当性

　第1章で扱ったように、M.ウェーバーは、支配の正当性に関する三つの理念型（カリスマ的支配／伝統的支配／合法的支配）を示した。そして、**近代官僚制**は、**合法的支配の最も純粋な形態**という位置づけを与えられている。

（2）家産官僚制と近代官僚制

　官僚制は、家産官僚制と近代官僚制に分類される。

　家産官僚制は、**身分の不自由な官吏**で構成される組織であり、官吏の採用は専門能力に基づかず職業選択の自由もない。古代エジプトやオスマントルコ帝国等の奴隷による官僚制や、中世期欧州の封建家臣団による官僚制が該当する。

　近代官僚制は、**自由意志に基づき契約した官吏**により構成される組織であり、近代欧州に成立した。その特徴として、❶規則による職務配分、❷明確な階統制、❸公私の分離、❹文書による事務処理、❺専門的職員の任用、❻没人格的な職務遂行等があり、総じて**能率性**と**非人格性・中立性**で特徴づけられる。

（3）近代官僚制の特質

　ウェーバーのいう官僚制は、**行政組織に限定されるものではなく、民間企業やインフォーマル組織も採りうる組織形態**の理念型である。

　ウェーバーによれば、近代官僚制は**形式合理的**な組織形態であり、恒常性・予測可能性・道具性の3点が満たされているため、作業の**能率性・信頼性**という側面で他の組織形態よりも**優れている**。このことから、**社会全体のあらゆる分野の組織に官僚制が広まっていく**という「**普遍的官僚制化**」の議論を提起するとともに、官僚制組織が「**鋼鉄の檻**」と化し、社会全体の民主的かつ自由な意思決定を著しく抑制するようになると主張した。

　このように、ウェーバーは官僚制を手放しで賞賛しておらず、「生きた機械」として人々を組織の歯車にするなどといった問題点を持っているとしているが、「良かれ悪しかれ、普遍的官僚制化は近代人にとって避けることのできない運命なのだ」と捉えている。

1.3 官僚制の逆機能 ★★☆

（1）マートンによる批判

　R.K.マートンによれば、官僚制では以下のような**逆機能**が生じる可能性がある。

　第一に、官僚制が持つ規則への忠誠という特徴は、環境の変化が激しい状況では、かえって適応を阻害する要因となり、**現実対応能力の喪失**という潜在的逆機能を生み出してしまう。例えば、ある種の国家プロジェクトは、もはや経済合理性は失われ実現見込みもないにもかかわらず、中止することができずにひたすら計画遂行に邁進する。

　第二に、**規則への過剰同調**により規則を守ること自体が目的となり、**形式主義**、**儀礼主義**、すべての事項を文書化する**繁文縟礼**など、かえって能率が低下する事態がある。例えば、生活保護の不正受給は問題だとしても、それを防ごうとして規則遵守を徹底させようとすると、監視コストや各種審査書類の作成コスト等が膨大になり、能率低下を招く場合がある。

　第三に、規則による職務配分により**セクショナリズム**、**膨張主義**、たらい回し等が生じる可能性がある。例えば、幼稚園と保育園の一元化問題のように、統合的に運営すればもっと能率的になるのに管轄する省が違ったためにそれができなかった事態がある。

　第四に、狭い範囲の職務だけに専門化することで「**訓練された無能力**」[1]が生じうる。

　第五に、官僚の身分保障により**特権意識・無責任体質・事なかれ主義**が生み出される。

　第六に、官僚制組織が持つ非人格的・画一的な論理が、人格的・個別的な対応を求める顧客とあつれきを生むことがある。

　ただしマートンは、「官僚制では、常に逆機能が生じる」としているわけではなく、ウェーバーが官僚制の顕在的順機能の面を重視した点に注意を促している。

1　「訓練された無能力」とは、元々はT.ヴェブレンの言葉で、人の才能がかえって欠陥または盲点として作用するような事態を指す。一般に、人は自分が過去に受けた訓練と合致した方策をとるが、その訓練が万全であればあるほど昔ながらの行動にこだわることになり、重要な変化が起きた場合でもそれに対応できなくなるという。

（2）その他の官僚制批判

　マートンは近代官僚制の問題点を**論理内在的**に指摘したのに対して、マートンに師事した**P.ブラウ**と**A.グールドナー**（1920〜80）は、**事例調査**に基づいて官僚制組織の問題点を指摘しつつ、それを抑制する条件を考察した。

① ブラウによる批判

　ブラウは、米国の職業安定所等（行政組織）の調査を通じて、**官僚制のフォーマル集団の厳格な規則や規律**は、かえって**生産性や勤労意欲を落としてしまう**と指摘し、日常的な人間関係をベースにした**インフォーマル集団が逆機能を緩和する**とした。

② グールドナーによる批判

　グールドナーは、米国の**民間企業**（石膏鉱山）**の調査研究**に基づき、労使以外の第三者（政府等）によって制定された規則で管理される**模擬的官僚制**、労使の合意に基づいて制定された規則で管理される**代表的官僚制**、使用者側が一方的に制定した規則で管理される**懲罰的官僚制**の三つに官僚制を分け、特に**懲罰的官僚制**で組織内の**対立・緊張や儀礼主義**が生じやすいとした。

❷ 企業組織と労使関係

2.1 科学的管理法 ★★☆

（1）概　要

　科学的管理法（テイラー・システム）は、アメリカの機械技師 F.W.テイラーが考案した**工場管理法**である。

F.W.テイラー
[1856～1915]

　19世紀末の工場労働者の賃金制度は一律の日給制が一般的であり、労働意欲の刺激がないことで怠業を招いていた。また組織形態においては、職長の権限や役割が不明確なことや、職長による賃金の中間搾取が問題となっていた。

　それに対して科学的管理法は、**動作研究・時間研究**に基づいた**課業管理**、**差別出来高制**、そして**機能別職長制度**の３点を特徴とする。

（2）動作研究と時間研究

　動作研究とは、作業中のすべての動作を調査・分析して、そこから不要な動作を除き、必要な動作でもさらに改善して最もよい標準作業方法を求めて動作時間の見積もりをする研究である。**時間研究**とは、標準作業方法によって作業が行われる場合に要する時間を設定する研究である。

（3）課業管理と差別出来高制

　動作研究と時間研究から、労働者が１日になすべき**課業**（標準作業量）を確定して管理し、この**課業を**達成した労働者には高賃率を適用し、**達成しない労働者には低賃率を適用する差別出来高制**によって、課業の達成を確保しようとする。

（4）機能別職長制度

　機能別職長制度により、一般従業員は、何でも屋の一人の職長ではなく専門分化した**複数の職長の命令を受ける**形にすることで、職長の恣意性と中間搾取の排除を目指した。

（5）その後の影響

　科学的管理法は、人間は**合理的な存在で物理的環境・金銭的条件さえ改善すれば作業効率は上がる**という「経済人モデル」に基づく発想であるとされ、生産の標準化と移動組立法を特徴とするフォード・システムに具体化されていった。

2.2 ホーソン実験 ★★☆

（1）概　要

　ホーソン実験とは、1924年から1932年にかけて、ウェスタン・エレクトリック社の**ホーソン工場**において行われた一連の**調査・実験**である。

（2）実験の展開

　当初は、ホーソン工場の人事部が照明度と生産能率の関係を調べる**照明実験**を行っていたが、1927年から**ハーバード大学ビジネススクールのG.E.メイヨー**と**F.J.レスリスバーガー**（1898 〜 1974）が参加し、休憩時間と生産能率の関係を調べる**継電器組立実験**が行われた。

G.E.メイヨー
[1880 〜 1949]

　ここまではテイラーの科学的管理法の延長線上で、**経済人モデル**に基づき調査が計画されていたが、予想に反して単純な対応関係は見出せなかった。次いで**面接計画調査**を行う中で、**人間の社会的側面に注目**する必要があることが明らかになった。そして最後に、配電盤組立の作業集団の中に調査者が加わって**参与観察**する**バンク捲線作業観察**が行われた。

（3）フォーマル集団とインフォーマル集団

　このような実験の結果、実際に作業量の決定に重要な役割を果たしているのは、明文化された規範によって規制されている**フォーマル集団**（公式小集団）ではなく、暗黙の規範によって規制されている**インフォーマル集団**（非公式小集団）であることがわかった。工場のインフォーマル集団では1日の作業量が暗黙のうちに決められており、それが**作業集団全体の生産性を規定**していたのである。

（4）その後の影響

　ホーソン実験は産業社会学や人間関係論の先駆けとなり、人間の感情的・心理的・社会的側面を重視した「**社会人モデル**」が注目されるようになった。

（1）概　要

　労働市場は、企業組織の内部と外部に分けて考えることができる。新規採用の際には企業組織外部から（外部労働市場を通じて）労働力を獲得するが、組織内部でも人手が過剰な部門と不足している部門がある。そこで、配置転換などにより企業組織内部の需給バランスを調整するのである。

内部労働市場	企業組織**内部**の労働力の需給調整メカニズム
外部労働市場	企業組織**外部**の労働力の需給調整メカニズム（通常の労働市場）

（2）日本型雇用との関係

　特に日本の大企業では、従来、長期雇用を前提としていたため、内部労働市場を通じた労働力の需給調整を頻繁に行い、産業構造の変化に対応してきた。

（3）正規雇用者の賃金

　正規雇用者の賃金は、内部労働市場の論理に基づいて決定される。すなわち、長期雇用の下、OJTを通じて企業特殊的熟練を形成することになるため、当該熟練の形成期間中（若手）は労働者の生産性を上回る賃金が支払われる一方、当該熟練の形成後（中堅以降）は賃金を上回る生産性を発揮することになる。

　このように、企業特殊的熟練を獲得した正規雇用者は、企業内部での価値は高まる一方で、企業外部では高い生産性を発揮できない、すなわち高い賃金を得られないことから、企業が労働者を解雇したり、労働者がより高い賃金を求めて転職したりするインセンティブが失われ、労働者は企業定着的となる。そのため、労働需給や生産性に応じた賃金が支払われなくなる。

（4）非正規雇用者の賃金

　非正規雇用者の賃金は、外部労働市場の論理に基づいて決定される。企業が非正規雇用者に求める能力は一般的なものであるため、労働需給や生産性に基づいて評価できるからである。熟練レベルの低い職種の労働者の確保は容易であり、その能力を見極める必要性も薄いため、外部労働市場から調達しても問題は少ない。

　そのため、正規雇用者の賃金は、企業特殊的熟練の重要度が高く、その結果として内部労働市場が確立している大企業ほど高くなる傾向があるが、非正規雇用者の賃金は、企業規模が大きくなってもほとんど変わらない。

2.4 ショップ制　★★★

　ショップ制とは、労働組合と使用者・使用団体との間で、労働組合員資格と従業員資格の関係を取り決めた制度のことである。

クローズド・ショップ	使用者は、一定の組合員でなければ採用できず、組合員の資格を失ったものは解雇しなければならない制度
オープン・ショップ	使用者は、組合員であるか否かにかかわらず採用できる制度
ユニオン・ショップ	使用者は、採用に際して組合員であるか否かは問わないが、採用後には一定の組合に加入しなければならず、組合員の資格を失ったときには解雇しなければいけない制度

　企業別組合が主流の日本ではユニオン・ショップが一般的である。ただし、日本のユニオン・ショップ協定では、組合員資格を失ったとしても解雇されないような例外規定が設けられており、このことを**尻抜けユニオン**という。

2.5 労働における疎外　★★★

　アメリカの社会学者R.ブラウナー(1929 ～ 2016)は、異なる産業間で労働者の疎外意識を比較調査して、**疎外は、組立ライン型産業で最も強く、熟練技能型産業で最も弱い**ことを明らかにした。

　ブラウナーによれば、疎外の度合いは労働者の主観および感性と職業の社会技術的状況とに左右される。疎外の具体的な内容としては、無力性・無意味性・孤立感・自己疎隔の四つを挙げている。

　ブラウナーは、生産技術の進歩に伴って、いったんは疎外感が急上昇するものの、さらに技術が進歩すると疎外感は低下するという学説を唱えている。

　印刷工場の熟練工程では、機械化が進んでおらず手作業の要素が大きいという点で技術レベルは一番低いが、労働者の裁量が大きく能動的に仕事に取り組めるという点で疎外感は弱い。

　次に自動車産業の組立工程では、機械化が進み技術レベルは上がっているが、労働者はベルトコンベアの流れに合わせて受動的に手作業で仕事をしている点で疎外感は強い。

　そして、化学工場の連続処理工程では、さらに技術レベルが上がり、労働者自身は直接化学物質に手を触れることなく、機械を操作して作業を行う。材料の変化を見て臨機応変に労働者は作業しているため(労働者の裁量が大きく能動的に仕事に取り組めるため)、疎外感は弱い。

2.6 マクドナルド化する社会 ★★★

（1）概　要

　「マクドナルド化」とは、ファストフードのマクドナルドに代表されるフランチャイズ化・マニュアル化・パッケージ化のことである。アメリカの社会学者G.リッツァ（1940～　）は『マクドナルド化する社会』(1993)において、20世紀を通じて生起してきた**一連の合理化過程の頂点を代表する現象**として、この概念を提示した。

（2）フォーディズムとポスト・フォーディズム

　第3章で扱ったギデンズやベック、バウマンは前期近代と後期近代の違いを強調するのに対して、リッツァは後期近代で近代化の原理が徹底される面を強調する。

　M.ウェーバーはその官僚制論において、**形式合理性の浸透や普遍的官僚制化**を主張したが、それが**科学的管理法**や**フォーディズム**を経て、消費領域・生活領域で徹底されたものが、マクドナルドに象徴されるような現代の商品・サービスなのだとリッツァは主張した。

　それに対して、現代は**ポスト・フォーディズム**の時代に入っていると主張する論者もいる。

フォーディズム	フォード社の生産様式に代表されるような画一化された大量生産 労働者の雇用安定による購買力拡大（生産者としてだけでなく、消費者としても必要） 労働者には、標準化・規格化された労働をひたすらこなすことが求められる
ポスト・ フォーディズム	他品種を少量ずつ生産（選択肢の拡大） 絶えず差異を示すことで消費を喚起 需要の変化に対応するために、雇用は柔軟化・短期化・不安定化 労働者には、変化に対応するために絶えず自己変革・自己学習することが求められる

2.7 感情労働

（1）概　要

アメリカの社会学者A.R.ホックシールド（1940～　）は、1970年代にフライト・アテンダントの労働状況を社会調査する中で、接客労働や対人サービス労働で要求される「感情」に注目し、感情社会学を提唱している。そして、**肉体労働や頭脳労働**と区別して**感情労働**という概念を提示した。

（2）感情規則と感情管理

ホックシールドは、**社会通念上**、それぞれの**相互行為の場面に適合的**とされる感情を示す規則を**感情規則**と呼んだ。例えば、お葬式の場面であれば適合的な感情は「悲しみ」など、各場面ではこのような感情を持つのが当然だ、という規則が社会的に設定されており、我々はそれを成長の過程で学んでいく。

そして、感情規則に適合するように**自分自身の感情をコントロール**することを**感情管理**という。お葬式の場面で、たとえお坊さんのお経の読み方が妙に面白くてツボにはまってしまっても笑うわけにはいかず、心の状態を「悲しみ」に保ち続けなければならない。

（3）表層演技と深層演技

ホックシールドは、感情労働について、**外面的**な感情表現の役割演技である**表層演技**と**内面的**な感情体験の役割演技である**深層演技**の二つに分けた。

サービス産業では、職業上感情管理が要請されることが多い。看護師の職務の場面であれば、患者の死に寄り添っている遺族の前では、看護師は表向き「悲しみ」の表情を見せる（＝表層演技）だけでなく、心の状態（＝深層演技）も「悲しみ」に置く必要がある（そうでなければ「非人間的だ」という責めが生じる）。

01 R.ミヘルスは、政党などの組織においては、組織構成員の平等と民主的な組織運営を原則にしており、指導者による状況に応じた判断とその判断に対する一般構成員の服従が不可欠ではないことから、寡頭制支配は生じないことを示し、これを「寡頭制支配の鉄則」と呼んだ。**国家専門職2013** [1.1]

✕ R.ミヘルスのいう「寡頭制支配の鉄則」とは、いかなる組織も寡頭制支配になるという主張である。彼によれば、組織構成員の平等と民主的な組織運営を原則とする政党組織であっても、寡頭制支配は生じる。

02 M.ウェーバーは、現代社会においては集団の大規模化に伴い組織の官僚制的支配が進むとした。また、官僚制は、法規による規律や専門性などの点で優れている一方で、業務の非効率性や個人による権限の占有などの弊害を必然的に伴うという点で他の集団より劣るとした。**国家専門職2008** [1.2]

✕ M.ウェーバーによれば、近代官僚制は最も合理的な組織形態であり、他の組織形態と比べて業務の効率性・信頼性で優れている。

03 彼(M.ウェーバー)の官僚制理論によれば、官僚制は個々人の意志のあり方に依存する極めてこわれやすい形成物であって、それゆえに強力な規則や罰則で縛ることが重要であるとされている。**国家専門職1998** [1.2]

✕ 官僚制は、個々人の意志のあり方には依存しない強固な形成物である。官僚制の大きな特徴は非人格性であり、成員の個性によらず、同様に組織は動いていく。

04 R.マートンは、官僚制組織の成員に特有のパーソナリティとして、規則や手続きに過剰に同調する逃避主義的なパーソナリティの存在を指摘し、それが原因で、官僚制組織では、官僚制の逆機能の問題が生じていると論じた。**国家一般職2007** [1.3]

✕ 規則や手続に過剰に同調するのは儀礼主義的なパーソナリティである。R.K.マートンのアノミー的状況への適応の5類型(第2章第3節)を思い出そう。

05 A.グールドナーは、官僚制組織におけるインフォーマル集団の機能に着目し、官僚制が発展的システムであるためには、統合機能を果たす凝集力のあるインフォーマル集団の形成が必要であるとした。**特別区Ⅰ類2012** [1.3]

✕ これは、交換理論でも知られるP.ブラウの官僚制論に関する記述である。ブラウは、厳格な官僚制的統制によって能率を確保するためには、組織のメンバーが組織目標に一体感を持つことが必要だとした。

06 マートンは、「産業における官僚制」を著し、石膏事業所の実証的研究により、官僚制を模擬官僚制、代表官僚制、懲罰型官僚制に類型化して、懲罰型官僚制である場合に、組織内の緊張が生じやすいとした。特別区Ⅰ類2019 1.3

✕ これは、コロンビア大学でR.K.マートンに師事したA.グールドナーの官僚制論に関する記述である。

07 F.テイラーは、大集団である工場労働において、企業側からの標準的な作業量の設定や金銭的な動機付けは労働者の自主性を減退させ、かえって能率低下を招くとして、労働者自身や小集団による自主的な管理目標を設定することの重要性を主張した。国家専門職2008 2.1

✕ 全く逆である。F.W.テイラーの科学的管理法では、企業が標準作業量を設定し、その達成いかんにより賃率を変える差別出来高制を採ることが能率の向上につながると考える。

08 F.テイラーが創案した科学的管理法とは、親方職工を中心とする経験主義、労働者の怠業、さらには親方と労働者との反目といった事態を解決するため、労働者の経験や勘を科学的に分析し、労働者の意見を踏まえた上で労働時間や賃金を設定する労働管理方法である。国家専門職2013 2.1

✕ 「労働者の意見を踏まえた上で」という箇所が誤り。科学的管理法では、労働時間や賃金を管理者の側から一方的に設定する。

09 集団には、フォーマルな集団とは別に、インフォーマルな集団がある。例えば、職場の中の仲間集団は、その典型的事例である。G.E.メイヨーは、ホーソン実験でこのようなインフォーマルな集団の重要性を明らかにした。彼は、職場の中の人間関係を重視する科学的管理法の父といわれる。国家一般職2001 2.1 2.2

✕ 「科学的管理法の父」といわれるのはF.W.テイラーである。科学的管理法は、職場の中の人間関係は重視しない。それに対して、G.E.メイヨーのホーソン実験は人間関係論や産業社会学のさきがけとなった。

10 F.レスリスバーガーらが参加した米国のホーソン工場で行われた実験結果においては、照明の強弱や休憩時間などの作業環境の様々な物理的労働条件が、労働者の作業効率に最も大きな影響を与えていることが示された。国家専門職2013 2.2

✕ G.E.メイヨーやF.J.レスリスバーガーらが参加したホーソン実験では、労働者同士のインフォーマルな人間関係が労働者の作業効率に最も大きな影響を与えていることが示された。

11 労働力商品が売買される労働市場は、内部労働市場と外部労働市場に分類で

きるが、一般に非熟練労働者や半熟練工などの熟練レベルが低い職種ほど、内部労働市場に依存し、専門職や熟練工などの熟練レベルが高い職種ほど、外部労働市場に依存する。**国家一般職2007** 2.3

✕ 熟練レベルが低い職種ほど「外部」労働市場に依存し、熟練レベルが高い職種ほど「内部」労働市場に依存する。

[12] 労働者の雇用資格と労働組合員資格との関係を定めた制度は、一般に、オープンショップ制、クローズドショップ制、ユニオンショップ制の三つに分類できるが、このうち労働組合の影響力が最も低下するのは、クローズドショップ制の場合である。**国家一般職2007** 2.4

✕ 労働組合の影響力が最も低下するのは、オープン・ショップ制の場合である。

[13] R.ブラウナーは、労働者の疎外を、無力性、無意味性、孤立、自己隔離という四つの次元に区別して研究し、疎外が、連続処理工程型産業(石油化学)、組立ライン型産業(自動車)、機械監視型産業(繊維)、熟練技能型産業(印刷)、と順に強まっていくことを明らかにした。**国家一般職2007** 2.5

✕ R.ブラウナーは、疎外は、組立ライン型産業で最も強く、熟練技能型産業で最も弱いことを明らかにした。

[14] G.リッツァは、20世紀を通じて生起してきた一連の合理化過程とは異なるファーストフード・レストランのような新たな諸原理が各国で優勢になってきていることをもって、社会のマクドナルド化という概念を提唱した。**国家専門職2011** 2.6

✕ G.リッツァによれば、マクドナルド化は、新しいものというよりも、むしろ20世紀を通じて生起してきた一連の合理化過程の頂点を代表している。

[15] ドラマトゥルギーという方法論を提唱したE.ゴフマンは、職務を遂行するために、真実の感情とは切り離して自身の感情表現を操作することで相手の中に意図した精神状態を作り出すことを感情労働と名づけた。**国家専門職2011** 2.7

✕ 「感情労働」を定式化したのはA.R.ホックシールドである。

問題1　社会変動に関する次の記述のうち、妥当なのはどれか。
国家一般職2019

①　A.コントは、人間の精神は、順に、形而上学的、神学的、実証的という段階を経て発展するとし、その発展段階に対応して、社会は、順に、軍事的、産業的、法律的という段階を経て進歩するとした。

②　H.スペンサーは、社会を生物有機体と同質なものとして捉え、複合的な社会から、統合が進み単純化された社会へと変化していくとし、その社会モデルを「機械的連帯から有機的連帯へ」という図式で定式化した。

③　W.F.オグバーンは、習慣・法律・宗教といった非物質文化が時代とともに変化することに伴い、人間の生活様式をより快適にするための科学や技術といった物質文化が遅れて発展していくとする文化遅滞論を提唱した。

④　V.パレートは、資本主義がいずれは社会主義に行き着くとするマルクス主義的な発展段階説を批判し、全ての近代社会は、資本主義、社会主義といった社会体制の違いに関係なく、伝統的社会から高度大衆消費社会へと至るとする成長段階説を提唱した。

⑤　D.ベルは、1960年代以降の社会変動の中で、財貨生産経済からサービス経済への移行、専門職・技術職階層の優位などにより、先進社会は工業社会から脱工業社会へと移行していくとする脱工業社会論を展開した。

1 ✕　　A.コントは、人間の精神は、神学的、形而上学的、実証的という段階を経て発展するとし、その発展段階に対応して、社会は、軍事的、法律的、産業的という段階を経て進歩するとした。

2 ✕　　社会モデルを「機械的連帯から有機的連帯へ」という図式で定式化したのは、É.デュルケムである。またH.スペンサーは、社会は、単純社会（共通の祖先から出た子孫の集まりで他の社会と合併していない社会）から複合社会（単純社会が複数合併した社会）へと進化していくとした。

3 ✕　　W.F.オグバーンは、物質文化よりも非物質文化の方が遅れて発展していくとする文化遅滞論を提唱した。

4 ✕　　これは、W.ロストウが提唱した議論である。V.パレートは、「キツネ型」と「ライオン型」という２種類の統治エリートの周流という観点から社会変動を捉えた。

5 ◯　　D.ベルは技術的次元に注目して、前工業社会→工業社会→脱工業社会の３段階に分けて産業社会の発展を論じた。

　社会集団の類型に関する記述として、妥当なのはどれか。

特別区Ⅰ類2014

1 　クーリーは、社会集団を第一次集団と第二次集団とに分類し、直接接触の親密な感情の強い小集団を第一次集団、間接接触の大規模な人為的集団を第二次集団とした。

2 　テンニースは、社会集団をゲマインシャフトとゲゼルシャフトとに分類し、成員相互の結合の性質が利害的な利益社会をゲマインシャフト、成員相互の結合の性質が情緒的な共同社会をゲゼルシャフトとした。

3 　メイヨーは、社会集団をコミュニティとアソシエーションとに分類し、人間の生活関心の全てを充たす自然発生的な地域社会をコミュニティ、特定の生活関心を充たすために人為的につくられた集団をアソシエーションとした。

4 　マッキーバーは、社会集団をフォーマル組織とインフォーマル組織とに分類し、組織目的を達成するために人為的に編成された体系をフォーマル組織、個人が感情にもとづいて自然につくりあげた集団をインフォーマル組織とした。

5 　ギディングスは、社会集団を生成社会と組成社会とに分類し、血縁と地縁にもとづく自生的に発生した社会を生成社会、類似の目的や活動のために人為的につくられる社会を組成社会とした。

解説

❶ ✕　C.H.クーリーが示したのは第一次集団の概念だけである。後の社会学者たちが、第一次集団との対概念として第二次集団の類型を示した。

❷ ✕　F.テンニースは、成員相互の結合の性質が利害的な利益社会をゲゼルシャフト、成員相互の結合の性質が情緒的な共同社会をゲマインシャフトとした。

❸ ✕　これはR.マッキーヴァー（マッキーバー）に関する記述である。「コミュニティとアソシエーションとに分類」という箇所で判別できる。

❹ ✕　これはG.E.メイヨーに関する記述である。F.J.レスリスバーガーとともに参加したホーソン実験を通じて、この2類型を示した。

❺ ◯　生成社会は、「生」まれながらに「成」り立っている社会集団、組成社会は、「組」織されて「成」り立っている社会集団と覚えておこう。

第 **6** 章

現代社会と都市の社会学

　第6章では、現代社会と都市の社会学について学習します。このうち第1節では、大衆社会と社会運動を扱います。20世紀の大衆社会の成立とともに、大衆の動向は注目を集めるようになり、さまざまな大衆社会論が提示されました。第2節では、コミュニケーションと国民意識を扱います。マス・メディアの「マス」は、「大量」という意味だけでなく「大衆」という意味も持ちます。大衆社会の成立とともにマス・メディアも発達しました。第3節では、都市と地域の社会学を扱います。近代を象徴する場である都市も、社会学の中心テーマとなってきました。

大衆社会と社会運動

第1節では、群集・公衆・大衆の分類、大衆社会論、そして社会運動論について学習します。このうち大衆社会論については、社会学単体では中程度の頻出度ですが、政治学でも出題される内容です。繰り返し読んで理解するようにしましょう。

キーワード

群集／公衆／模倣／大衆／『大衆の反逆』／パワーエリート／社会学的想像力／エリートへの接近可能性／非エリートの操縦可能性／共同体的社会／多元的社会／全体主義社会／大衆社会／新しい社会運動／資源動員論

1 非組織集団

　群集・公衆・大衆は、共同目標、地位と役割の分化、地位と役割を規定する規範、地位と役割に基づく協働関係、ある程度継続的な成員間の相互作用が希薄な**非組織集団**(未組織集団)である。

　これらの集団は昔から存在したものの、主に近代以降に注目されるようになった。

　H.ブルーマーは、群集・公衆・大衆の特徴を以下のように整理している。このように、**公衆には肯定的なイメージ**、**群集と大衆には否定的なイメージ**が結びついている。

	共通の利害	接近性	合理性
群集	○	○	×
公衆	○	×	○
大衆	×	×	×

1.1 群　集 ★★☆

　群集（群衆、crowd）とは、非日常的な状況下で一定の空間を高密度に占拠する人間の集合のうち、ある程度共通の関心・志向・目標を抱いているものである。群集は前近代社会にも見ることができるが、その存在が注目され社会科学の対象となったのは、大都市が成立した19世紀以降であった。

　フランスの社会心理学者G.ル・ボン（1841～1931）は『**群集心理**』（1895）において、群集の特徴を以下のように述べた。群集は、感情が沸き立ち、暗示されやすく、模倣にかられ、偏狭で感覚的な思いこみに陥るなどの**非合理的な群集心理**にとらわれており、個人が一人でいるときのような**冷静で理性的な判断や責任の意識が**なくなり、規範や秩序が危機にさらされる。

1.2 公　衆 ★★☆

　公衆（public）とは、特定の問題に対する**共通の関心**に基づいて、**マス・メディアによる間接的な接触**の上に成立する集団であり、フランスの社会心理学者G.タルド（1843～1904）が『**世論と群集**』（1901）で定式化した。

　公衆は政治新聞などの同一のメディアで結ばれており、多種多様な意見や情報に基づいて**自由活発に理性的に討議し**、近代民主主義政治の担い手となる理想の集団である。ル・ボンが「現代は群集の時代だ」と否定的に時代を規定したのに対して、タルドは「現代は公衆の時代だ」として、肯定的に規定した。

　なお、タルドは、社会現象発生の中心的な原理として**模倣**に注目し、「**模倣の法則**」を唱えた人物でもある。少数者の創造的な行為が出発点となり、それを他の大多数の者が模倣して、反復・再生産することによって広がっていき、社会現象となるのだという。

1.3 大　衆 ★★★

　大衆（mass）とは、**異質な属性や背景を持つ匿名の多数者**からなる未組織の集合体であり、さまざまな学者が論じている。

　空間的に近接する群集に対して、**大衆は空間的に散在し間接的に接触するだけで**あり、共通の利害はなく相互作用することはない。また、公衆は世論の担い手として合理的に討議する集団であるのに対して、大衆はマス・コミュニケーションの**受動的な受け手**となっており、非合理的・情動的な特徴を持つ。

❷ 大衆社会論

　公衆は新しい社会を形成する理想的な人間像としての性格を与えられてきたが、**現代社会では公衆が衰退し大衆が躍進している**という問題意識から、オルテガ、K.マンハイム[1]、E.フロム、D.リースマン、C.W.ミルズ、W.コーンハウザーなど、さまざまな立場から大衆社会論が展開された。

　前近代社会から近代社会、現代社会に移行するに従い、大衆はさまざまな意味で社会の主役に躍り出た（＝**普通選挙の有権者**としての側面、**大量消費社会の消費者**としての側面）。そして大衆の決定が社会の動向を左右するようになった。

2.1 ▷ オルテガ　　　　　　　　　　　　　　　　　　　　　★★☆

　スペインの哲学者J.オルテガ・イ・ガセット（1883 ～ 1955）は『**大衆の反逆**』（1930）を著し、「諸権利を主張してやまず自らに要求するところが少ない大衆の出現が、伝統的な文化と社会を堕落させる」と主張して、大衆が主導権を握る社会を批判した。

　オルテガは、特別な資質を備えず、自らに価値を見出さずに絶えず同調を求める「平均人」のことを「大衆的人間」と呼び、大衆的人間が社会の指導的地位に立てるようになった大衆社会の下でヨーロッパは危機的状況にあるとして、**大衆的人間を批判**した。

1　マンハイムが「大衆社会」という言葉を最初に使ったとされる。

2.2 ミルズ

(1) パワーエリート

　パワーエリートとは、**権力構造の制度的秩序の頂点で支配的な地位を占めて主要な政策決定に影響力を持つエリート集団**のことである。

　アメリカの政治社会学者C.W.ミルズ(1916 ～ 62)は、『パワーエリート』(1956)において、大衆社会化した1950年代のアメリカでは、**政治・経済・軍事エリートの3グループが結託して大衆を支配している**と批判した。権力はこれら3領域の組織の頂点に集中し、そこに身を置くごく少数のパワーエリートたちが、視野狭窄に陥った大衆をマス・メディアを通じて思うままに操縦し絶大な権力を行使するという。

　ここで政治エリートとして想定されているのは、大統領・副大統領・閣僚・主要官庁の長官など行政府のトップ層であり、立法府たる議会のメンバー（政治家たち）は格下に扱われている。三権分立の制度が徹底されているアメリカでは、立法府は行政府を監視する機能を果たすはずだが、ミルズによれば、ニューディール政策以降、行政府の権限が著しく強大になり、立法府は政治権力の中間水準に転落し、その機能も縮小されている。

(2) 社会学的想像力

　ミルズは、このようにエリートに権力が集中する大衆社会の危険な側面に警鐘を鳴らした。さらに、ブルーカラーは会社の中間管理職に都合よく操作され、**ホワイトカラーは政治に無関心で私的な利害と余暇活動のみに腐心する「陽気なロボット」**と化しているため、一握りのパワーエリートが全体社会の方向性を決定していると主張した。

　それに対してミルズは、過度の理論志向と過度の経験主義をともに批判しつつ、**人間と社会、個人生活史と歴史、自己と世界を結びつけて把握する**のに欠かせない精神の資質である**「社会学的想像力」**を持つことの重要性を説いた。

2.3 コーンハウザー ★★☆

(1) 貴族主義的批判と民主主義的批判

アメリカの政治社会学者W.コーンハウザー(1925〜2004)は、『大衆社会の政治』(1959)において、大衆社会に対する批判を**貴族主義的批判**と**民主主義的批判**に分類して論じた。

① 貴族主義的批判

貴族主義的批判とは、かつての政治や文化は少数のエリートのものだったが、大衆社会では参加者が激増したために政治や文化の質は低下したと捉える批判(貴族の立場から危機感を述べる批判)であり、**保守主義的**な色彩が強い。J.オルテガ・イ・ガセットやG.ル・ボンが代表格である。

② 民主主義的批判

民主主義的批判とは、大衆社会において人々は大家族や地域共同体などの社会的な絆を喪失して個々バラバラの不安定な存在となり、社会への帰属感、連帯感情、親密性を失いがちとなり、マス・メディア等を通じてエリートに操作されやすくなっているという批判(民主主義が危機状況になっているという批判)である。

(2) 四つの社会類型

コーンハウザーは、大衆社会に対する**貴族主義的批判**は「**エリートへの接近しやすさ**」、**民主主義的批判**は「**非エリートの操作されやすさ**」への危機感に基づくとした上で、これらを統合して、非エリートによる「**エリートへの接近可能性**」とエリートによる「**非エリートの操縦可能性(非エリートの操作可能性)**」という二つの軸の高低で社会を四つに分類した。

		非エリートの操縦可能性	
		低い	高い
エリートへの接近可能性	低い	共同体的社会	全体主義社会
	高い	多元的社会(理想)	大衆社会

・エリートへの接近可能性:「一般の民衆→エリート」という影響関係
・非エリートの操縦可能性:「エリート→一般の民衆」という影響関係

① 共同体的社会

　共同体的社会は、前近代社会(身分制社会)、地縁・血縁重視の社会である。この時代のエリートは王や貴族など生まれつきの身分で決まっていた。また、民主主義ではないため、一般の民衆がエリート(王や貴族)をやめさせることはできないし、民衆自身はエリートになれなかった。その一方で、民衆の方は血縁や共同体にしっかり結びつけられていたから、王や貴族が民衆を動員することも非常に難しかった。

② 多元的社会

　多元的社会は、中間集団(⇒第1章第1節 21)が機能している自由民主主義社会である。

　民主主義・業績主義の確立により、民衆は選挙などでエリート(議員)をコントロールできるし、立候補して自分自身がエリートになることもできる。また、業績を上げてエリートにもなることもできる。その一方で、社会集団が多元的で、それぞれの価値観を担保する中間集団が並び立つため、民衆はエリートに操作されにくい。

　コーンハウザーは、この多元的社会を理想としている。

③ 全体主義社会

　全体主義社会は、大衆は動員されやすくエリートになりにくい社会である。

　例えば、ナチス政権時代のワイマール共和国(ドイツ)では、ヒトラーが独裁体制を敷いており、ナチス党以外の政党は法的に禁止されていて、大衆がエリートへ接近する可能性は低かった。その一方で、ヒトラーはマス・メディアなどを駆使して大衆を動員していた。

④ 大衆社会

　大衆社会は、不安定な自由民主主義社会である。

　民主主義・業績主義により、民衆がエリートへ接近する可能性は確保されているものの、中間集団が弱体化しているために民衆は自立性・自律性に欠けて根なし草となっており、エリートに容易に操作されてしまう。この場合、ワイマール期のドイツのように**全体主義社会に移行する危険性**がある。

（3）社会的疎外と大衆

　これらの類型のうち、コーンハウザーが理想とした**多元的社会は、中間集団の強さをその特徴とする**[2]。

　自分1人だけで思想・信条を守るのは難しい。例えばユダヤ教の熱心な信者でも、周りがすべてキリスト教徒だと信仰を守り続けるのは難しい。しかしユダヤ教を信仰する仲間が周りにいれば、批判にさらされても信仰を守っていける。

　このように、中間集団は**価値観・アイデンティティの拠り所**となり、**大組織に対抗する力**になる。そして中間集団が社会の中に多数あることによって、**多様な価値観が共存する多元的社会は維持される**。

　だがコーンハウザーは、**大衆社会では中間集団が崩壊し個人が原子化している**（独りぼっちになっている）と指摘する。そうなると、権力者がマス・メディアを通じて世論操作を企んだときに逆らうのは難しくなる。最初は「嘘っぱちだ」と思っていても、周りに相談相手がいなければ自分が間違っていて権力者が正しいように思えてきてしまう。つまり、大衆はエリートに操作されやすくなる。

　コーンハウザーは、このような大衆社会の状況を問題視し警鐘を鳴らした。

❸ 社会運動論

[3.1] 新旧の社会運動　　　　　　　　　　　　　　★★★

（1）旧来の社会運動

　旧来の社会運動は、**資本主義を打倒し社会主義の建設を目指す階級闘争型の労働運動、社会主義運動、共産主義運動を典型例**としており、**マルクス主義的要素**が強い。

2　現代は、公衆は大衆に転化する傾向にある。社会的な絆の喪失、争点の拡散、マス・メディアの発展などにより、人々は、公の討論に参加するよりは、個々人の選択によって行動する傾向が強まる。この状況への対策として、第1章で扱ったデュルケムやコーンハウザーなど、中間集団の再構築を論じる社会学者は多い。

（2）新しい社会運動

新しい社会運動は、旧来型の社会運動（かつての労働運動など）が目指していたような**体制変革や国家権力の奪取を目標としない点**が特徴である（反体制・反権力であるとしても）。それは、**民主主義の徹底化と市民社会の自律性の防衛**とに役割を限定するといわれる。典型例は、**女性解放運動**や**環境運動**などである。

新しい社会運動は、集合的アイデンティティへの志向など、表出的（運動への参加自体に価値が見出される）な社会運動であるといえる。また、運動組織の構造は、**非官僚制的なネットワーク型**であり、直接民主主義的な活動原則の徹底化が志向される。

フランスの**A.トゥレーヌ**（1925〜　）、イタリアの**A.メルッチ**（1943〜2001）、ドイツの**J.ハーバーマス**などが新しい社会運動に注目して論じている。

3.2 集合行動論　　　　★★★

集合行動とは、1920年代に社会学におけるシカゴ学派で形成された概念であり、R.パークは「社会的な相互作用の結果として生じる衝動の影響下にある人々の行動」と定義した。

その後、H.ブルーマーも集合行動を論じたが、アメリカの社会学者**N.スメルサー**は、師の**T.パーソンズ**とともに**AGIL図式**を定式化した『**経済と社会**』を著した後、シカゴ学派とは異なる立場で集合行動論の体系化に取り組み、産業革命期の群集行動が社会変動に至る過程を分析している。

スメルサーは、集合行動を「社会的行為の構成素を再規定する一般化された信念に基づいて動員される非制度的行動」と定義した。彼が提唱した**価値付加プロセス論**によれば、集合行動の発生を説明する要因には、❶構造的誘発性、❷構造的矛盾・緊張、❸「一般化された信念」の形成、❹きっかけ要因、❺参加者の動員、❻社会統制などがあるが、このうち❶〜❺は順番通りに成熟することが必要であり、それに伴って徐々に集合行動の形成が進むとしている。

3.3 資源動員論 ★☆☆

資源動員論とは、社会運動組織が人材、資金、外部からの支持などを動員する過程に注目して、その活動を説明する理論である。

従来の社会運動論では、社会運動の**非合理的・感情的・暴力的な側面**が注目され、**群集行動の延長線上で社会運動を捉えるH.ブルーマー**などの**シカゴ学派**の議論や、**参加者の心理的要因を重視するN.スメルサー**の集合行動論が主流だった。

しかし、1970年代後半になって、**M.オルソンの集合行為論**に依拠しつつ社会運動の**合理的・組織的側面**に注目する**資源動員論**が、**M.ゾールド**(1931〜2012)と**J.マッカーシー**(1940〜　)などによって提起された。

3.4 フレーム分析 ★☆☆

社会運動論における**フレーム分析**とは、社会運動に参加している行為者自身やマス・メディアなどが、活動に対してどのような解釈の枠組み(フレーム)を設定し意味づけているか、また様々なフレーム同士がどのように相互作用し変容していくのか、それを分析する手法である。つまり**客観的な法制度ではなく、当事者たちの主観的な意味づけに注目する**立場といえる。

3.5 環境社会学 ★☆☆

環境社会学は、自然環境を人間の管理下に置くことを前提とする**人間中心主義を批判する**点に特徴がある。また、日本の環境社会学は、1960年代後半から始まった公害の社会学的研究を出発点としており、1990年代初めには環境社会学会が組織化されている。

環境社会学のキーワード「**受益圏**」、「**受苦圏**」は、空間的な文脈で定義されることが多い。例えば、原子力発電所の問題であれば、原則的に「受益圏＝都市、受苦圏＝立地自治体」となる。そのため、企業と住民の関係に限定されず、住民同士でも受益圏に住む者と受苦圏に住む者に分かれる。

また、通常は別の地域を指す言葉なので、受益圏と受苦圏は重ならないことが一般的である。例えば、東京電力が保有する原子力発電所は、いずれも(電力自由化以前の)東京電力のサービスエリア外(福島県・新潟県)に設置されている。つまり、原子力発電所が設置されている地域(受苦圏)と、そこで発電された電気が使用される地域(受益圏)は異なっている。

01 群衆心理の研究によって社会心理の研究に一つの理論的突破口を開けたのは、G.ル・ボンである。人間は集合化すると相互に感情や衝動を抑制する。このような集合的状況下の人々の理性的傾向を、彼は群衆心理と呼んだ。この研究の延長線上で、今日でも、パニックの制御の研究が行われている。国家一般職2002 1.1

✕ G.ル・ボンによれば、人間は集合化すると感情や衝動を抑制できなくなる。1人でいるときは冷静な人物でも、お祭り会場や野球場、サッカー場などでは、その場の雰囲気に任せて大騒ぎしてしまうことがある。

02 G.タルドは、『世論と群衆』において、公衆を、個人が同一空間に集合することで成立する一時的な現象と捉えた。個人間の相互作用を必要とする群衆に対し、公衆は相互作用を必要としないため、暗示や模倣が生じず、精神的集合体になりにくいとした。国家一般職2022 1.1 1.2

✕ まず、個人が同一空間に集合することで成立するのは「群集」である。公衆は、空間的には「散在」するがメディアを通じてコミュニケーションすることで成立する集団である。また、「模倣が生じず」も誤り。G.タルドは「模倣の法則」を提唱し、模倣で社会現象を説明しようとした。

03 J.オルテガ・イ・ガセットは、ある程度の教養や私有財産を備え、自らの価値を自覚する文明人を「大衆的人間」と呼び、大衆的人間が社会の指導的地位に立てるようになった大衆社会の下では民主化が進行するとして大衆的人間を評価した。国家一般職2017 2.1

✕ J.オルテガ・イ・ガセットは、特別な資質を備えず、自らに価値を見出さずに絶えず同調を求める「平均人」のことを「大衆的人間」と呼び、大衆的人間が社会の指導的地位に立てるようになった大衆社会の下でヨーロッパは危機的状況にあるとして、大衆的人間を批判した。

04 C.W.ミルズのいう「パワー・エリート論」とは、現代のアメリカ合衆国において、大企業組織、政治機構、マス・メディアの三領域で実権を握る少数のエリートが、相互に結び付いて政治的な決定において大きな影響力をもっている問題を指摘した議論である。国家一般職2008 2.2

✕ C.W.ミルズのいう「パワーエリート論」は、大企業組織、政治機構、「軍事組織」の三領域で実権を握る少数のエリートに関する議論である。

05 C.W.ミルズは、社会の研究及び社会における問題の解決に関して、事実の発見と検証のためには経験が不可欠とする経験主義の立場から、個人的な生活と社会的・歴史的構造を関連付ける能力である「社会学的想像力」を重視する立場を批判し

た。**国家一般職2013** `2.2`

✕ C.W.ミルズは、過度の理論志向と過度の経験主義をともに批判し、社会学的想像力の重要性を主張した。

---

06 工場などで直接生産に従事する労働者をブルーカラー、事務所などで、事務、販売、管理などの業務に従事する労働者をホワイトカラーと呼ぶことがある。C.W.ミルズは『ホワイトカラー』において、知識のあるホワイトカラーこそ、労働組合を指導し、社会を変革する担い手となり得る存在であると主張した。**国家一般職2003** `2.2`

✕ C.W.ミルズは『ホワイト・カラー』において、支配層(「パワーエリート」)が設定した組織の目標に疑問を抱くことなく働き、家族と消費財に囲まれた幸福な日々を願う本質的に保守的なホワイト・カラー (おおむね「新中間層」と同義)たちを「陽気なロボット」と呼び、その政治的な無関心に警鐘を鳴らした。

---

07 W.コーンハウザーは、共同体的社会、多元的社会、全体主義的社会、大衆社会という四つの類型を分析的に抽出した上で、大衆社会は民主主義の基礎となる、最も望ましいものであるとした。**国家一般職2014** `2.3`

✕ W.コーンハウザーが民主主義の基礎として最も望ましいとしたのは「多元的社会」である。

---

08 全体社会と個人との間に介在して、全体社会の大きな力が直接個人に襲いかかってくるのを防ぐ盾の役割を果たすと同時に、一人一人では力の弱い個人の要求を全体社会に反映させる役割を持つ集団を準拠集団という。**国家専門職2001** `2.3`

✕ これは、「準拠集団」ではなく「中間集団」に関する記述である。

---

09 労働運動など階級を基盤とする旧来の社会運動に対して、1960年代以降の学生運動、女性解放運動、環境運動などを、新しい社会運動ととらえる見方がある。そこではネットワーク型の組織形成、アイデンティティの重視、国家権力の奪取などの特徴が指摘されてきた。**国家一般職2004** `3.1`

✕ 「新しい社会運動」は、体制変革や国家権力の奪取を目標としない点が特徴である。

---

10 価値付加プロセス論によれば、集合行動の生成や発展に関わるとされる諸要因のうち、いずれか一つでも一定の水準に達すれば、社会運動の形成に十分な条件が整い、さらに、その運動は自動的に制度化するものと考えられている。**国家一般職2013** `3.2`

✕ 「いずれか一つでも一定の水準に達すれば」が誤り。価値付加プロセス論によれば、❶構造的誘

発性、❷構造的矛盾・緊張、❸「一般化された信念」の形成、❹きっかけ要因、❺参加者の動員、❻社会統制のうち❶〜❺は順番通りに成熟することが必要であり、それに伴って徐々に集合行動の形成が進むとしている。

---

11 合理的選択理論は、各行為者を、利得やコストの計算に基づいて選択肢を比較検討し、意思決定する存在とみなす。公共財の供給において生じるフリーライダー問題について提起したN.J.スメルサーの集合行為論は、この一例である。**国家一般職2007** [3.2] [3.3]

✕ このような集合「行為」論を提唱したのは、M.オルソンである。N.スメルサーは、集合「行動」論を提唱した。

---

12 フレーム分析とは、社会運動がいかに法的な規制や社会制度的な制約によって拘束され、その結果一定の運動の型を形成されるかに着目する研究視点である。**国家一般職2009** [3.4]

✕ フレーム分析は、客観的な法制度ではなく、当事者たちの主観的な意味づけに注目する立場である。

---

13 受益圏・受苦圏という概念を用いた環境問題研究においては、どのような地域にあっても、企業側のみが利益を享受し、住民側は常に不利益を被らざるをえないため、この二つの圏は常に重なるという点が強調されている。**国家一般職2013** [3.5]

✕ 受益圏・受苦圏は重ならないことが一般的である。また、「住民側は常に不利益を被らざるをえない」も誤り。例えば地方部に原子力発電所が立地されることで、都市部の住民側が利益を享受する場合もある。

コミュニケーションと国民意識

第2節では、コミュニケーション論と国民意識について学習します。いずれも政治学でも出題される内容であり、特にコミュニケーション論については重要です。繰り返し読んで理解するようにしましょう。

キーワード

強力効果説／皮下注射モデル／限定効果説／コミュニケーションの二段の流れ／オピニオン・リーダー／新強力効果説／議題設定機能仮説／沈黙の螺旋仮説／アナウンスメント効果／バンドワゴン効果／アンダードッグ効果／擬似環境／ステレオタイプ／ダブル・バインド／想像の共同体

❶ コミュニケーションの概要

1.1 コミュニケーション ★☆☆

　コミュニケーションという語は、元々はラテン語のcommunisに由来しており、「共有の」、「共通の」という原義を持つが、**送り手が伝えようと意図した言語情報が受け手に理解・共有されない場合でも、社会学用語ではコミュニケーションとなる**。

　例えば、対面関係でのコミュニケーション過程で受け手に伝わるのは送り手が意図した**言語情報**だけでなく、送り手の表情や身振りなどの**非言語情報**もある。また、意図しない言語・非言語情報が伝わることもあるだろう。このように、社会学において「コミュニケーション」という概念は非常に広い意味を持っている。

　コミュニケーションは、情報の送り手と受け手の数によって、1対1（2人での対話や手紙など）、1対多（演説やマスコミなど）、多対1（記者会見で質問に答える局面など）、多対多（集団討論やインターネットなど）に分けられる。また**一方向**の関係と**双方向**の関係がある。ただし、同じコミュニケーションの関係でも、**声のメディア**、**活字メディア**、**電子メディア**では伝達の規模に大きな差がある。

1.2 ▷ マス・コミュニケーションとインターネット・コミュニケーション　★☆☆

　マス・コミュニケーションとは、新聞・テレビ等の**マス・メディア**を通じて、**不特定多数の受け手に大量の斉一的メッセージが伝達される**コミュニケーション現象のことである。

　マス・コミュニケーションでは、**情報の送り手と受け手の間に圧倒的な非対称の関係**があるが、インターネットでは一般の個人が世界中から情報を受け取る可能性も情報を発信する可能性も持っている点で、新しいコミュニケーション手段といえる。

1.3 ▷ マス・メディアの機能　★☆☆

　マス・メディアとは、**少数の送り手が不特定多数の受け手にメッセージを伝達する機械的手段**およびそれを担う集団のことであり、立法・司法・行政に次ぐ「**第四の権力**」と指摘する論者もいる。

　アメリカの社会学者**P.ラザースフェルド**は、**R.K.マートン**との共著論文で、マス・メディアの影響力に注目して、マス・コミュニケーションの機能を三つに分類した。この3機能はテレビ放送が本格的に普及する前の1940年代後半に定式化されたものであり、その後の発展を踏まえていないが、現在でもマス・コミュニケーションの特徴を理解するための学説として意義は失われていない。

(1) 地位付与機能
　地位付与機能は、マス・メディアが好意的に採り上げることで、社会的問題・人物・組織・社会活動等に**高い社会的地位・威信・権威を付与する機能**である。

　例えば、マス・メディアに社会学者が登場すると、多くの学者の中から選ばれるほどの重要人物だと一般の人々は評価し、その行動や意見にも一目置くようになる。

(2) 社会規範の強制機能
　社会規範の強制機能は、暗黙のうちに世間に知られていた違反の事実をマス・メディアが改めて公衆の面前に暴露することで、**違反への粛正運動を形成する機能**である。

　例えば、政治家の不透明な会計処理が横行していても通常は見過ごされているが、ひとたび特定の政治家の問題がマス・メディアで採り上げられると、その政治家だけが非難の集中砲火を浴びることになる。

（3）麻酔的逆機能

　麻酔的逆機能は、マス・メディアが大量の情報を流すことで、**社会問題に対して大衆を無感動・無関心にしてしまう機能**である。

　現代の社会では、人々はマス・メディアを通じて大量の政治情報を得られるが、情報の視聴時間が多くなるほど、自分で考え行動する時間は短くなる。そのため、政治に関する情報を得るだけで満足して、自分で考え行動しなくなってしまい、政治ニュースは大量に消費されても投票率は低下していくことになる。

❷ マス・メディアの情報伝達のモデル

強力効果説（〜1940年代）→限定効果説（1940年代〜）→新強力効果説（1970年代〜）

2.1 強力効果説　　　　　　　　　　　　　　　　　　★★☆

　マス・メディアに関する**強力効果説**（即効薬モデル、弾丸モデル、皮下注射モデル）とは、❶**マス・コミュニケーションの影響力は強大**で、❷**その影響は直接的に受け手に及び**、❸**無批判な同調性を生み出す**、と捉える学説である。

　マス・コミュニケーションの受け手は孤立した大衆であるという**大衆社会論**の見解が広がっていたこともあり、1940年代前半までのマス・メディア研究では、この見解が主流だった。

2.2 限定効果説　　　　　　　　　　　　　　　　　　★★★

　マス・メディアに関する**限定効果説**とは、**マス・メディアは単独では強い効果を持ち得ず、他の媒介要因との関係の中で初めて効果を発揮する**という見方である。そこで、マス・メディアが大きな影響力を持つとすれば、それは**先有傾向**（既存の意見や態度）を補強する方向であって、態度を改変する効果は弱いとする。

（1）エリー調査
① 「コミュニケーションの二段の流れ」仮説
　「**コミュニケーションの二段の流れ**」仮説とは、マス・コミュニケーションの影響は、最初にマス・メディアから受け手の所属する家族・近隣・友人などの**中間集団**の**オピニオン・リーダー**に達し、次にオピニオン・リーダーを媒介として**フォロワー**（より活動性の低い人々）へと**パーソナル・コミュニケーション**により広がる

P.ラザースフェルド
[1901〜76]

という仮説である。

コロンビア大学のP.ラザースフェルドらのグループは、1940年のアメリカ大統領選挙期間に、オハイオ州エリー郡で実施した調査(エリー調査)で、無作為抽出法(ランダム・サンプリング)やパネル調査法(同一の対象への継続調査法)などにより投票行動の形成過程を分析し、報告書の『ピープルズ・チョイス』(1944)でこの仮説を提示した。

② オピニオン・リーダー

投票先の決定には様々な要因が働いていたが、中でも特に強い影響力を持ったのがオピニオン・リーダーからのパーソナル・コミュニケーションである。

オピニオン・リーダーとは、マス・メディアへの接触の頻度が多く情報通であり、解釈を加えた上で中間集団内部のフォロワーの意思決定に影響を与える者のことである。上から影響力をふるう特殊な人物ではなく、どんな職業集団・社会的経済的階層の中にも等しく見出され、水平的に影響を与える。

③ 限定効果説の提示

この調査により、マス・コミュニケーションの影響力は弱く、与えるとしても主に政治的先有傾向を補強する効果にとどまり、改変効果は弱いことがわかった。

つまり、❶'マス・コミュニケーションの影響力は限定的で、❷'その影響はオピニオン・リーダーを経由して受け手に及び、❸'オピニオン・リーダーの解釈を経て伝達される、として強力効果説を批判する。また、孤立した個人ではなく集団内部の個人に注目する点で大衆社会論と見解を異にする。

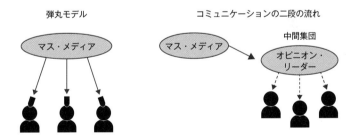

弾丸モデル　　　　　　　コミュニケーションの二段の流れ

マス・メディア　　　　マス・メディア　　中間集団　オピニオン・リーダー

（2）その後の調査

　エリー調査で示された「コミュニケーションの二段の流れ」仮説を投票行動以外にも一般化すべく、1945年にイリノイ州のディケーターで調査が実施された。

　ラザースフェルドの弟子であるE.カッツ（1926 〜 2021）は、ラザースフェルドとの共著『パーソナル・インフルエンス』(1955)でこの調査を分析し、買い物・流行・社会政治問題・映画観覧のいずれの領域においても仮説が支持されるとした上で、4領域すべてでオピニオン・リーダーになっている者は稀であり、むしろ領域ごとに分かれていることを示した。

（3）クラッパーの一般化

　ラザースフェルドの弟子であるJ.クラッパー（1917 〜 84）は、限定効果説の集大成となる『マス・コミュニケーションの効果』(1960)において、マス・コミュニケーションの説得の効果に関する1930年代から1950年代に至る膨大な研究を組織的に検討・整理・統合して、「五つの一般化」を提示した。特に最初の三つが重要である。

1	マス・コミュニケーションは通常、**受け手の必要かつ十分な原因としては作用しない。**マス・コミュニケーションは**媒介的要因と影響力の連鎖**のなかで機能する。
2	マス・コミュニケーションは変化を引き起こすが、**補強の方向に作用する傾向が大**である。
3	マス・コミュニケーションが変化を生み出す方向に機能するのは、❶**媒介的要因が無効**でメディアの効果が直接的に作用する場合か、❷補強を促すように作用する媒介的諸要因が、変化を促進する方向に働く場合である。

2.3 新強力効果説

新強力効果説は、限定効果説を完全否定するわけではなく、限定効果説の発見を認めつつ、それでも「強力な側面」があると主張する立場である。

(1) 議題設定機能仮説

議題設定機能仮説は、「争点に関する受け手の態度の変容」ではなく、「何が争点であるかという受け手の認知」を説明する理論で、アメリカの政治学者M.マコームズ(1938～　)とD.ショー(1936～　)により提唱された。

マス・メディアは、様々な問題やトピックをニュース価値に応じて取捨選択・強調しつつ、読者や視聴者に情報を提供する(議題設定機能を持つ)。そして、マス・メディアが大きく取り上げた問題は、情報の受け手も重要視する傾向にある。こうして、マス・メディアが特定の議題・争点を設定し、それが受け手の議題となって公の問題として議論されることになるという仮説である。

(2) 沈黙の螺旋仮説

沈黙の螺旋仮説は、ドイツの社会心理学者E.ノエル=ノイマン(1916～2010)によって提唱された仮説である。

世論＝個人の意見の総和とされるが、人間は社会的孤立を恐れ、世間の「意見の風土」を念頭に置いて公の行動を調整する。自分の意見が多数意見で優勢であるなら自信をもって公然と表明するが、少数意見であるならば途端にその意見表明は消極的となる。

こうした多数派の同調圧力の中、少数派の意見は存在感を失い、社会的沈黙の螺旋階段を下っていくとされる。もし各メディアが一斉に特定の世論像を提示した場合、メディアの世論認識が多数派の圧力と感じられることにより、公的な場での意思表明に大きな影響を及ぼすと考えられる。

(3) 培養理論

培養理論(涵養効果理論)は、アメリカのG.ガーブナー(1919～2005)らが提唱した理論である。

彼らは、テレビで繰り返されるメッセージが人々の社会認識にいかに影響を与えているかを、世論調査的な方法で調べた。その結果、テレビ視聴時間が長いほど社会の危険度を高く見積もる傾向にあることがわかった。つまり、この社会は暴力に満ちており危険な場所であるとの認識を、テレビが人々に培養しているというわけである。

2.4 その他の学説

（1）アナウンスメント効果

　アナウンスメント効果とは、選挙において、投票前に公表されるマス・メディアの予測報道が、有権者の投票行動に与える効果のことである。アナウンスメント効果には、以下の2種類がある。

| バンドワゴン効果 | 優勢な候補者へ投票が集まる（長いものには巻かれろ） |
| アンダードッグ効果 | 不利と呼ばれる候補者へ投票が集まる（判官びいき） |

（2）マタイ効果

　マタイ効果とは、科学の報賞と承認のコミュニケーション過程の連鎖で不平等に自己強化的な累積現象が起こるというものであり、R.K.マートンが提示した概念である。

　この名称は新約聖書マタイ伝の文言「おおよそ、持っている者は与えられてますます豊かになるが、持っていない者は持っているものまでも取り上げられるであろう」に由来するものであり、科学者が「勝ち組」と「負け組」に二極分化する状況を指す。

　例えば、科学者が一度有名な賞を獲ると、それは誰に対してもわかりやすい標識となり広く知れ渡るため、研究に専念できる地位を与えられたり科学研究費がどんどん集まったりする。そして論文を書きやすい条件が揃うことで業績をどんどん伸ばしていける。すると、業績が多いということでさらに地位も研究費も確保されていき、ますます業績は伸びるというプラスの循環が続いていく。

　一方で、科学者になった初期段階で論文が書けないと、業績がないということで研究費は集まらず、それを工面するために副業に精を出すことになる。そうすると、研究に割ける時間は減るし、その研究もなけなしのお金で進めていくしかなくなり、悪条件下で研究に取り組むことになるから、生産性は下がっていく。だがそうなると、業績が少ないということで地位も研究費も確保されない状態が続き、ますます論文は書けなくなるというマイナスの循環からいつまでたっても抜け出せない。

③ コミュニケーションの特質

3.1 擬似環境 ★★☆

（1）擬似環境

擬似環境とは、自らを取り巻く環境について**頭の中で構成され単純化された観念の集合体**のことである。

アメリカで長くジャーナリストとして活躍した**W.リップマン**によれば、人間は、自ら**直接に接触・経験できる現実環境**の中で行為する。しかし、現実環境はあまりに大きく複雑で変化しやすいものであるため、人間はそれを十分に認識できない。そこで人々

W.リップマン
[1889〜1974]

は、現実環境を簡略化・単純化した観念を頭の中に浮かべ、それを自らの本物の環境と思い込む。特に現代人は、複雑多岐にわたる情報に取り囲まれて生きているため、擬似環境に頼らざるをえなくなっているという。

（2）ステレオタイプ

この擬似環境の維持・形成に寄与するのが、ステレオタイプである。ここで**ステレオタイプ**とは、**特定の社会集団の間で幅広く共有されている固定的・画一的な観念・イメージ・偏見**を指す。

本来の現実は多様であるが、物事を単純化したステレオタイプに基づけば理解しやすくなる。そのために人々は、「見てから定義しないで、定義してから見る」ようになるのだという。

（3）擬似環境の問題点

リップマンは**エリート主義**の観点から、擬似環境の問題点を次のように指摘する。

20世紀に入りマス・メディアの急速な発達に伴って、コミュニケーションが可能な領域も大きく拡大した。しかし、マス・メディアが伝える情報は、事実を直接観察した送り手から受け手に到達するまでの間に様々な編集過程を経由することになる。

また、受け手が複雑な情報をそのまま受け取るのは困難なため、自分たちが持つステレオタイプに合致する情報を好みやすい。そのため、マス・メディアも大衆のステレオタイプに適合する図式で報道することが多くなり、ますますステレオタイプが強化されることになる。

そして、**擬似環境は現実からどんどん遊離**していき、**少数のステレオタイプ化したイメージ群から世論が構成**されることになり、**民主主義の危機**を作り出すという。

3.2 地球村 ★★★

　カナダのコミュニケーション理論家M.マクルーハン(1911 ～ 80)は、「地球村」(世界村、Global village)について論じた。また、彼は「メディアはメッセージである」という言葉で有名なコミュニケーション理論家であり、「あらゆる技術は**人間の感覚器官の拡張**である」として、メディアを通じたコミュニケーションの積極的な意義を論じた。

　マクルーハンによれば、メディアは単にメッセージを運ぶ透明な媒介物ではなく、それ自身、私たちの感覚や経験を形作るものである。**声のメディア**(対面関係の会話や演説など)が主流の時代は五感すべてが重要だったが、**活字メディア**(書籍や新聞など)が主流の時代になると視覚優位となった。そして、**電子メディア**(テレビ、ラジオ、インターネットなど)の時代になると、人々のコミュニケーションは全身的な感覚の共有へと移行した。しかも電子メディアは物理的な距離を無化し、電子的に媒介された同時的な場を作り出している。例えば、インターネットのテレビ電話を使えば、地球の反対側の人とも顔を見ながら普通に会話できる。

　このように、電子メディアの発達により距離の遠さは意味をなくしており、地球全体といえどもかつての村サイズの広さとしか感じられなくなったということで、マクルーハンはこれを「地球村」と呼んでいる。

3.3 ダブル・バインド ★★★

アメリカの思想家G.ベイトソン(1904〜80)は、メッセージを通常のメッセージとメタ・メッセージとに分け、異なる水準で異なるメッセージ(**矛盾**したメッセージ)を送ることによって、どちらを達成すればよいのか混乱させる心理的な拘束状況を「**ダブル・バインド**」と呼んだ。

例えば、ニコニコしながら「あなたのことは大嫌いだ」と言った場合、言葉が伝える通常のメッセージは相手に対する嫌悪の情だが、表情が示すメタ・メッセージは親愛の情である。これが親密な関係の中で発せられていれば言葉は冗談だと理解されるが、圧倒的な強者が弱者に向かって、「いちいち自分の命令に従っていないで自発的に行動しろ」と言った場合、字義通りには「自発的に行動」するのが望ましいが、そうなると「自分の命令に従え」というメタ・メッセージに従って行動することになり、自発的な行動ではなくなる。

ベイトソンによれば、このような**矛盾したメッセージの伝達**が続くことで、統合失調症が発症するケースがある。「ダブル・バインド」は、企業などの上下秩序の明確なフォーマルな組織よりも、むしろ家族などのように上下秩序のあいまいな**インフォーマルな組織**において多く見られる。

Power UP 引っかけに使われそうな類語

これまでに登場した用語の中で、似ていて紛らわしいものがあるが、以下のようにきちんと区別して把握しよう。
ダブル・バインド (double bind) → ベイトソン
ダブル・コンティンジェンシー＝二重の条件依存性 (double contingency)
→ パーソンズ ＆ ルーマン
構造の二重性 (Duality of structure) → ギデンズ

---

❹ 国民意識

4.1 ネイションとエスニック・グループ ★☆☆

「国家」には、人々の共同体としての側面と政治的組織体としての側面がある。このうち前者をネイション・国民社会(nation)、後者を国家機構(state)と呼ぶ。また、ネイションを重んずる思想や運動をナショナリズムという。

一方、エスニック・グループとは、祖先・言語・習慣・宗教・地域などを共有するとされる社会集団を意味する。エスニック・グループに関わる自己認識や他の集団と区別される客観的指標をエスニシティという。

4.2 想像の共同体 ★★☆

（1）概　要

「想像の共同体」は、アメリカの政治学者B.アンダーソン(1936 ～ 2015)が、国民国家論・ナショナリズム研究の中で提唱した概念である。

現代の世界では、原則的に一定領域内の住民すべてを国家機構(state)が「国民」(nation)としてまとめ上げて運営する「国民国家」(nation-state)が政治システムの基本となっている。この「国民」という観念は、時にはそれに殉じて命を捨てさせるほどの愛着を人々に引き起こす力を持つにもかかわらず、かつての村落共同体とは異なり、「国民」全体を直接経験できるわけではない。

そこでアンダーソンは、国民を「イメージとして心に描かれた想像の政治共同体である」と定義する。どんなに小さな国家であろうとも、これを構成する人々は、その大多数の同胞を知ることも、会うことも、お互いについて聞くこともできないが、にもかかわらず一人一人の心の中には想像上の共同性があるからである。

（2）「想像の共同体」の形成過程

① 宗教共同体の衰退と「国民」観念の登場

　アンダーソンによれば、国民国家の成立以前にも、イスラム共同体やキリスト教世界などの「**宗教共同体**」、ローマ帝国や中華帝国などの「**王国**」という想像の政治共同体があった。それらが力を失っていく中で「**国民**」の観念が登場してきたわけだが、その時に決定的役割を果たしたのが**出版資本主義**である。

② 地域言語から共通言語へ

　かつて、言語は地域的なものだった。ほとんどの人にとって、言語とは実際に口から発せられる音声＝「言葉」であり、電話やテレビなどがない時代には、言葉を交わす相手は直接目の前にいる人だけで、その中だけで流通していた。そのため、地域言語（＝方言）の違いが大きかった。

　また、かつては文字を読める人は限られていた。そして文字を読むといっても手書きの写本だけで、複製するといっても少量にとどまり、一部の知識人だけに流通していた。

　しかし**近代的な活版技術**（印刷技術）**が確立**することによって、まったく同じ本が何万部も複製できるようになった。さらに**義務教育制度が確立**して、共通の教科書を使って文字を学ぶようになる。このようにして、言語は特定の地域に限られることなく、広い範囲で共有されるようになった。口語は極めて多様なため、会話ではお互いを理解するのが難しかったが、出版語がコミュニケーションの統一の場を創造し、印刷された大量の新聞や小説が、人々の間に新しい形の想像の共同体を作り上げていったのである。

③ 想像の共同体の成立

　かつての共同体の範囲は、直接顔を合わせられるぐらい、実際に面識のあるぐらいまでだった。それに対して、現在の「日本」という共同体の全員（1億人以上）と直接顔を合わせた人は誰もいないだろう。

　このように、「日本」という共同体は、直接経験できずにあくまで想像の域にとどまるという意味で、想像上のものである。にもかかわらず、なぜ同じ国民の共同体という一体感を持てるのか。それは、同じ本を読み、同じ言語を使う仲間という意識があるからだ、というのがアンダーソンの「想像の共同体」論である。

ネイション成立の「原初主義」と「近代主義」 ★★★

（1）概　要

　ネイションの成立時期に関しては、❶原初的な絆や過去から永続した要因の産物であり、近代以前から存在していたとする「原初主義」（A.スミスなど）と、❷近代的な要因に規定されて生じた近代の産物であるとする「近代主義」（B.アンダーソン、E.ゲルナーなど）がある。

（2）原初主義

　イギリスの社会学者A.スミス（Anthony D. Smith：1939 〜 2016）は、❶集団固有の名前、❷共通の祖先の神話、❸共有された歴史的記憶、❹集団独自の文化的特徴の共有、❺特定の故国との心理的結びつき、等の属性を持つ歴史的文化的共同体を「エトニ」と名づけ、ネイションと区別した。そして、このエトニがネイションの起源となったと主張した。

（3）近代主義

　イギリスなど、ヨーロッパ各地で研究活動を続けた哲学者・社会人類学者のE.ゲルナー（1925 〜 95）は、ネイションを生み出したのは産業化であると主張した。

　彼は人類の歴史を、前農耕社会・農耕社会・産業社会に分け、農耕社会において国家が成立したが、この段階では支配者層はごく少数者に限られており、読み書き能力も一定の知識階層だけが有していれば十分だったとした。

　しかし、持続的な成長を必要とする産業社会では、文脈を超えたコミュニケーションが必要になるため、国家の全成員が読み書き能力を習得することが要請され、同じ言語を喋る者の共同性に支えられるナショナリズムが勃興したと述べた。

4.4 ▷ 創られた伝統　　★★★

　イギリスの歴史学者E.ホブズボーム（1917 ～ 2012）によれば、スコットランドの
バグパイプや民族衣装タータンチェックのキルトは、イングランドやアイルランド
に対抗するために18世紀から19世紀にかけて**スコットランドが自らの象徴として創**
造した「伝統」である。他にもヨーロッパでは、特に**1870年代から第一次世界大戦ま**
での間に**ナショナリズムと結びついた伝統が大量に創られていった**という。

　このように伝統は、過去からの連続性を仮構することで民族共同体の独自性・共
同性を示しアイデンティティの拠り所となる機能を持つことから、国民国家化が進
展した近代社会において、国民的な文化統合のために必要とされた。

4.5 ▷ オリエンタリズム　　★★★

　文学研究者E.サイード（1935 ～ 2003）は、文化的・人種的な優越性に基づく**西洋**
的な視点で東洋を見ることを批判した。

　彼は、「**西洋**」によって構築された「**東洋**」の幻想的なイメージを「**オリエンタリズム**」
と呼んだ。この想像上の境界線の向こうに広がる東洋は、西洋人による差別的偏見
の対象であると同時に、ユートピア的夢想の対象でもあるが、いずれにしても、東
洋文化の真なる理解や東洋文化の当事者らの実感とは無縁な押しつけの表象である
として批判した。

■ 過去問チェック

01 マス・コミュニケーションにおいては、必ずコミュニケーションの双方向性
が存在する。特別区Ⅰ類2019 1.1 ▷

✕ 一般に、マス・コミュニケーションは、情報の送り手となるマス・メディアと、受け手となる
大衆の非対称性が特徴とされる。視聴者からのフィードバックも一定程度はあるが、送り手から発
信される情報量の方がはるかに多いため、「必ず」双方向性が存在するとはいえない。

02 マス・コミュニケーションにおいては、送り手と受け手の役割が固定化され
ており、単数あるいは少数である送り手が、特定の受け手に向けて情報を伝達す
る。特別区Ⅰ類2019 1.2 ▷

✕ マス・コミュニケーションにおいては、「不特定」の受け手に情報を伝達することが一般的であ
る。新聞・テレビ・ラジオはいずれも、購読者や視聴者を特定せずに、一般向けに情報を発信して
いる。

03 麻酔的逆機能とは、マス・メディアの好意的な脚光を浴びる人物、集団、事件、問題が、マス・コミュニケーションの受け手によって、社会的な意義や重要性に乏しく、価値が低いものとみなされることをいう。国家一般職2015 [1.3]

✕ 麻酔的逆機能とは、マス・メディアが大量の情報を流すことによって、政治的に重要な報道の割合が相対的に低下する機能を指す。

04 皮下注射モデルとは、マス・コミュニケーションが、その受け手に対してあたかも注射器でメッセージを注入するように、時間をかけて徐々に影響を与えることによって、結果的に多様な考えに対する免疫をもたらすことをいう。国家一般職2015 [2.1]

✕ 皮下注射モデルとは、マス・コミュニケーションにおいて、あたかも注射器で注入するように、受け手に対して一方的・直接的・即効的に影響力を与え、無批判に同調させるという見方である。

05 P.F.ラザースフェルドは、マス・メディアの影響は無媒介・直接的に受け手に及ぶため、オピニオンリーダーを媒介としたパーソナルコミュニケーションの影響は減少していくと論じた。国家一般職2008 [2.2]

✕ P.ラザースフェルドは、マス・メディアの影響は、主にオピニオン・リーダーを媒介としたパーソナルコミュニケーションを通じて及ぼされるという「コミュニケーションの二段の流れ」仮説を唱えた。

06 議題設定機能とは、受け手がマス・メディアのメッセージに対して、受け手自らの考えや態度に整合した情報は受容するが矛盾するものは拒否するなど選択的に反応することを指す。国家一般職2008 [2.2] [2.3]

✕ これはJ.クラッパーの一般化に関する記述である。一方、議題設定機能とは、マス・メディアが情報伝達の際に内容を取捨選択することにより、議題が特定のものに設定されてしまい、受け手はその議題を重視してしまう機能を指す。

07 マス・メディアは、何が少数意見であるかを知らせることによって、多数意見の表明を抑制し、少数意見の表明を促進する。これを沈黙の螺旋という。国家一般職2005 [2.3]

✕ 「多数意見」と「少数意見」が逆である。

08 バンドワゴン効果とは、楽隊による直接的な宣伝手法が大きな効力を発揮することから命名された概念であり、選挙において選挙公報や政見放送など各種メディアを通したアピールよりも、街頭や小規模集会での演説の方が効果的であるこ

とを指す。**国家一般職2015** 2.4〉

✕ バンドワゴン効果とは、優勢と予測された候補者へ投票が集まる効果のことである。なお、バンドワゴンとは、パレードなどで行列の先頭に位置する、楽団(バンド)を載せた車(ワゴン)のことであり、賑やかで目立つものの後に人々がついていくというイメージである。

[09] マス・メディアの受け手は、送り手のメッセージを選択的に採り入れて、受け手の態度を強化する。これをマタイ効果という。**国家一般職2005** 2.2〉 2.4〉

✕ これは「限定効果説」の内容を述べたものである。一方、マタイ効果とは、科学の報賞と承認について不平等に自己強化的な累積現象が起こるというものであり、R.K.マートンが提示した概念である。

[10] W.リップマンのいう「ステレオタイプ」とは、ある社会的な事象に関して、複数の主体がもつイメージが合成されたもので、単純化や一面的な決めつけをしないため、総合的な判断をする際に重要な役割を果たす。**国家一般職2010** 3.1〉

✕ W.リップマンのいう「ステレオタイプ」とは、マス・メディアが伝える単純化・一面的な決めつけをしたイメージである。

[11] 我が国でテレビが普及したのは、高度経済成長期と重なっている。テレビの普及とともに我が国社会でも、テレビ中心の生活様式が定着するようになった。H.M.マクルーハンはテレビは人間の本来のコミュニケーションを破壊するとして、テレビに対抗する「文化村」の構築を唱えた。**国家一般職2001** 3.2〉

✕ M.マクルーハンは「文化村」ではなく「地球村」について論じた。また、彼は「メディアはメッセージである」という言葉で有名なコミュニケーション理論家であり、「あらゆる技術は人間の感覚器官の拡張である」として、メディアを通じたコミュニケーションの積極的な意義を論じた。

[12] ベイトソン(Bateson.G.)は、「ダブル・バインド」を、自己と他者との相互行為において、会話内容と身体行動など二つの側面から、同じ行動を促す二重に厳しい要請が自分になされ、その拘束感の重さから、実質的に課題を達成することが不可能な状況に追い込まれてしまうことであるととらえた。このメカニズムは家族内コミュニケーションにおいてよく確認される意図せざる結果でもあり、主に強迫神経症の原因理解に用いられている。**国家総合職2004人間科学** 3.3〉

✕ 「同じ行動を促す」が誤り。G.ベイトソンのいうダブル・バインドは、異なる水準で、別々の矛盾したメッセージを送られることによって生じる問題を示す。

[13] I.ウォーラーステインによると、出版資本主義や印刷メディアの発達によっ

て、人々の心や意識の内部に「地球村（グローバル・ヴィレッジ）」が形成され、近代国家におけるナショナリズムと鋭く対立するようになった。国家一般職2019 3.2 4.2

✕ 電子メディアの発達により物理的な距離が無化され、電子的に媒介された同時的な場である「地球村」が形成されるとしたのはM.マクルーハンである。また、出版資本主義や印刷メディアの発達による「想像の共同体」の形成という観点からナショナリズムを論じたのはB.アンダーソンである。

14 M.マクルーハンは、近代以前に存在した共同体のことを、想像された共同体であるとした。彼は、近代以前に存在した共同体に関してのみ、想像されたという性質が強調されるのは、ネーションと異なり、想像の中でのみ実在的だからであるとした。国家一般職2016 3.2 4.1 4.2

✕ 「想像された共同体」について論じたのは、B.アンダーソンである。ただし、これは近代「以降」の共同体を特徴づける概念として提唱されている。

15 アンダーソンは、ネイション(nation)を一定領域の人々の集合的な想像の産物であると捉え、近代以降に見られる印刷物の普及や読書人口の飛躍的拡大がネイションの生成に与えた影響を重視した。その一方で、彼は、近代以前の社会にある種のエスニックな共同体が存在していたことにも着目し、それがネイションを喚起するのに大きな影響を与えたことを指摘した。国家専門職2017 4.2 4.3

✕ 「その一方で」以降は、A.スミスの原初主義に関する記述である。

16 ゲルナー(Gellner、E.)は、ナショナリズムを農業社会に基盤をもつ政治的原理であると主張した。近代社会において工業や商業が発展していくと、農業従事者が次第に減少し、その政治的な発言権も相対的に縮小していくので、それに対する反動としてナショナリズムの運動が生じるとした。国家総合職2012人間科学 4.3

✕ E.ゲルナーは、ナショナリズムは産業化によって成立した産業社会に基盤をもつ政治原理であると主張した。

17 E.ホブズボームは、近代以前の社会にもエスニックな共同体(エスニー)は存在していたものの、それは「国家」ほど強固な同一性意識で結ばれたものではなく、近代の「国民」はエスニーとの連続性を保ちながら、それを再現・再解釈する過程で成立したものであるとして、伝統が「発明」されるとしたE.ルナンらの根源主義的アプローチを批判した。国家専門職2022 4.3 4.4

✕ E.ホブズボームは、伝統が「発明」されると主張した人物である。本文は、A.スミスの主張に近い内容となっている。

[18] E.サイードは、その著書である『オリエンタリズム』において、文化的・人種的な優越性に基づく東洋的な視点で西洋を見ることを批判した。そして、東洋文明における親族や神話のシステムにも西洋文明と同型の構造が隠されており、東洋文明もまた一つの理性的な思考体系を有していると指摘した。国家一般職2018 4.5

✕ E.サイードは、文化的・人種的な優越性に基づく西洋的な視点で東洋を見ることを批判した。また、「そして」以降の記述は、C.レヴィ＝ストロースの主張内容を混ぜた文章になっている。

都市と地域の社会学

第3節では、都市と地域の社会学について学習します。都市社会学は定番のテーマであり、中でもシカゴ学派の学説はどの試験種でも頻繁に出題されており重要です。繰り返し読んで理解するようにしましょう。

> **キーワード**
>
> 社会的実験室／人間生態学／同心円地帯モデル／中心業務地区／遷移地帯／労働者住宅地帯／中流階級居住地帯／通勤者地帯／扇形モデル／多核心モデル／アーバニズム／アーバニズムの下位文化論／都市=農村二分法／都市=農村連続法／行政村と自然村／結節機関／同族型と講組型

❶ 都市の歴史

1.1 中世自治都市 ★☆☆

M.ウェーバーによれば、中世ヨーロッパの都市は市民による自立的・自律的・自首的な誓約団体であり[1]、ここから**合理主義**をはじめとする**近代市民社会の論理**が生まれてきた。そして、このような**都市共同体（都市ゲマインデ）**は、プロテスタンティズムの倫理とともに**近代資本主義成立の根拠**となったという。

---

1 「自立的」とは教会や封建的勢力からの自立・独立、「自律的」とは自分たちが制定した規則による支配、「自首的」とは自分たちの仲間の中から首長を選任することを意味している。

1.2 都市問題 ★★★

（1）概　要

　近代化に伴い、都市の人口は急増した[2]。これは、プル（吸い寄せ）要因（都市に偏る就業機会・文化的魅力）と、プッシュ（押し出し）要因（農村の慢性的人口余剰・貨幣経済の浸透による貧困化）で説明される。

　例えば18世紀イギリスにおいて第二次囲い込みにより土地を奪われた農民たちの移動に伴い、都市の人口密度・規模は激増した。そのため都市問題が深刻になる。

　都市に流入した人々は労働力として産業革命の担い手となると同時に、**伝統的な生活様式から都市的生活様式への変動の担い手**ともなった。そして**生産の手段（労働力・原材料・資本、つまりヒト・モノ・カネ）が豊富な都市**と、そういったものが**乏しい農村の格差が開いていく**。逆に、農村には都市で作られたさまざまな商品が流入し、人々は借金をして農機具や肥料や消費財を買うようになる。こうして、「農村では食えない」状況が深まり、都市へ出て行くようになる。

（2）都市貧困層の調査

　このように、都市人口は急増したものの、それを受け入れるだけの仕事量はなく、また都市インフラの整備も進まなかったことなどから、次々とスラム街が形成されていった。そこでは健康疾患が常態化し、半失業（雑業）状態により精神的退廃が蔓延する。

　このような都市での貧困を社会問題として捉えるきっかけとなったのが、19世紀半ばのF.エンゲルスの『**イギリスの労働者階級の状態**』のような著作、19世紀末のC.ブースの「**ロンドン調査**」[3]、「**生活周期（ライフサイクル）**」[4]や「**貧困線**」[5]という概念を提唱したB.S.ロウントリーの「**ヨーク調査**」といった社会調査などである。

2　例えばロンドンの人口について、中世期は4万人程度だったが、1600年に約25万人、1650年に約40万人、1700年に約60万人、1800年に約90万人、1900年には400万人以上に急増している。1700年時点で、全英第2位の都市ノリッジの人口は約3万人（ロンドンの20分の1）であり、ロンドンへの人口集中の極端さがわかる。

3　ロンドン市民の3割が貧困状態であり、貧困の原因は、個人の自助努力の欠如というより社会的要因（教育や雇用の問題）が大きいとした。そして貧困は特に高齢者に多いとして、公的老齢年金制度実施が主張された。

4　結婚・出産・育児など、一生の間のある程度定まった場面のうち、どの場面にいる人が一番貧困に陥りやすいのかを検証するという手法。特に出産育児期にある若い世帯と高齢世帯が貧困になりやすい。

5　「第一次貧困」を単なる肉体的能率の維持に最低限必要な収入が獲得できない水準、「第二次貧困」をその収入が肉体的能率を維持するだけで精一杯である水準とした上で、ヨーク市の世帯の3割がいずれかに含まれるとした。

（3）インナーシティ問題

インナーシティ問題とは、旧市街からの人口流出、公共施設の老朽化・機能不全、コミュニティの崩壊、人種・エスニック問題、高齢化など、**都市中心部の社会的荒廃**に関する問題である。

都市化の進展により都心に人口が集中して生活環境が悪化することで、都心からの人口流出が深刻になった。

（4）ジェントリフィケーション

ジェントリフィケーション（紳士化）とは、**大都市中心市街地の再開発に伴う高級化**のことを指す。その結果として、都市内における開発が不均衡になり、経済的格差が拡大する。

当初、**都心は生活環境が悪いこともあって貧困層が居住する地域**となっており、**中高所得層は郊外に住んでいた**（＝インナーシティ問題）。しかし、近年は生活環境改善と再開発により、**都心に居住する層が「高級化」**する現象が見られている。

❷ シカゴ学派などの都市研究

2.1 背 景 ★★☆

アメリカ内陸部の都市**シカゴ**は、ヨーロッパ系移民などを吸収して19世紀終わりから20世紀にかけて**人口が急増**し、工業生産が急拡大した。このような社会的背景の下で、19世紀末には**シカゴ大学に世界初の社会学部が創設**され、社会学における「**シカゴ学派**」という一大勢力が築かれた。

シカゴ学派の基礎を築いた**R.パーク**（1864 〜 1944）は都市を「**社会的実験室**」と捉えた。パークはヨーロッパ留学中に**G.ジンメル**に師事し、アメリカに戻ってからはシカゴ大学の都市社会学の中心的な人物となった。そのため、シカゴ学派の都市社会学には、ジンメルの影響が強く表れている。

シカゴには、都市の光の側面と影の側面が凝縮されて表れており、シカゴ学派では**社会解体**に関する研究が盛んとなった。

Power UP G.ジンメルの都市社会学

G.ジンメルは社会を、個人間の相互作用の過程としてとらえ、都市生活者の存在状況についての微細な分析を行った。都市では、生活の中で大量の人と顔を合わせることになる。しかし刺激が多い都市ではすべてに対応できないため、無関心が要請される。

またジンメルは、都市生活者は農村生活者と違って、精神的に希薄な人間関係を基盤としており、相対的に独立して生活していることを指摘した。

2.2 人間生態学　★★☆

（1）概　要

　人間生態学とは、一定の環境内で行われる人間同士の競争・相互依存関係のメカニズムを研究する学問である。

　例えば、植物生態学では「植生」（どんな場所にどんな植物が生えているか）を分析する。同じ山の斜面の上でも標高によって生えている植物は違う。環境条件に合わせて棲み分けているのである。また動物同士でも、熊・鹿・猿など、お互いが競争・共存して棲み分けている。

　これは人間社会でも同じことで、当時のシカゴ社会では、母国の異なるさまざまな移民集団が競争・共存関係を続けていた。さらにその関係は固定したものではなく、解体・再編が続いていた。この関係性に注目したのが人間生態学である。

（2）コミュニティとソサエティ

　R.パークは人間生態学の立場から、以下の二分法を論じた。

コミュニティ（community）	無意識的な競争の結果として形成される共生の秩序のこと。コミュニティといって普通に思い浮かべるのは人間の共同体だが、この言葉は人間社会の専売特許ではない。植物生態学では「群落」、動物生態学では「生物群集」と訳され、いずれも植物や動物が形成する共生的秩序を指す言葉である。人間生態学でもコミュニティは人間社会特有のものとはしていない。
ソサエティ（society）	コミュニケーションと合意によって意識的に作り出される道徳的秩序である。こちらは人間社会独自のもの。

2.3 都市構造論　★★★

　都市構造論では、人間生態学に基づき都市の自然的かつ社会的な秩序に注目した。

　さまざまな社会現象を地図上に記録していくと、あるパターンが見えてくる。何人かの学者がこのパターンに名前をつけた。有名なのは次の三つである。

（1）同心円地帯モデル

① 概　要

　シカゴ学派のE.W.バージェス（1886 ～ 1966）は、人間生態学の方法論に基づいて、20世紀初頭のシカゴを観察して社会地図を作製することで、都市が成長していく過程に一定の法則性を見出し、同心円地帯モデルを提唱した。

② 同心円地帯モデル

(ア) 中心業務地区 (CBD：Central Business District)

中心業務地区は、経済・文化・政治活動が集中する地域である。

大都市の中心には官公庁、企業の本社、デパート、大書店などが建ち並ぶ。地価が高いために基本的には人は住んでいない。

(イ) 遷移地帯 (推移地帯、Zone in Transition)

遷移地帯は、都市に流入してきた移民が最初に居住する地域であり、バージェスによれば「どん底社会」である。

人々は工場や商店の空き地などを占拠して、盛り場やスラム街が形成される。そして、ビジネス街の真ん中ではなく少し離れたところに職住近接の飲食店街ができる。

(ウ) 労働者住宅地帯 (Zone of Workingmen's Home)

労働者住宅地帯は、通勤に便利な低質住宅地であり、移民2世が居住する。

移民してすぐの頃はお金もなく、どんな形であれ住めればよかったのだが、世代が移りその子どもたちが主役になる時代になると、それなりにお金も貯まってきて、もっとましな場所に住みたくなってくる。そこで遷移地帯から労働者住宅地帯へ住居を移すことになる。

(エ) 中流階級居住地帯 (住宅地帯、Residential Zone)

中流階級居住地帯は、広い土地や豊かな緑がある環境良好な住宅地であり、高級マンションや一戸建てが並ぶ。

「中流」の割に高級だと思うかもしれないが、欧米の伝統では「上流」は貴族などの生まれつきの身分を持つ人に与えられる称号であり、政治家・医者・弁護士・会社役員などは上層中間階級(upper middle class)と呼ばれる。「中流」は上下の幅が広い概念であり、かなりのほめ言葉として使われることもある。

(オ) 通勤者地帯 (Commuters Zone)

通勤者地帯は、中心業務地区から30〜60分の範囲内に位置し、田園風景が広がりバンガロー[6]が建ち並ぶ。

---

6 「バンガロー」は、日本では簡素な山小屋を指すが、本来はベランダ付の木造平屋家屋を意味する。

③ 特　徴

　バージェスはこうした**拡大・分化の過程**を、与えられた環境に適応しようとする個人や集団の間で生じる**競争と淘汰**の結果として捉えた。また、こうした**都市の人間生態学的構造は不変であるわけではなく、解体と再編を通じて新陳代謝を繰り返す**と主張した。

（2）扇形モデル

　バージェスの同心円地帯理論では、都市の成長に伴って、都市空間は中心から外側に均等に拡大していくと捉えられていた。

　しかし不動産コンサルタント会社も経営していたアメリカの経済学者H.ホイト（1896 〜 1984）は、シカゴだけでなく多数のアメリカ都市について住宅地区の分布を検討した。そして、都市における最高家賃の高級住宅地区は、空間的には同心円というよりも、**鉄道路線や幹線道路などの特定の軸に沿って一定の方向に扇形（セクター状）に展開する**という**扇形モデル**（セクター理論）を提唱した。

　最高家賃の高級住宅地区から、あらゆる方向に向かって家賃が低下する勾配現象が存在する。中間家賃の住宅地区は、高級住宅地に接し、高級住宅地と同じ方向に扇形に広がる。低家賃の住宅地区は、高級住宅地と反対方向に扇形に広がる。

（3）多核心モデル

　バージェスおよびホイトの都市構造論は、各地区の分布状況に関する見解はそれぞれ異なるものの、**都市の核心は中心業務地区の一つだけと捉える点は共通していた**。

　それに対して、アメリカの地理学者C.ハリス(1914〜2003)とE.ウルマン(1912〜76)は、都市の核心は中心業務地区の一つだけではなく**複数発達**し、それぞれの核心の周りに特有の機能を担う地域が形成されるという**多核心モデル**を提唱した。

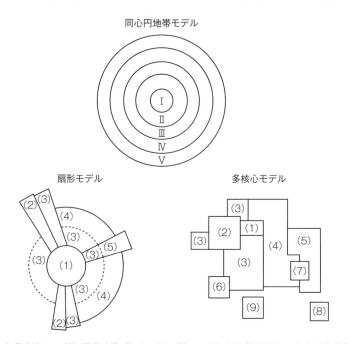

同心円地帯モデル

扇形モデル

多核心モデル

（1）中心業務地区、（2）遷移地帯（卸売・軽工業）、（3）低級住宅地区、（4）中級住宅地区、（5）高級住宅地区、（6）重工業地区、（7）副都心、（8）郊外住宅地区、（9）近郊工業地区

2.4 生活様式論　　　　　　　　　　　　　★★★

都市研究には、地理的な都市構造論ではなく、人の意識や生活に焦点を当てた生活様式論もある。

(1) ワースのアーバニズム論
① 概　要

L.ワース(1897 ～ 1952)は、**都市で見出される特有の生活様式をアーバニズム**と呼び、これを人間生態学だけではなく、**社会組織および社会心理学**の観点からも把握することで、都市社会学の体系的な理論枠組みの構築を目指した。

② 都市の定義

ワースは**都市**を、「**社会的に異質な人々の**、当該時代の当該社会のなかでは相対的に**人口量の多い**、**人口密度の高い永続的な集落**(permanent settlement)」と定義した。

③ アーバニズム論の特徴

農村部と相対的に区別される都市部では、人口集合体の大きさ・人口密度の高さ・住民の高い異質性によって都市特有の生活様式が形成される。

ワースは、アーバニズムの**人間生態学的な特徴**として土地利用形態の分化・棲み分け、**社会組織面の特徴**として家族・親族など伝統的な社会集団の絆の弱体化、**社会心理学的な特徴**として無関心・孤独・不安などを挙げた。

全体として、**第一次的関係**(親族・地域集団といった第一次集団の対面的関係)が衰退し、**第二次的関係**(非人格的・皮相的・一時的・間接的な関係)[7]が増加、それによりアノミー(犯罪・精神疾患・自殺など)が増加するという見方をとる。

このように、アーバニズム論では都市的なものの特徴を強調するが、これは都市化という社会変動が農村に浸透し、前近代的な生活様式がダイナミックに変容する過程を明らかにしようとする理論といえる。

7　「非人格的」の典型は、コンビニやファストフード店の店員の態度。誰に対しても同じように接するということは、客それぞれの人格に配慮していないということである。

（2）アーバニズムの下位文化論

　C.S.フィッシャー（1948 〜　　）は、都市化により地域集団のネットワークが解体していくと捉えるワースのアーバニズム論を批判し、**都市の創造性を強調するアーバニズムの下位文化論**を提唱した。

　フィッシャーによれば、都市度が高い地域であるほど日常的に接触可能な人口量が多くなるため、社会的ネットワークの選択範囲が広くなり、ネットワークの分化が促進され、**新たなネットワークが生み出されていく**。

　都市には人口が集中していることから、愛好家が少ないマニアックな文化（＝下位文化）に傾倒している者であっても同好の士を見つけやすいため（＝同類結合が容易になるため）、**非通念的（型破り）な下位文化（unconventional subcultures）が生み出されやすい**という特徴がある。

2.5 都市と農村の関係 ★★★

（1）都市=農村二分法

　1920 〜 30年代のアメリカ都市社会学では、都市と農村を二つの対立的な地域社会として類型化する**都市=農村二分法**が主流だった。

　その代表格である**P.ソローキン**（1889 〜 1968）と**C.ジンマーマン**（1897 〜 1983）は、職業、環境、地域の大きさ、人口密度、人口の異質性と同質性、社会的分化と社会の階層化、成員の移動性、相互作用のパターンの八つの指標を用いて**農村と都市とを対比**させた。

（2）都市=農村連続法

　ワースのアーバニズムは、都市化という社会変動が農村に浸透し前近代的な生活様式がダイナミックに変容する過程を明らかにしようとする概念とされ、**都市と農村の特徴を連続的に捉える都市=農村連続法への道を開いた**。

　ワースの影響を受けた**R.レッドフィールド**（1897 〜 1958）は、メキシコのユカタン半島などで人類学的調査を行い、**都市=農村連続法を検証**した。

❸ 新都市社会学

新都市社会学とは、広義にはシカゴ学派以降の都市社会学の総称である。

3.1 カステル ★☆☆

スペイン出身で、フランスやアメリカなどで活動したマルクス主義的都市社会学者M.カステル(1942〜　)は、シカゴ学派などの都市社会学が都市的生活様式を都市固有の要因で説明しようとしていたことを批判し、それは資本主義社会全体の一般的産物だとした。

また、現代都市社会の集合的消費手段(生活基盤:電車・バス、水道・電気・ガス、住宅、医療福祉など)が、市場や国家の介入によって一元的に管理・支配されるメカニズムを分析し、急激な都市化が進むことで集合的消費が都市生活の中心となり、公共財の拡充を求める都市社会運動も多発するとした。

3.2 グローバル・シティ ★☆☆

アルゼンチンの社会学者S.サッセン(1949〜　)は、ニューヨーク、ロンドン、東京などのグローバル・シティ(世界都市)において、法務や金融、コンサルタントなどの高賃金の専門技術職と並び、ビル清掃や警備などの大量の低賃金職種が先進国の大都市で生み出されており、これはグローバル化による国際的な分極化のメカニズムと国際移動の結果であるとした。

旧来型の国民国家の産業の基礎にある第二次産業(製造業など)は、どこで作られるか(場所)が重要である。それに対して、グローバル・シティで特に成長している第三次産業(サービス業、情報産業)は場所に囚われないため、国境を越えて発展する。そのため、これからは「国民国家」という視角よりも、「グローバル・シティ」という視角の方が分析枠組みとして有用だとする。

④ 日本の都市・農村社会学

4.1 鈴木榮太郎　　　　★☆☆

　日本の社会学者鈴木榮太郎(1894 〜 1966)は、日本の農村と都市を主な研究対象とした。

(1) 農村社会学

　鈴木は、農村の実証研究を実施する中で、行政区分上の村(＝**行政村**)に対置される**自然村**という概念を提起した。

行政村	制度上の村＝行政区分 明治の町村合併で、村の範囲は自然村より広くなった
自然村	意識上・慣例上のムラ 村の精神(生活の営みの行動原理)に支えられている

(2) 都市社会学

　鈴木によれば、**社会的交流の結節となる機関**(＝**結節機関**)で物や技術や知識が交流・交換される。結節機関は、前近代から存在する商品流布、国民治安、国民統治、技術的文化流布、国民信仰の5種と、近代以降の交通、通信、教育、娯楽の4種がある(官公庁、商店、工場、神社・寺院、警察、駅、郵便局、学校、映画館など)。

　また、**都市と農村は結節機関の量の違いで区別され**、地域の都市性は、農村市街地・田舎町・地方都市・小都市・中都市・大都市・首都と類型化される。

4.2 有賀喜左衛門　　　　★☆☆

　日本の社会学者**有賀喜左衛門**(1897 〜 1979)は、日本社会の本質は「**家連合**」にあると考えた。家連合とは、イエ(家族)を単位とする相互補完的なネットワークである。この場合のイエは、**家族というだけでなく、生業や資産も含めた複合的な概念**であり、有賀は、家の連合の仕方には二つのパターンがあると考えた。

同族型	本家-分家の厳しい身分的上下関係(**縦の結合関係**)
講組型	宗教(伊勢講)、経済(無尽講)、社交など、目的別に構成された**横の結合関係**

4.3 福武直 ★★★

農村社会学者の福武直(1917 ~ 89)は、**東日本に同族型が多く、西日本には講組型が多い**と指摘した(生産力の格差)。

同族結合は本家・分家関係を軸とした比較的強固な階層的秩序を形成する。こうした結合は、生産力が低い段階において厳しい自然に対峙するのに適したもので、東北地方に多く見られる。

講組結合は、「講」(伊勢神宮参拝の旅費積み立てなどを目的とした「伊勢講」など)や「組」(年齢集団である「若者組」など)というように、さまざまな機能に応じて結成されている。同族型のようなピラミッド状の組織ではない。こうした形態は、生産力が高く機能集団が分化する条件があった西日本に多く見られる。

日本の農村では、封建末期までは同族型村落が一般的だったが、明治以降の地主の寄生化や地方行政機構の整備、国民教育の普及などの影響により、同族結合が解体し講組結合がより優位になっていった。ただしこれは西南の先進地域に顕著な傾向であり、東北日本では過小農経営と地主・小作関係とに規定されて、同族型がより残存した。

4.4 町内会 ★★★

町内会とは、大正期から都市で組織され始める**全戸加入が原則の地域集団**であり、**相互扶助**(防火・葬祭・警備など)や**行政補完**(回覧板など)の機能を持つ。

戦後の1947年に**GHQにより廃止**されたが、**占領終了後に復活した**。ただし、あくまで町内会はインフォーマルな組織であって、**行政組織ではない**。

01 インナーシティ問題とは、大都市の中心市街地における再開発事業により、人口の都心回帰など都市の再活性がもたらされる一方で、地価の高騰や周辺地域との経済格差の拡大など負の側面を併せもつことを指す。国家一般職2008 1.2

✕ インナーシティ問題とは、旧市街からの人口流出、公共施設の老朽化・機能不全、コミュニティの崩壊、人種・エスニック問題、高齢化など、都市中心部の社会的荒廃に関する問題である。つまり、中心市街地の再開発事業・都心回帰以前の段階の議論といえる。

02 ジェントリフィケーションとは、都市全体の公衆衛生の向上と景観の美化を推進することで、都市内における開発の不均衡を是正し、経済的格差を縮小させる戦略のことである。国家一般職2011 1.2

✕ ジェントリフィケーションとは、大都市中心市街地の再開発に伴う高級化のことであり、その結果として都市内における開発が不均衡になり、経済的格差が拡大する。

03 G.ジンメルは、社会を人々の間の相互作用の過程としてとらえた上で、都市生活者は農村生活者同様、精神的に密着した人間関係を基盤とし、そこで作り上げられた固有の道徳的秩序を元に、相互に依存して生活していることを指摘した。国家専門職2007 2.1

✕ G.ジンメルは、都市生活者は農村生活者と違って、精神的に希薄な人間関係を基盤としており、相対的に独立して生活していることを指摘した。

04 都市に関する社会学的研究を本格的に始めたのは、いわゆるシカゴ学派の社会学者たちである。彼らはジンメルの理論的立場を継承しながら、都市を巡る実証的研究を展開した。その中心的人物であるR.E.パークは、都市化とともに犯罪・失業・貧困などの社会病理現象が減少することを解明した。国家一般職2000 2.1

✕ R.パークは、都市化とともに社会病理現象が増加することを解明した。

05 E.W.バージェスは、都市では従来抑えられてきた人間の性質が開花するとして、都市における歓楽街や暗黒街など、周囲とは異なる道徳が支配する地域を「道徳地域」として注目し、都市は人間的性質の「社会的実験室」であると説いた。国家一般職2006 2.1

✕ 都市を「社会的実験室」と見立てて研究したのは、R.パークである。

06 R.パークは、彼の人間生態学において、都市における競争的相互依存関係をソサエティとし、コミュニケーションと合意に基づく道徳的秩序をコミュニティと

した。国家一般職2005 [2.2]

✕ 「ソサエティ」と「コミュニティ」が逆である。

[07] E.W.バージェスは、都市に移動し定住するようになった人々の居住地を、経済的階層ごとに同心円状に区分する同心円地帯理論を提示し、都市の中心部には高所得者層が住居を構え、最も外側には移民を中心とした貧困層がスラムを形成するとした。国家専門職2018 [2.3]

✕ E.W.バージェスの同心円地帯理論では、都市の中心部は「中心業務地区」で官公庁やオフィスビルが建ち並び、ほとんど住居はないとされている。そして、中心部のすぐ外側には「遷移地帯」が形成されて移民を中心とした貧困層がスラムを形成し、その外側は「労働者住宅地帯」で通勤に便利な低質住宅地、その外側が「中流階級居住地帯」で広い土地や豊かな緑がある環境良好な住宅地、最も外側に裕福な層が住む「通勤者地帯」が形成されるとした。

[08] H.ホイトは、家賃を指標に都市居住地域の分布状況を調査した結果、低・中・高の各家賃グループは扇形状に展開している事実を明らかにし、その要因は鉄道路線の影響によるものであるとする扇形理論を唱えた。この理論は、後の同心円地帯理論の原型となった。国家専門職2002 [2.3]

✕ 同心円地帯理論が原型となり、それを批判して扇形理論が唱えられた。

[09] ワースは、都市について、社会的に同質な諸個人の、相対的に大きい、密度のある、永続的な集落と定義し、都市に特徴的な集団生活の様式をアーバニズムと呼んだ。特別区Ⅰ類2022 [2.4]

✕ 「同質な」が誤り。これを「異質な」に改めるとL.ワースによる都市の定義を正しく説明した文になる。

[10] C.S.フィッシャーは、都市を人口の集中という点から定義し、都市度が高い地域であるほど、人々の個人主義的傾向が強まり他者との接触頻度が減少するため、同じ趣味や嗜好の者どうしによるネットワークの形成が困難になり、多様な下位文化は生まれにくくなると考えた。国家専門職2018 [2.4]

✕ C.S.フィッシャーは、都市度が高い地域であるほど日常的に接触可能な人口量が多くなるため、社会的ネットワークの選択範囲が広くなり、ネットワークの分化が促進されるとした。また、都市は人口の絶対量が多いことから、マイナーな趣味や嗜好を持つ者でもある程度の人数になり下位文化を支える団体等も成立しやすくなるため、都市では多様な下位文化が生まれやすいとした。

[11] ソローキンとジンマーマンは、地域社会を都市と農村という2つの類型に分

けて考察する都市・農村二分法を批判し、都市と農村は連続しているという認識にたって、都市・農村連続法を提唱した。**東京都Ⅰ類2003** ⟨2.5⟩

✕ P.ソローキンとC.ジンマーマンは、都市＝農村二分法を提唱した人物である。

⎾12⏋ S.サッセンによれば、急激な都市化が進むことにより、個人的消費に対して、政府や自治体が提供する公共財(公園、上下水道、公営住宅、病院、学校などの生活基盤)の集合的消費が都市生活の中心となり、公共財の拡充を求める都市社会運動も多発するとした。**国家一般職2019** ⟨3.1⟩ ⟨3.2⟩

✕ これは、M.カステルに関する記述である。

⎾13⏋ M.カステルは、グローバル化の観点から都市の比較研究を行い、世界規模で展開する企業の中枢管理部門やそれらを対象とする法律・会計、情報、清掃・管理などの各種サービス業が集積する都市を世界都市と名付け、東京をその一つとした。**国家一般職2019** ⟨3.1⟩ ⟨3.2⟩

✕ これは、S.サッセンに関する記述である。

⎾14⏋ 柳田国男は、『日本農村社会学原理』において、行政区画として設定された行政村とは異なる自然発生的な村落を自然村と呼んだ。彼は、自然村は集団や社会関係の累積体であり、法よりも「村の精神」に支配されるため、社会的統一性や自律性を欠く傾向があるとした。**国家一般職2018** ⟨4.1⟩

✕ 『日本農村社会学原理』において、行政村と自然村を対置して論じたのは、鈴木榮太郎である。また彼は、自然村では、構成員の生活に根ざした規範的行動原理である「村の精神」が共有されていることから、社会的統一性・自律性を持っていると主張した。

⎾15⏋ 福武直は、「家」によって構成される村落において、本家である地主と分家である小作が水平的に結び付いた村落を同族型村落と呼び、村組や講に基づいて家が垂直的に結び付いた村落を講組型村落と呼んだ。彼は、前者は西南日本に多く、後者は東北日本に多く見られるとした。**国家一般職2018** ⟨4.3⟩

✕ 福武直は、本家である地主と分家である小作が「垂直的」に結びついた村落を同族型村落と呼び、村組や講に基づいて家が「水平的」に結びついた村落を講組型村落と呼んだ。彼は、前者は「東北」日本に多く後者は「西南」日本に多く見られるとした。

問題1　大衆社会論に関する記述として、妥当なのはどれか。

特別区Ⅰ類2015

❶　ル・ボンは、「世論と群衆」を著し、ジャーナリズムやマスコミが提供する情報に基づいて利害や関心を共有する人々を公衆と名付け、冷静に行動することのできる理性的な存在とみて、近代民主主義を支えるものとして肯定的かつ積極的に評価した。

❷　タルドは、「群衆心理」を著し、群衆は何かの事件をきっかけにして街頭に集合する大量の人間を意味し、その場の雰囲気によって簡単に扇動される非合理的な情動すなわち群衆心理の支配する存在として批判的な見方をした。

❸　マンハイムは、「孤独な群衆」を著し、人間の社会的性格を伝統指向型、内部指向型及び他人指向型の３類型に分類し、現代の大衆社会においては、仲間や世論という他者に承認を求め同調する他人指向型が支配的であると指摘した。

❹　コーンハウザーは、「大衆社会の政治」を著し、大衆のエリートへの接近可能性の高低と、エリートによる大衆操作の可能性の高低という２つの要因を抽出し、その高低の組合せにより、共同体的社会、多元的社会、大衆社会、全体主義的社会の４つの社会類型に分類した。

❺　リースマンは、「変革期における人間と社会」を著し、現代社会には産業社会と大衆社会の二側面があり、産業社会として精密化された現代社会の機構は、大衆社会に集積している非合理的衝動の暴発によって、全面的な破壊に陥る危機に直面しているとした。

❶ ✕ これは、G.タルドに関する記述である。彼は、同一の場所に集まり空間的に近接する「群衆」と、バラバラの場にいながらもマス・メディアを通じてまとまりを持つ「公衆」を区別した上で、公衆を理性的な存在として肯定的に評価した。

❷ ✕ これは、G.ル・ボンに関する記述である。彼は、19世紀のヨーロッパで急速に都市に人口が集中したことにより目立つようになった「群衆」について、否定的に評価した。

❸ ✕ これは、D.リースマンに関する記述である。彼によれば、「伝統指向型」は前近代社会、「内部指向型」は近代社会、「他人指向型」は現代社会で基調となる社会的性格である。

❹ ◯ 「共同体的社会」は接近可能性と操作可能性がいずれも低い社会、「多元的社会」は接近可能性は高いが操作可能性が低い社会、「大衆社会」は接近可能性と操作可能性がいずれも高い社会、「全体主義的社会」は接近可能性は低いが操作可能性は高い社会として類型化されている。

❺ ✕ これは、K.マンハイムに関する記述である。「大衆社会」という言葉を最初に使ったのはマンハイムだとされる。

都市の社会学に関する次の記述のうち、妥当なのはどれか。

国家専門職2015

❶ R.E.パークは、変動期にある大都市ニューヨークを社会的実験室として、他の都市から人々が流入することを制限し、都市問題や地域問題が発生するか否かを観察するなど、都市社会学の先駆的実践を行った。

❷ E.W.バージェスは、都市は中心業務地区から放射状に発展し、いくつかの地帯に分けられ、都市の成長と共にそれぞれの地帯が外の地帯に侵入・遷移していくという同心円地帯理論を示した。

❸ C.D.ハリスとE.L.ウルマンは、米国の都市における商業地域の分布状況について調査し、商業地域は水路を中心とした交通網に沿って、扇状に広がっていくことを明らかにし、扇形理論を提唱した。

❹ H.ホイトは、多くの都市は、単一の核を中心として作られていくのではなく、いくつかの核を中心として作られていき、都市の規模が一定を超えると、いくつかある核は次第に集約されていくという多核心理論を提唱した。

❺ L.ワースは、大都市における高所得者層が居住する地域に特有の生活様式をアーバニズムと名付け、その特徴として、居住している住民の同質性や連帯感の強さ、人口密度の低さなどを挙げた。

❶ ✕　R.パークは、20世紀前半のシカゴを念頭に置いて「社会的実験室としての都市」と呼んだ。また、「他の都市から人々が流入することを制限」などしていない。そうではなく、大都市が成立していくありのままの過程そのものが、いわば「社会的実験」ということである。

❷ ◯　「放射状」という表現がやや微妙だが、他の選択肢が明らかに間違いなので、これが正解肢となる。

❸ ✕　扇形理論を提唱したのは、H.ホイトである。また、扇形理論は商業地域だけでなく工業地域や住宅地区等の分布状況も対象にするものであり、鉄道路線や道路を中心とした交通網に沿って、扇状に広がっていくことを明らかにした。

❹ ✕　多核心理論を提唱したのは、C.ハリスとE.ウルマンである。また、都市の規模が拡大すると、核の数・種類は増えていくとしている。

❺ ✕　L.ワースのいうアーバニズムは、大都市にも高所得者層にも限定されることはなく、都市一般に見られるものである。また、アーバニズムが生じる要因として、人口規模、人口密度、異質性の増大を挙げている。そして、アーバニズムの特徴として、❶棲み分け、土地利用形態の分化、職場と住居の分離、❷家族・親族など伝統的な社会集団の絆の弱体化、❸無関心・孤独・不安、などを挙げた。

第 7 章

家族論とジェンダー論

　第7章では、家族論とジェンダー論について学習します。このうち第1節では、家族論を扱います。家族制度は日常生活の中にごく自然に溶け込んでいますが、当たり前のように見える家族のあり方は、実際は歴史的に形成されたものです。第2節では、ジェンダー論とフェミニズム運動を扱います。これも日常生活の中にごく自然に溶け込んだ「常識」を問い直す議論となります。

家族論

第1節では、家族論について学習します。公務員試験では頻出分野であり、出題パターンも決まっています。人名やキーワードがたくさん登場しますが、いったん覚えてしまえば得点源になりますので、繰り返し読んで理解するようにしましょう。

> **キーワード**

> 核家族／拡大家族／複婚家族／核家族普遍説／修正拡大家族／定位家族と生殖家族／4機能説／2機能説／資源説／制度家族と友愛家族／近代家族／感情革命／『〈子ども〉の誕生』

1 家族の分類

1.1 家族進化説 ★☆☆

現在の日本では、1人の男性と1人の女性が婚姻し、その子どもは基本的にこの夫婦が養育義務を負う。アメリカの文化人類学者L.モーガン(1818～81)は、このような家族形態は**文明社会**に**特殊**なもので、古代社会では全く異なった結婚・育児の形態が存在したと考えた。

彼はアメリカ先住民のイロコイ族の婚姻習慣をヒントに、**人類は最初の乱婚**(群婚・集団婚＝夫婦関係が一定せず、子どもも誰のものかわからないので、集団で育てる)の状態から15の形態(**一夫多妻制、一妻多夫制**など)を経て、最終的に一夫一

> **Power UP** 家族進化説
>
> 　家族進化説は、K.マルクスやF.エンゲルスが高く評価したことから、よく知られるようになった。
> 　エンゲルスは『家族・私有財産・国家の起原』(1884)で、身分や階級が分かれ、人間による人間の支配が始まったのは、男性が特定の女性を所有し、私有財産の相続人としての子どもを産ませるという習慣が始まったときであると述べた。
> 　エンゲルスによれば、乱婚や集団婚が行われていた時代には、私有財産はなく、すべて集団の所有物だった(このような社会を原始共産制と呼ぶ)。そして、財産の所有権に社会的承認を与える国家もなかった。家族も私有財産も国家も存在しなかった時代があるということは、今後存在しなくなる可能性もあるはずであり、来るべき共産主義社会においては、この「3点セット」がすべて消滅するとの展望を示した。

婦制へと進化したと主張している。

1.2 核家族普遍説 ★★★

（1）背　景

　モーガンは、「乱婚制」という思いつきを限られた資料を恣意的に利用することで立証しようとした。20世紀の人類学者たちは、本当に乱婚制の社会があるのか探し始めたが、完全な乱婚制・原始共産制の社会はどこにも存在しなかった。

（2）核家族

　アメリカの文化人類学者G.マードック（1897 ～ 1985）は、『社会構造』の中で、世界250の社会についての資料をもとに、複雑に見える形態の家族であってもその**基本的な単位には夫婦と未婚の子からなる核家族がある**と主張した。

（3）拡大家族と複婚家族

　マードックは、**基本単位としての核家族の組合せ**により、さらに二つの形態の家族が生じるとした。

拡大家族	既婚者の核家族がその**親たちの核家族**と結びつくことで、集団内に複数の核家族を持つ **縦に広がり結合した家族形態**
複婚家族	**一夫多妻や一妻多夫**のように、1人の男性ないし女性を中心に複数の婚姻が結びつくことで集団内に複数の核家族を持つ **横に広がり結合した家族形態**

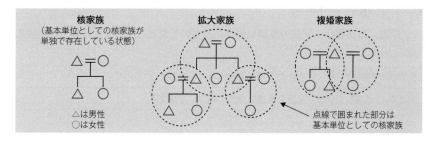

（4）核家族普遍説

　マードックは、最小の親族集団であり社会の核となる単位としての核家族は、**時代・地域を問わず、それ自体として単独に、またはより大きな複合的な家族の構成単位として常に普遍的に存在している**という核家族普遍説を提唱した。

1.3 修正拡大家族　　　　　　　　　　　　　　　　★★☆

　マードックの家族形態論は、**同居の有無**を指標にしている。T.パーソンズは、職業的・地理的移動が多い近代産業社会では、**拡大家族は機能的に不適合であるために解体し孤立的な核家族に変化してきている**と主張した。

　これに対してE.リトワク（1925 ～ 2022）は、**物理的に同居していなくても、同居に近い経済的・心理的関係を結んでいる家族も存在する**として、このような家族形態を修正拡大家族（または変形拡張家族）と呼んだ。

1.4 父権制と母権制　　　　　　　　　　　　　　　　★★★

　父権制／母権制は、家族集団の**権力**を掌握しているのが父（男性）か母（女性）かという分類である。

父権制（男権制）	家族集団の**権力**を父（男性）が掌握
母権制（女権制）	家族集団の**権力**を母（女性）が掌握

1.5 父系制と母系制　　　　　　　　　　　　　　　　★★★

　父系制／母系制は、家族の**系譜**を男性に基づいて捉えるか、女性に基づいて捉えるかの分類である。

父系制（男系制）	家族の**系譜**を男性に基づいて捉える
母系制（女系制）	家族の**系譜**を女性に基づいて捉える

家族構成による分類 ★★☆

（1）3分類

夫婦家族	夫婦もしくは夫婦と未婚の子から成る 核家族が単独で存在する形態
直系家族	男系（祖父－父－息子）ないし女系の縦（祖母－母－娘）の系譜で同居
複合家族	直系以外の子どもが結婚しても生家で同居し、ともに家業に従事する形態

（2）歴史的変遷

① 直系家族制

　直系家族制とは、男系または女系の縦の系譜で同居し、跡継ぎとなる直系の子に親の財産・地位が優先的に配分され、家族を引き継いでいく制度・慣習である。

　直系以外の子は未婚の間は同居しているが、結婚すると家を出ていく。直系家族制の下では、家族の構成員が入れ替わっても家族自体は継続していく。

② 夫婦家族制

　夫婦家族制とは、夫婦単独または夫婦と未婚の子から成る家族を基本としており、子は未婚の間は同居しているが、結婚すると家を出ていく制度・慣習である。

　親の財産は子に均等配分されることが原則となる。夫婦家族制の下では、結婚とともに家族が誕生し、夫婦の死亡によってその家族は消滅する。

③ 日本における直系家族制と夫婦家族制

　第二次世界大戦前の日本では、職住近接の農業・自営業が一般的であり、職業選択の幅は狭く、子は家業を継ぐことが多かった。また、機械化以前で人手が必要なため、一家総出で働くことが多かった。そのため、家族の継続を原則とし同居人数が多くなる直系家族制は、当時の産業構造に適合的だったといえる。また、旧民法の長男子単独相続制に代表されるような法制度も直系家族制を支えていた。

　しかし第二次世界大戦後になると、農業・自営業従事者は減少を続ける一方で、会社等に雇われて働く者が激増したために職住分離が進み、大人数で同居することの意味が薄れていった。また、産業全体に占める農業従事者の構成比も、1950年の5割弱から2020年には約3％まで激減しており、親子の職業が異なるケースが多くなった。そのため、家族の継続を原則として同居人数が多くなる直系家族制は、産業構造との適合性が弱くなっていった。また、戦後に民法が改正されて諸子

共同均分相続制になったことも、直系家族制の維持には不利に働いた。

　国民生活に関する世論調査によれば、老後は子と同居するという回答は減少傾向にあり、直系家族を維持する意識が薄らいでいることがうかがわれる。また国勢調査によれば、我が国の親族世帯に占める夫婦家族世帯の割合は戦後増加したのに対して、直系家族世帯の割合は大幅に減少しており、実態としても直系家族は減少している。

1.7 所属家族の分類 　　★★☆

　アメリカの人類学者・社会学者W.L.ウォーナー(1898〜1970)は、ライフステージによって所属する家族が異なるとして分類した。

　ただし、一つの家族が定位家族・生殖家族の両方の性質を併せ持つこともある。

定位家族(養育家族)	自分が**子として所属する**家族
生殖家族(創設家族)	自分が**配偶者とともに形成する**家族

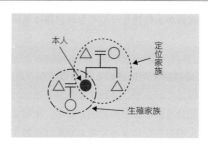

2 家族の機能・構造

2.1 家族機能喪失論 　　★☆☆

(1) 概　要

　家族機能とは、家族が社会の維持に対して、あるいは家族成員個々の欲求充足に対してなす貢献のことである。

　家族機能の変化については、かつての家族集団(大家族・イエ)は包括的な機能を持っていたが、近代化に伴ってその多くを家族外部の機関が代わりに担うようになり、家族機能は喪失してきているという**家族機能喪失論**がある。

（2）7機能から1機能へ

　W.F.オグバーンによれば、近代工業が発展する以前の家族には、❶経済機能、❷教育機能、❸保護機能、❹地位付与機能、❺宗教機能、❻娯楽機能、❼愛情機能、の7機能があった。しかし近代化・工業化の進展に伴い、愛情機能以外の6機能は家族の中で衰退するか、社会の中の専門機関や制度に吸収されつつあり、唯一愛情機能だけが家族内に残ると指摘した。

　なお、後述するE.W.バージェスも、近代的な「友愛家族」は専門的制度や機関に代替されない愛情の機能を果たすと述べている。

2.2 4機能説　　　　　　　　　　★★★

（1）概　要

　G.マードックは、一組の夫婦と未婚の子どもからなる集団である**核家族**は、夫婦間の性的欲求の充足・規制を担う**性機能**、共住共食および性に基づく分業としての**経済機能**、子どもを産む**生殖機能**、その子どもを世話して一次的社会化をする**教育機能**の四つを果たしているとした。

（2）核家族の機能

　4機能のうち、性機能と生殖機能がなければ社会が消滅するし、経済機能がなければ生命そのものが維持できず、教育機能がなければ文化が終わりを告げる。

　このように、最小の親族集団であり社会の核となる単位としての**核家族は人間の社会生活にとって必要不可欠な4機能を果たしている**ため、時代と地域を越えて、それ自体として単独に、またはより大きな複合的な家族の構成単位として常に普遍的に存在しているという**核家族普遍説**をマードックは提唱した。

2.3 2機能説　　　　　　　　　　★★★

（1）概　要

　T.パーソンズは、マードックの核家族概念を前提にしつつ、近代社会ではもはや経済機能と生殖機能も家族固有の機能とはいえなくなったと主張し、家族の本来の機能として、子どもたちを社会の一人前の成員にしていく「**子どもの一次的社会化**」と「**成人のパーソナリティの安定化**」の二つを挙げた。

（2）家族機能専門化論と家族機能喪失論

パーソンズのこの議論は、近代家族は派生的機能を外部機関に移譲しつつ家族固有の機能に専門化していったと捉える**家族機能専門化論**と呼ばれる。

オグバーンらの家族機能喪失論は家族機能の変化を消極的に論じるのに対して、家族機能専門化論は「むしろ本来の機能が明確になったのだ」と積極的に論じるという違いはあるものの、いずれも愛情機能・精神安定機能を強調しているという点が特徴である。

2.4 家族の基本構造 ★★☆

T.パーソンズは、職業に従事し家族を社会につなぐ**手段的役割**（道具的役割）を夫・父親が担い、家事に従事し家族集団内部の調整を図る**表出的役割**（感情的役割）を妻・母親が担うという図式を提示した[1]。

ただしこれは、**核家族を理想型として男女のそれぞれに生得的に与えられた特性を前提にした典型的な性別役割分業モデル**であり、後に厳しく批判されることになる。

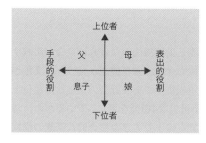

1　「手段的」とは、外部から資源や情報を導入して集団を環境に適応させる機能、「表出的」とは、集団内部の調整をはかり緊張を緩和する機能である。

2.5 家族内の権威構造の規定要因 ★★☆

多くの家族では、父親が家長として権威を有している。このような権威が生じている理由について、いくつかの研究がある。

（1）規範説

規範説では、伝統的に家父長の権威が規範化されているため、父親は権威を有すると捉える。

（2）資源説

資源説は、一般的に父親の方が資源（お金など）を有しているため、父親は権威を有すると捉える見方で、R.ブラッドとD.ウルフが提唱した。

規範説では家族ごとに父母の権威に差がある理由を説明しづらいが、資源説を用いれば説明しやすい。

なお、ブラッドとウルフが調査したデトロイトでは、夫優位型25％、妻優位型４％、一致型31％、自律型40％と、かなり平等だった。

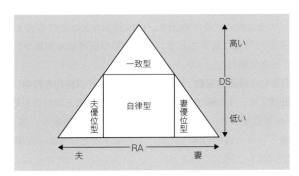

RA（Relative Authority＝夫婦間の相対的権威）
DS（Degree of Shared authority＝共有する権威の程度）
「夫が決定／妻が決定／同等に」のバランスによる。

第**7**章

家族論とジェンダー論

❸ 家族の歴史的変化

3.1 制度から友愛へ　　　　　　　　　　　　★★☆

　E.W.バージェスとH.ロックは、産業革命以降の家族の変容について、それ以前の家族と対比しつつ、一つの社会的制度として法律・習慣・道徳によって守られていた**制度家族**から私的な合意・理解・愛情関係によってのみ結合する**友愛家族**への変化として捉えている。

制度家族	慣習や儀礼などの形式的な制度によって維持され個人の自由意志が抑圧されている**前近代的・封建的な家族**（本家・分家関係、家柄）
友愛家族	平等な個人の愛情や信頼などの人格的関係に基づく**近代的・民主的な家族**

3.2 家族形態の変化の要因　　　　　　　　　★☆☆

　アメリカの家族社会学者W.グード（1917 〜 2003）は、中国、日本、アフリカのサハラ南部、イスラム圏のアラブの国々、西欧諸国などにおける過去半世紀にわたる家族類型の変化を丹念に追うことで、**家族形態が伝統的な家族から夫婦家族へと移行している**ことを指摘した。

　彼は、**産業化という経済的変数・技術的変数のみで核家族化を説明していた**それまでの家族論を批判して、**夫婦家族イデオロギー**（民主主義と両性の平等）も核家族化に強く作用したと指摘した。そして、「変化の要因は、民族や、環境、テクノロジー、産業主義といった包括的因子にすべて由来するというような**単純な一元論は退けなければならない**」と述べている。

3.3 近代家族論　　　　　　　　　　　　　　★★☆

（1）概　要

　近代家族とは、子どもを中心として、**親密性・情緒性**という家族感情に支えられた**友愛家族かつ核家族**であり、その他にも、❶**公共／家内領域の分離**、❷男は公共領域、女は家内領域という**性別分業**、❸社交の衰退とプライバシーの成立、❹非親族の排除等の特徴を持つ。

（2）歴史的変化

① 前近代社会

　前近代社会では、家父長的な権威を基礎とする拡大家族である**家父長家族**が主流だった。家父長家族は、家族内の権力は父に集中し、先祖から子孫へと続く「家」の継承を第一の価値理念としていた。また、当時は職住近接の農業・自営業が一般的であったために男女ともに家業に従事して地域社会との交流が盛んであり、公共領域と家内領域の境界は曖昧だった。

② 近代社会

　近代化に伴って民主主義や個人主義の価値理念が浸透することで家族成員の上下関係は弱まり、「家」の継承よりも夫婦間の愛情に重点が置かれるようになった。

　また、農業・自営業従事者が減少を続ける一方で雇用労働者が増加したために職住分離が進み、地域社会と交流しなくても生活できるようになっていく。そして、男性だけが家の外で賃労働に従事し、女性は家の中で家事労働をするようになり、公共領域と家内領域の境界が明確化していった。

　第二次世界大戦後の日本でも、民主主義や個人主義の価値理念が次第に浸透していった。また、農業・自営業に従事する女性が減少する一方、高度経済成長等で雇用者所得が上昇することにより男性の所得だけで一家を支えることが可能になり、専業主婦が増加していった。こうして、**1970年代には近代家族が一般的**となった。

③ 現代の社会

　1980年代に入ると専業主婦世帯が減少する一方で雇用者の共働き世帯が増加して1990年代半ばには後者の方が上回り、「男は公共領域、女は家内領域」という構図が典型例とはいえなくなった。

　また、2000年代に入ると児童虐待防止法等が制定され、家族内の私的な問題についても積極的に法的手段で対応するようになり、以前よりも公共／家内領域の分離は弱まっていく。

　さらに、核家族世帯の中でも「夫婦と子」世帯の割合は小さくなる一方で、「ひとり親と子」世帯と「夫婦のみ」世帯の割合は大きくなっており、家族の形態として、**近代家族は典型的とはいえなくなっている**。

（3）感情革命

E.ショーター(1941～　)は、資本主義や個人主義の影響を受けて18世紀の西欧で生じた「感情革命」(男女間の愛情、母子関係における母性愛、共同体からの私的領域の分離による家庭愛の三つから成る)が近代家族の成立に影響したと主張した。

3.4 〈子ども〉の誕生　　　　　　★★★

（1）歴史的背景

親が愛情を注ぎながら長期にわたって子育てをするという形態も歴史が浅い。

中世～近世においては、子どもたちはごく幼い段階を経過すると、親元を離れて徒弟奉公に出ていた。そこでは子どもとしての特別扱いはしてもらえず、ただ「半人前」として低い身分と過酷な待遇に耐えることが求められた。

また、産業革命の初期の段階ではむしろ女性や子どもが工場労働の主たる担い手だった。それが工場法(労働者保護立法)の整備などにより、大人の男性だけが工場等で働き、女性と子どもは家庭に入るようになる。そして、近代的な学校制度が発達し、教育年限が延長されていくと、青少年は長い「思春期」の時期を過ごすようになる(E.エリクソンのいうモラトリアムも、このような時代状況と関連している⇒第3章第1節 1.4)。

（2）〈子ども〉の誕生

フランスの歴史家P.アリエス(1914～84)は、『〈子ども〉の誕生』(1960)において、愛情・庇護の対象としての〈子ども〉という観念は近代になって初めて誕生したと述べている。

前近代社会では、子どもは「小さな大人」として位置づけられ、体が小さいだけで大人と同様に貴重な労働力として生産活動に従事するのが当然とされていた。

しかし、近代社会に入り、子どもは大人とは違った独自の存在とされるようになっていく。「子どもらしさ」を持ち(子ども服、子ども向けの本)、愛情・庇護の対象とされるようになる。

アリエスは、中世には現在のような「子ども期」という観念はなく、それは近代化の過程で生み出されたものであることを示した。

01 モーガンは、家族の形態を核家族、複婚家族及び拡大家族の三つに分け、核家族は世界中のすべての家族に含まれている普遍的な中核であるとした。**特別区Ⅰ類2003** 1.1 1.2

✕ これはG.マードックの主張内容である。

02 G.P.マードックは、一組の夫婦と未婚の子どもとからなる家族である核家族は、性、生殖、経済、教育といった社会生活にとって基本的な機能を担うものであるとともに、近代西欧社会特有のものであると指摘した。**国家専門職2001** 1.2 2.2

✕ 「近代西欧社会特有のものである」という箇所が誤り。G.マードックによれば、核家族は時代・地域を問わず存在する。彼は核家族普遍説を唱えた人物である。「普遍」という言葉の意味からわかるはず。

03 マリノフスキーは、現代産業社会においては、核家族を単位として拡大した親族関係網は単位核家族に支持的に機能し、このような核家族連合が、産業的・職業的体系に対して適合性をもつとする修正拡大家族論を主張した。**特別区Ⅰ類2009** 1.3

✕ これは、E.リトワクの修正拡大家族論に関する記述である。

04 系譜関係が男子を通じて連鎖するものを父権制、女子を通じて連鎖するものを母権制という。我が国の「家」制度は、養子縁組を認めているので、父権制であるとはいえない。**国家一般職2004** 1.4 1.5

✕ 系譜関係の連鎖に基づく分類は、父系制／母系制と呼ぶ。父権制／母権制とは、その集団の権力を掌握しているのが男性か／女性かという基準による分類である。なお日本の「家」制度は父系的な家筋の方が主流だが、母系的な家筋を特徴とする地方もあり、一概に父系制だとは言えない。

05 拡大家族とは、親子、きょうだいなどの血縁で結ばれた複数の核家族の連合体のことをいうが、同時に二人以上の配偶者をもつ複合家族については、拡大家族と区別して考える場合がある。**国家一般職2006** 1.2 1.6

✕ 後半は、複合家族ではなく複婚家族に関する記述である。

06 定位家族とはある個人にとって生まれ育った家族のことを指し、生殖家族とは子どもを産み育てる家族のことを指す。それゆえ、定位家族と生殖家族が同じ世帯を構成して一つの家族となることはあり得ない。**国家一般職2003** 1.7

✕ 前半は正しいが後半が誤りである。自分を養育した父母と同居しつつ、自分も配偶者をもって子どもを養育すること(いわゆる三世代同居)は珍しくない。

[07] W.F.オグバーンは、近代工業成立以前の家族は、経済、地位付与、教育、保護、宗教、娯楽、愛情という七つの機能を果たし、そのために影響力と威信とを持っていたが、産業化に伴い、これら家族の諸機能すべてが企業、学校、政府等の機関に吸収されて衰弱してきたと指摘した。国家専門職2001 [2.1]

✕ 唯一、愛情だけは家族特有の機能として残った。W.F.オグバーンなどの家族機能縮小論では、機能の「縮小」は論じるものの、完全に消失するとまではしていない。なお、E.W.バージェスの友愛家族でも見られるように、家族社会学では、近代の家族の特徴を愛情に求める見解が一般的である。

[08] マードックは、核家族を一組の結婚している男女とその子どもから構成される人類に普遍的な社会的グルーピングと規定し、他の集団では遂行しえない法的、経済的、生殖的、宗教的機能を統合的に遂行しているとした。特別区Ⅰ類2009 [2.2]

✕ G.マードックのいう核家族の機能は、「性的」、経済的、生殖的、「教育的」機能の4つである。

[09] パーソンズはその著書『家族』において、産業化の進展に伴い社会の機能分化が進み、新たに生じた機能集団が家族に代わって様々な機能を担うようになったことから、機能分化が高度に進んだ現代の核家族では、家族の機能は完全に失われてしまったと論じた。国家専門職2006 [2.3]

✕ 「家族の機能は完全に失われてしまった」という箇所が誤り。確かにT.パーソンズは家族機能の縮小について論じているものの、「子どもの一次的社会化」および「成人のパーソナリティの安定化」の2機能は核家族に必須だと述べた。

[10] T.パーソンズは、家族における性別役割分業を重要視し、家族の経済的安定を図るなどの表出的役割は夫(父)が、家族の情緒的な安定を図るなどの手段的役割は妻(母)がそれぞれ担っているとした。国家専門職2007 [2.4]

✕ 「表出的役割」と「手段的役割」が逆である。

[11] ブラッドとウルフは、現代社会における夫婦の勢力関係が、規範によって規定される制度化された勢力である権威によって規定されるとし、夫婦それぞれがもつ資源の質と量によって規定されるのではないとした。特別区Ⅰ類2016 [2.5]

✕ R.ブラッドとD.ウルフは、現代社会における夫婦の勢力関係について、規範によって規定される制度化された勢力である権威によってではなく、夫婦それぞれがもつ資源の質と量によって規定

されるとした。

12 W.グードは、現代の家族変動の原因を産業化という経済的・技術的変数のみによって説明する理論に対して批判的な見解を示し、家族変動には民主主義や両性の平等といった夫婦家族イデオロギーの要素も作用しているとした。**国家専門職2007** 3.2

◯ ただし、W.グードは家族制度と産業化の単純な因果関係は否定している。

13 アリエスは、家族にまつわる感情の変化は、男女関係、母子関係、家族と周囲の共同体との間の境界線の3つの分野にわたって起き、家族に対する人々の感情の変化が近代家族を誕生させたと主張した。**特別区Ⅰ類2018** 3.3

✕ これは、E.ショーターの近代家族論に関する記述である。

14 近年の社会史研究では、青年期が近代社会に固有の産物であるという見解が有力である。E.エリクソンは、青年期をモラトリアムという概念によって特徴付けた。それは、青年が社会的な責任や義務を一時的に免除される状態を指す。一般に高学歴の青年ほど、モラトリアムの期間は短いといわれる。**国家一般職2002** 3.4

✕ 一般に、高学歴の青年ほど、モラトリアムの期間は長いといわれる。義務教育がない時代、子どもは1人で身の回りのことができる年齢になると、家の労働力と期待されるか、親元を離れて徒弟奉公に出ていた。つまり「自分に適した仕事は何か」などと考える間もなく、6～7歳からすでに「社会人」であり、「子ども時代」もなかった。だが、就学期間の延長により試行錯誤が可能になった。

15 ライフステージの設定は、生理学的な主題であるとともに、心理学的あるいは社会学的な主題でもある。例えば、社会史家のP.アリエスは、子供時代という範疇が近代の産物であることを主張する。中世においては、子供は、「無垢な存在」として学校と家庭とに囲い込まれた存在であったと彼はいう。**国家一般職2001** 3.4

✕ 「中世においては」ではなく、近代になってから学校と家庭とに囲まれる存在になったとしている。

ジェンダー論とフェミニズム運動

第2節では、ジェンダー論とフェミニズム運動について学習します。いずれも出題頻度は低いですが、代表的なキーワードは適切に理解しておきましょう。

キーワード

セックス／ジェンダー／セクシュアリティ／性別役割

① ジェンダー論

1.1 M. ミード　★☆☆

アメリカの文化人類学者M.ミード(1901 ～ 78)は、「**男らしさ／女らしさ**」は社会によって異なり、**必然性はない**とする。

P.アリエスや家族史のように、歴史的な変遷をたどることで現在の常識的な社会のあり方が普遍的ではないことを示すこともできるが、地球上のさまざまな社会を観察することでそれを示すこともできる。

例えば西欧では、女性は「か弱い」、「おしゃべり」、「家事に適する」とされているが、アフリカのある部族では、「女性の方が頭が頑丈である」と考えられており、水汲みという重労働は女性の役目となっている。その間、男性は世間話をしている。

もちろん男女に生物学的な違いはあるが、社会・文化的な違いも大きい。ミードは、さまざまな人類学的な事例を示しながら、**社会・文化的な違いと生物学的な違いが混同されて男女の役割が固定されていること**を批判した。

1.2 ボーヴォワール　★☆☆

哲学者J.P.サルトルのパートナーであるフランスの哲学者S.ボーヴォワール(1908 ～ 86)は、主著『**第二の性**』(1949)の冒頭で「**人は女に生まれるのではない。女になるのだ**」と述べ、女性が理由もないのに社会的に不利な役割を背負わされている現状を批判した。

セックス	生物的・生理学的な男女の差異（雌雄）を示す概念
ジェンダー	社会的・文化的に形成される「男女の差異」で、セックスの対義語
セクシュアリティ	性的能力・感情・状況・嗜好などを指す概念 どの対象に性的欲望を感じるかは、本能や性ホルモンよりも**文化的に構築される面が強い**
性別役割	**男女間の特性の差異に基づく役割** 生物学的な差異だけでなく、社会的・文化的に定義された差異で**性別役割が定められることも多い**
性自認（ジェンダー・アイデンティティ）	性自認（性の自己認識）とは、自分の性に関する認識であり、「心の性」と言われることもある
LGBT	Lesbian（女性の同性愛者）、Gay（男性の同性愛者）、Bisexual（両性愛者）、Transgender（「心の性」と生まれた時に割り当てられた「身体の性」が一致せず、違和感を持つ者）の頭文字を取って組み合わせた言葉で、性的少数者の総称

❷ フェミニズム運動

2.1 第一波と第二波　　　　　　　　　　　　　　　　　　　　　★★☆

　フェミニズムは、社会が女性という性に対して強いる軛（くびき）からの解放を志向して立ち上がった思想・運動である。時代とともにそのあり方は変容しているが、大きく次の2段階に分けることができる。

（1）第一波フェミニズム

　第一波フェミニズムは、おおむね19世紀から20世紀前半までの形式的・法律的平等を目指した時期の**婦人参政権運動**など、男並みの権利を要求する活動を指す。

　それ以前にも、フランスの劇作家O.グージュ（1748〜93）や、『**女性の権利の擁護**』（1792）を著したイギリスの思想家M.ウルストンクラフト（1759〜97）など、フェミニズム的な思想は生まれていたものの、19世紀末までは女性の権利運動はウーマニズムと呼ばれていた。

　しかし19世紀末の欧米において、**女性の権利運動や男女平等を目指す思想**を指す言葉として「**フェミニズム**」が使われるようになり、大衆運動として興隆するようになる。

第7章

家族論とジェンダー論

（2）第二波フェミニズム

　第二波フェミニズムは、おおむね**1960年代以降**、日常生活における**実質的平等**を目指した時期の**ウーマンリブ**（Women's Liberation）運動などを指し、**性別役割分業意識**（「男は外で仕事、女は内で家事」など）を問題視する。

　第二次世界大戦後になると、先進国では**女性参政権**も確立し、**法の下の平等**はおおむね達成されたが、その分、**日常生活での不平等**が注目されるようになる。

2.2 家父長制批判 ★☆☆

　家父長制とは、家長の男性が強力な家長権によって成員を統率・支配する形態のことであり、M.ウェーバーのいう**伝統的支配**の典型例である（前近代的な形態）。

　ただし、第二波フェミニズムの文脈では、「家父長制」という言葉は「権力の所在が男性にあり、女性を支配・抑圧・差別している」との非難の意味で使われており、**父権制**とほぼ同義となる。こちらは**前近代にとどまらず、現代社会にも存在する**。

2.3 「女らしさ」の神話 ★☆☆

　第二波フェミニズムの火付け役となったアメリカの**B.フリーダン**（1921〜2006）は、『**新しい女性の創造**』（1963）において、1950年代の中産階級の専業主婦が「**女らしさ**」の神話に縛られて苦しんでいる状況を指摘した。

　豊かな中産階級の専業主婦は、傍目には幸せに見えるのだが、本人たちは何ともいえない虚しさにとらわれ自尊心を失っていると指摘し、これを「**名前のない問題**」と呼び、女性の自己実現が阻まれていることがこの問題の原因だと告発した。

　そしてフリーダンは、女性を主婦役割と母役割に限定する「**女らしさ**」の神話を打ち破り、家庭の外に出て創造的に仕事をすべきと主張し、第二波フェミニズム運動の中心的な人物となった。

2.4 シャドウ・ワーク ★☆☆

　シャドウ・ワーク（shadow work）は、**I.イリイチ**が提唱した概念であり、市場経済を背後で支えている「**不払い労働**」を指す。

　シャドウ・ワークの典型は主婦の役割とされる**家事労働**である（通勤も別の一例）。炊事・洗濯・掃除や育児・介護・看護などの家事労働には報酬が支払われないが、人間が生きていく上で必要不可欠であり、報酬を伴う生産労働を背後で支えている。

2.5 マルクス主義フェミニズム ★★★

上野千鶴子(1948〜　)によれば、資本主義の存続のためには、労働者である男性の世話と将来の労働者予備軍である子の育児が必要だが、そうした労働(=家事労働)を女性は無償で担ってきた。そして男女の平等を真に目指すならば、家事労働を一方的に女性へ割り当てること(性別役割分業)を廃止する必要がある。

2.6 リプロダクティブ・ヘルス／ライツ ★★★

リプロダクティブ・ヘルス／ライツ(性と生殖に関する健康と権利)とは、1994年にカイロで開催された国際人口開発会議(カイロ会議)で示された理念で、性や出産について健康を前提とするとともに、いずれにも自己決定権を持つとするものである。

過去問チェック

01 人間の性別には「女性」か「男性」かという生物学的次元での性別とともに、「女らしい」か「男らしい」かという社会的・文化的に形成される性別もある。一般に社会学では、前者をセックスと呼び、後者をジェンダーと呼ぶ。例えば、「男が理性的で、女が感情的」であるのは、セックスの問題である。国家一般職1999 1.1 1.3

✕ 「男が理性的で、女が感情的」は、ジェンダーの問題とされる。ジェンダーという用語を最初に用いたとされるアメリカの性科学者J.マネーは、男女の明確な生物学的差異は、❶男性は妊娠させる、❷女性には月経がある、❸女性は妊娠する、❹女性は授乳する、の４点だけだと指摘している。

02 S.ボーヴォワールは、「女性の本性」の存在を肯定し、社会や文化によってつくられた性差であっても、性差は生まれながらに決定されていると主張した。フェミニズム運動は、これに強く反発し、彼女の著作『第二の性』のボイコット運動を起こした。国家一般職2004再試験 1.2

✕ S.ボーヴォワールは「女性の本性」の存在を否定し、性差は社会や文化によってつくられていると主張し、フェミニズム運動の共感を呼んだ。

03 従来、男女の生物学的・解剖学的な差異を示す用語として「セックス」が使用されてきたが、フェミニズム運動の興隆を背景に、この用語の使用への嫌悪感を表明する者が増加し、同義語として「ジェンダー」が使用されるようになった。国家一

✕ 「ジェンダー」は「セックス」の対義語である。また、「嫌悪感」というのも誤り。英語圏では履歴書の性別欄をSexと表記するなど、男女の雌雄の別を表す言葉として今でも普通に使用されている。

[04] 「女性は家庭で無償の家事・育児。男性は家庭外で生産労働」という近代社会における分業は、性別分業と呼ばれている。性別分業は、ジェンダー概念が普及する以前から行われてきているので、今日でもジェンダーに基づく分業に含めないのが一般的である。国家一般職2004再試験 [1.3]

✕ 性別分業はジェンダーに基づく分業の典型例であり、ジェンダー概念の普及時期とは関係なく定義される。

[05] ジェンダー・アイデンティティとは、自分が男であるか女であるかについての自己規定であり、思春期における様々な環境要因によって決まると一般に考えられている。国家専門職2006 [1.3]

✕ ジェンダー・アイデンティティの形成は思春期に限られない。生まれたときからの人格形成の過程で、様々な他者との相互的なやりとりを通して自分が男であるか女であるかの自己規定を形成すると考えられている。

[06] 1970年前後に米国で起こったウィメンズ・リブ運動は、「個人的なことは政治的なことである」というスローガンを掲げ、男性優位の社会構造の変革よりも、女性の政治的な権力を獲得することの重要性を訴えた。国家専門職2012 [2.1]

✕ ウィメンズ・リブ（ウーマンリブ、Women's Liberation）運動は、女性の政治的な権力を獲得することよりも、男性優位の社会構造を変革することの重要性を訴えた。ウィメンズ・リブ運動は第二波フェミニズムの代表格にあたる。

[07] M.ミードは、「新しい女性の創造」を著し、その中でアメリカの中流階級の主婦たちが疎外感や倦怠感に悩んでいることを指摘した。東京都Ⅱ類2004 [2.3]

✕ 『新しい女性の創造』（原著名『女らしさの神話』）を著したのは、B.フリーダンである。

[08] シャドウ・ワークとは、景気後退期において夫の収入が低下した妻などが、家計収入を補うために、主婦労働の傍ら、パートタイム労働や派遣労働といった周辺的な労働に従事することをいう。国家一般職2010 [2.4]

✕ シャドウ・ワークとは、市場経済を背後で支えている「不払い労働」である。パートタイム労働や派遣労働には報酬が支払われるため、シャドウ・ワークとはいえない。

09 （高田保馬は、）マルクス主義フェミニズムの立場から、家事労働は、労働には違いなく、主婦がやらないと誰かに代行してもらわなければならないという意味で、有用で不可欠な労働でありながら、女性には法的・経済的な保障が与えられず、無権利状態におかれていると論じた。国家専門職2010 [2.5]

✕ これは、上野千鶴子に関する記述である。

問題1 　家族論に関する記述として、妥当なのはどれか。

特別区Ⅰ類2013

❶ 　マードックは、夫婦又は夫婦とその未婚の子女よりなる核家族、核家族が親子関係を中心として縦に連なった拡大家族、核家族が配偶者の一方を中心にして横に連なった複合家族の３つに家族構成を分類した。

❷ 　パーソンズは、核家族の役割構造を分析し、夫であり父である男性が手段的リーダーの役割を、妻であり母である女性が表出的リーダーの役割を演ずるという役割モデルを提示した。

❸ 　ウォーナーは、人は一生のうちに二つの家族を経験するといい、一つは、自らが結婚により形成する定位家族であり、もう一つは、その人の意志とは無関係に、選択の余地なくそこに産み落とされ、育てられる生殖家族であるとした。

❹ 　ブラッドとウルフは、夫と妻の相対的権威と夫と妻が家庭内において共有する権威の程度を組み合わせて、夫婦の権威構造を夫優位型、妻優位型のいずれかの２つに分類した。

❺ 　バージェスとロックは、家族結合の性格が社会的圧力によって決定される制度家族から、夫婦と親子間相互の愛情と同意を基礎に成立する友愛家族への家族の歴史的変化を指摘し、友愛家族の方が永続性の点から安定しているとした。

① ✕　G.マードックの家族類型において、「核家族が配偶者の一方を中心にして横に連なった」家族は「複婚家族」である。

② ◯　今回は正解肢だが、この学説では「手段的」と「表出的」の入れ替えが定番なので注意しよう。

③ ✕　「定位家族」と「生殖家族」が逆になっている。

④ ✕　R.ブラッドとD.ウルフは、夫の権威が高く夫婦で共有する権威の度合いは低い「夫優位型」、妻の権威が高く夫婦で共有する権威の度合いは低い「妻優位型」の他にも、夫婦間の相対的権威はほぼ同等で夫婦で共有する権威の度合いが高い「一致型」、夫婦間の相対的権威はほぼ同等で夫婦で共有する権威の度合いが低い「自律型」の類型も示しており、四つに分類した。

⑤ ✕　友愛家族は夫婦の愛情と同意のみに基づいているために、制度家族よりも不安定であるとした。なお、H.ロックの方はマイナーな学者(社会契約論のJ.ロックとは別人)であるため、試験では「制度家族と友愛家族」を提唱した人物として、E.W.バージェスの名前だけが挙がる場合と「バージェスとロック」と並ぶ場合がある。どちらもありだと考えて対応しよう。

問題2 ジェンダー、セックス、セクシュアリティに関する次の記述のうち、妥当なのはどれか。

国家一般職2005

❶ ジェンダーとは生物学的に規定された性差であるのに対して、セックスとは社会的・文化的に規定された性差である。後者は社会的・文化的に変わり得るものである。

❷ 近年、同性愛が一つのライフスタイルとして認められるようになってきた。我が国では同性同士の婚姻が法律上も認められている。

❸ セクシュアリティとは、性ホルモンによって規定された性差のことをいう。男性らしさ、女性らしさは、文化とは無関係に性ホルモンによって決められている。

❹ 性別分業とは、広義には性別による役割の分担を意味するが、狭義には女性は家庭で家事や育児などの無償労働に従事し、男性は有償労働に従事するという近代に特徴的な性別分業を指す。

❺ マルクス主義フェミニズムが明らかにしたのは、男性が女性を支配する原理である家父長制は、資本主義と相いれないということである。

正解 ④

① ✕　「ジェンダー」と「セックス」が逆である。

② ✕　同性愛が一つのライフスタイルとして許容されつつあるのは事実だが、日本では同性同士の婚姻までは（条例レベルで認めている自治体はあるが）法律上は認められていない。ただし、フランスでは1999年に成立したPACS法によって、一定の条件下であれば、事実婚や同性カップルも通常の婚姻関係と同じように税制面の優遇措置や社会保障給付の権利を受けることが可能となった。

③ ✕　これは「セックス」に関する記述である。また「男性らしさ、女性らしさ」のほとんどはジェンダーの領域であるため、「文化とは無関係に性ホルモンによって決められている」というのも誤り。「性ホルモン」という言葉が出てきた時点で怪しいと思った方がよい。性ホルモンによって規定される性差もあるが、社会的・文化的要因から分析するのが社会学の特徴である。

④ ◯　性別分業は、「性別役割分業」とも呼ぶ。

⑤ ✕　マルクス主義フェミニズムは、家父長制と資本主義が同調と矛盾を繰り返してきたことを明らかにした。つまり、完全に相いれないわけではなく、同調する局面もあったということである。資本主義の存続のためには、労働者である男性の世話と将来の労働者予備軍である子の育児が必要だが、そうした労働（＝家事労働）を女性は無償で担ってきた。そして男女の平等を真に目指すならば、家事労働を一方的に女性へ割り当てること（性別役割分業）を廃止する必要があるという。

第 8 章

社会調査法

　第8章では、社会調査法について学習します。このうち第
1節では、社会調査の概要と分類を扱います。実証科学とし
ての社会学は、抽象的な学説を掲げるだけでなく、社会事象
を観察し、そのデータを記述・分析してきました。第2節で
は、調査票の作成と標本調査を扱います。社会調査を適切に
実施するためには、調査手法に関わるさまざまな注意事項が
あります。

社会調査の概要と大分類

第1節では、社会調査の概要と分類について学習します。特に社会調査の分類は頻出分野であり、出題パターンも決まっています。いったん覚えてしまえば得点源になりますので、繰り返し読んで理解するようにしましょう。

キーワード

国勢調査／全数調査／質問紙法／自計式と他計式／電話調査／郵送調査／留置調査／集合調査／個別面接調査／統制的観察法と非統制的観察法／参与観察法／『ミドルタウン』／『ストリート・コーナー・ソサエティ』／生活史法／『欧米におけるポーランド農民』／量的調査と質的調査

❶ 社会調査の意義

　社会調査とは、**主として現地調査に基づいて、一定の社会または社会集団における社会事象を観察し、そのデータを記述・分析する過程**のことである。

　社会調査は、何のためにするのだろうか。官公庁の調査をはじめとして、至るところで調査が実施されている。例えば、国勢調査では日本国内の人口を調査し、世論調査では内閣の支持率などを調査している。

　このように、**社会現象についての情報**(2020年現在の日本の人口は1億2,614.6万人である、内閣の支持率は●●％である、等々)を得ることも社会調査の目的の一つだが、それだけでは単なるデータ収集で終わってしまう。学問としては、そのような**社会現象が生じている「要因」を発見することが意義**といえよう。

　例えば、É.デュルケムの『自殺論』であれば、出発点となったのは各国・各県で自殺率が違うというデータである。それだけでも大きな発見といえるが、社会学の古典となりえたのは、他の指標と比較して、自殺率が増減する社会学的要因を「発見」したからである。

　では、どのようにしたら要因を発見できるのだろうか。一つのやり方として、**説明対象となる事象と関連して増減している事象を見つける方法**がある。例えば、全国学力テストで、ある高校生の得点が非常に高いという事象がわかったとしよう。なぜだろうか。勉強時間が長いのだろうか。それとも勉強方法が優れているのだろう

か、いや、そもそも高校入学の時点から優秀だったのだろうか。様々な仮説が思いつく。

ここで、他の生徒と比較して勉強時間が長いことが確認できれば（さらに、その高校の生徒全員を調査して、勉強時間が長い生徒ほど点数が高いという関係を確認できれば）、勉強時間は得点の高さを説明する一つの変数となる可能性が出てくる。逆にいえば、勉強時間の長さと全国学力テストの得点との関連が確認できなければ、勉強時間は得点を説明する変数としては適切といえず、別の変数を見つけなければならなくなる。

このように、社会調査の目的の一つは、社会現象について多面的にデータを集めた上で、いくつかの変数の関連を見つけ、仮説が妥当かどうか確かめることにある。

❷ 行政による統計調査

2.1 行政による統計調査の歴史　　★☆☆

国を統治するためには、国内の様子を知ることが重要である。数千年前から行われていたとされる人口調査は国力を知るために重要だし、税を取るためには戸籍や土地台帳を作ることも必要になる（日本でいえば、租庸調や太閤検地など）。

そして、**国家が人民・軍隊・財政など、国内の人・モノ・金などを管理するために集めた情報を分析するための学問**として統計学が発達していく[1]。特に19世紀以降、ヨーロッパでは統計専門の部局が整備されていき、「印刷された数字の洪水」であふれるようになった。この頃の**自殺統計**が**É.デュルケム**の『**自殺論**』の基礎データとなる。

2.2 統計行政　　★☆☆

（1）概　要

行政計画における将来予測などに利用するため、先進各国では行政による多様な統計調査が実施されている。また、業務を遂行している際に蓄積されるデータを行政にフィードバックすることもある。日本の統計行政の根拠法は**統計法**である（1947年制定、2007年に全面改正）。

---

1 元々はstate（国家）という言葉があり、それがstatistics（統計学）の語源となった。

（2）統計行政の機関

政府統計に関する総合調整機関として、**総務省統計局**がある（「国勢調査」、「事業所・企業統計」なども実施）。ただし、省単位でも「毎月勤労統計調査」（厚生労働省）、「学校基本調査」（文部科学省）など、独自の調査がある。また、都道府県や市町村にも統計を管轄する部局がある。

2007年の統計法改正に伴い、公的統計整備の司令塔の中核的組織として、**内閣府に統計委員会が設置された**（ただし、行政委員会ではなく**審議会**にとどまる）。これは総務省の統計審議会から移行した組織だが、内閣府のスリム化の一環で、2016年に再び**総務省に移管**された。

（3）国の行政機関が実施する統計の種類

かつては指定統計・承認統計・届出統計と分類されていたが、新統計法では、国の行政機関が実施する調査のうち、特に重要なものを**基幹統計調査**、それ以外のものを**一般統計調査**と分けている。

新統計法では、第13条で基幹統計調査に対する**国民の協力義務**、第61条で「報告を拒み、又は虚偽の報告をした者」に対する**罰則を定めている**。

（4）統計調査の結果の公表

統計法では、基幹統計調査・一般統計調査の結果について、インターネットその他の適切な方法により、公表することを義務づけている。

また、同法では、行政機関の長は、国民が基幹統計・一般統計に関する情報を常に容易に入手することができるよう、当該情報の長期的かつ体系的な保存その他の適切な措置を講ずるものとしている。

2.3 ▷ 国勢調査　　　　　　　　　　　　★★☆

（1）歴　史

国勢調査は、日本では**1920年（大正9年）**に始まった。10年ごとに大調査、その間の5年目に簡易調査が実施されている（実質的に5年ごとに実施される）。1945年の調査は第二次世界大戦直後だったこともあり中止されたが、1947年に臨時調査が実施された。

なお、近代的な国勢調査は、1790年にアメリカ合衆国、1801年にはイギリス・フランス・デンマーク・ポルトガルで始まっている。

（2）調査対象

　国勢調査は**全数調査**であり、調査対象は、調査年の10月1日午前0時現在に**日本国内に常住する者すべて**である。**外国籍**の者や住所不定の者も**含む**が、国外に出ている者は含まない。

Power UP	センサス

　古代ローマには、5年ごとにローマ市民の数などを調査することを仕事とする「センソール」という役職があり、センソールが行う調査を「センサス」と呼んでいた。このことから、全数調査一般を「センサス」というが、今日では人口以外の全数調査を指して特に「センサス」という場合がある。
　例えば「農林業センサス」は、農林業を営んでいるすべての農家、林家や法人を対象に調査を実施、「経済センサス」は、国内のすべての事業所や企業を対象に調査を実施している。

（3）実施体制

　国勢調査を管轄しているのは総務省統計局だが、法定受託事務として、都道府県や市町村の統計部局も事務を担当し、さらに非常勤の国家公務員として、指導員約10万人、調査員約70万人が調査業務に従事する（そのため、国勢調査は1回当たり700億円ほどの経費を要している）。

（4）調査方法

　国勢調査は国の最も基本的な統計調査であり、**全数調査**で実施されている。

　ただし、近年、質問票の回収率が低下しており、それを改善するための方策が議論された。かつては配票調査（留置調査）を原則としていたが、2010年調査では、❶全面的な封入提出方式、❷郵送提出方式、❸インターネット回答[2]方式（東京都がモデル地域）が導入された。

　さらに2015年調査から、**インターネット回答方式が全面的に導入**された。

インターネット回答方式

❶	非常勤の国家公務員である国勢調査員が世帯を訪問する
❷	調査員から配付されたID・パスワードで、インターネットで回答する インターネットで回答しなかった場合、後日、調査員が紙の調査票を持ってくる
❸	記入した調査票は、調査員に渡す 市区町村によっては、郵送も可能
❹	提出された調査票は、まとめて市区町村に届けられる
❺	市区町村において、調査票の記入もれや記入誤りなどを確認する
❻	コンピュータによる集計を行う

2　「解答」とは正解が決まっている質問に対する答え（1＋1＝2、日本の首都は東京、など）のこと、「回答」とは正解が決まっていない質問（政党支持／不支持など）に対する答えのことである。そのため、社会調査に対する答えは「回答」となる（正解が決まっているのなら、わざわざ調査する必要はない）。

（5）調査結果の還元

　国勢調査から得られる様々な統計は、国や地方公共団体の政治・行政において利用されることはもとより、民間企業や研究機関でも広く利用されている。

① 法定人口、行政施策の基礎資料としての利用

　衆議院議員小選挙区の改定（衆議院議員選挙区画定審議会設置法）、**地方交付税の交付額の配分**（地方交付税法）、**都市計画の策定**（都市計画法）、**過疎地域の要件**（過疎地域自立促進特別措置法）などにおいて、国勢調査による人口を基準とすることが定められている。

　また、日本の少子高齢化の将来予測、地域の人口の将来見通し、住みよい街づくりのための計画策定、防災計画の策定など、行政運営や計画策定の基礎データとして欠かせないものになっている。

② 公的統計の基礎

　国勢調査の結果は、他の公的統計を作成するための基準として用いられている。

　例えば、日本の将来推計人口、地域別の人口推計、国民経済計算の統計（GDPなどの統計）などは、国勢調査の人口を基礎として用いている。また、労働力調査、家計調査など各種の国の基本的な標本調査は、国勢調査の小地域別の統計に基づいて設計されている。

2.4 ▷ 社会踏査　　　　　　　　　　　　　　　　　　　　　★☆☆

　社会踏査（サーベイ）とは、社会政策的な目的を伴って行われる社会調査のことである。第6章で扱った都市貧困層の実態調査など、都市問題に対処するための基礎データを集めた。

2.5 ▷ 営利機関の世論調査・市場調査　　　　　　　　　　　★☆☆

　大規模なものとしては、19世紀末にアメリカの新聞社が大統領選挙の模擬投票を行ったのが最初とされる。後述するように、その後の大統領選挙を通じて、さまざまな失敗を繰り返しつつ社会調査法の進歩に寄与した。そして、現在でも新聞社や民間企業など、ありとあらゆるところで盛んに行われている。

2.6 ▷ 学術調査　★★★

上記 3 種の調査から多くのことを学びつつ発展してきた。

❸ 調査の分類

3.1 ▷ 質問紙法　★★★

（1）概　要

質問紙法とは、質問紙（調査票）を用いる調査一般を指す。

（2）質問紙への記入者による分類

自計式（自記式）	調査される側（本人）が自分で回答を調査票に記入する方法
他計式（他記式）	調査する側（調査員）が対象者の回答を調査票に記入する方法

（3）調査方法による分類

① 電話調査

電話調査とは、電話で調査票の内容を説明して、対象者に答えてもらう方法（他計式）であり、ランダムに電話番号を決定する**RDD**（Random Digit Dialing）**方式**と、電話帳に記載された電話番号の中から対象者を決定する**名簿方式**がある。

長所として、**短期間で大量の対象への調査が可能**な点が挙げられる。

短所として、❶電話に出た相手を正確には把握できないため、**厳密な標本調査をするのは難しい**点、❷情報を口頭で説明せざるをえないので、文書による調査のように**複雑で長い内容を伝達することは困難**である点が挙げられる。

② 郵送調査

郵送調査とは、調査票を郵送して対象者に記入・返送してもらう方法（自計式）である。

長所として、❶郵送だけですむため**低コストで広範囲を調査できる**点[3]、❷調査員が目の前にいない場面で調査票に記入するため、**プライバシーに関わる内容への回答も得やすい**点が挙げられる。

3　日本国内ならどんな遠方の調査でも、原則として（封筒代＋質問紙・依頼状のコピー代＋切手代）×調査対象者数だけですむ。

短所として、❶対象者とのやり取りは文書しかないために督促効果が弱く**回収率が非常に低くなる**点、❷留置調査のように回収時に回答内容をチェックすることができないため、質問内容の誤解や記入の誤りを招きかねない点、❸調査員のいないところで被調査者が質問紙に記入するため、本当に本人が書いたかどうかチェックできない点が挙げられる。

③ 留置調査（配票調査）

留置調査（配票調査）とは、調査者などが調査票を**配付**して被調査者自身に記入してもらうように依頼し、一定期間おいた後に**再び訪問して回収**する調査である（**自計式**）。

長所として、❶調査者が回収に行くことが督促効果をもつため、郵送調査よりも**回収率が高くなる**点、❷調査票を置いてくるだけで回答時間に付き合わなくてすむため、個別面接調査よりも時間と経費を節約できる点、❸調査者の見ていないところで調査票に記入するため、プライバシーに関わる内容への回答も得やすい点が挙げられる。

短所として、❶回収時に回答内容をチェックできるため郵送調査ほどはひどくならないが、個別面接調査と比べると質問内容の誤解や記入の誤りを招きかねない点、❷調査員のいないところで被調査者が質問紙に記入するため、本当に本人が書いたかどうかチェックできない点が挙げられる。

④ 集合調査

集合調査とは、被調査者たちに 1 か所に集まってもらい、調査票を配った上で調査者が調査票の説明をしつつ、被調査者に記入してもらう調査である（**自計式**）。

長所として、❶少ない時間と経費で多くの対象を調査できる点、❷回収率がほぼ100％になる点、❸目の前で説明をしながら記入してもらうため、質問内容の誤解や記入の誤りを少なくできる点、❹回答の匿名性も確保できる点が挙げられる。

短所として、❶この方式は、ある狭い地域の住民、学校の児童・生徒など、被調査者が地理的に限定されている場合しか使いにくいため、原理的に**無作為抽出の調査にはなりえない**点、❷調査会場の雰囲気に回答が影響される危険性がある点が挙げられる。

⑤ 個別面接調査

個別面接調査とは、調査員が対象者を個別に面接しつつ調査票に記入する方法である（**他計式**）。これはさらに、調査票の指定・指示に従って質問し、応答内容を調査員が記入する指示的面接法と、相手や状況に応じて自由に質問を変更する**非指示**

的面接法（**自由面接法**）に大別される。

　長所として、❶調査員が対象者を個別に面接する方法であるため、対象者本人であることを確認できる点、❷面前で説明できることから複雑な質問に対する的確な回答と高い回収率を期待できる点が挙げられる。

　短所として、❶面前にいることで調査員の態度による回答の偏りを生じさせる可能性がある点、❷個別に面接するということはそれだけ調査員の数が必要であり、調査地に行くための交通費もかかる点が挙げられる。

⑥ 調査方法の比較

調査コスト	郵送 < 留置 < 個別面接（電話・集合はケースによる） 調査員の移動のコスト、調査票の配布のコスト、時間的コストなどが理由
得られる情報の質	郵送 < 留置 < 個別面接（電話・集合はケースによる） 調査票の内容を説明できる度合いの違いなどが理由
調査票の回収率	郵送 < 留置（電話・集合・個別面接はケースによる） 調査対象者への督促効果などが理由

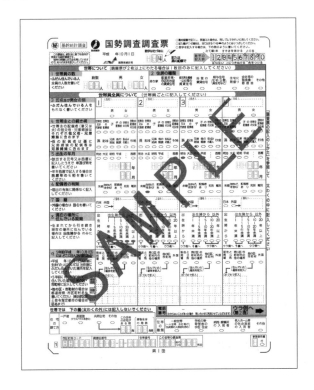

3.2 観察法　　　　　　　　　　　　　　　　　　　　★★★

観察法とは、質問紙を用いずに対象者を直接観察する調査一般を指す。

（1）観察法の分類
① 統制的観察法

統制的観察法とは、調査対象者の年齢や性別などの属性を同一にするなど、さまざまな条件を統制（コントロール）して観察する方法である。

例えば「パズルゲームを好む人よりも、格闘ゲームを好む人の方が攻撃性が高い」という観察結果が出たとしよう。しかし、ゲームの好みの違いだけが要因で攻撃性に差が出るというためには、その他の条件（年齢・性別・職業など）を同一にする必要がある。そうでなければ、「格闘ゲームを好む人の平均年齢は若い。そして若い人の方が攻撃性が高い」（本当は平均年齢の違いが原因）という可能性を排除できない。

ただし、このように条件を統制（コントロール）するのは実社会では難しいため、この方法は主に実験室内での小集団研究で用いられる。

② 非統制的観察法

さまざまな条件を統制しない**非統制的観察法**はさらに、**参与観察法**と**非参与観察法**に大別される。

（ア）参与観察法

参与観察法とは、調査対象となる集団の一員として長期間一緒に生活して内側から観察する方法である。調査者が対象者と文化様式を異にし、外部からの非参与観察では実態が理解しにくい場合に特に有効とされる。

長所として、❶うまくいけば調査対象者が観察されていることをあまり意識せずにすむ点、❷出来事を調査対象者にとっての意味に即して理解できること点などが挙げられる。

短所として、ある観察者が対象集団においてそのメンバーとしてとった位置が別の観察者によって再現できない（データの信頼性が十分に確保されない）などの限界が挙げられる。

（イ）非参与観察法

非参与観察法とは、調査者が、第三者として集団外部から観察する方法である。ただし現実には、調査対象者に全く影響を与えずに観察することは困難なため、二

つの区別は程度問題となる。

（2）モノグラフ法

モノグラフ法（事例研究）は**参与観察法の一種**で、ある地域や集団の全体的な生活過程を参与観察によって明らかにしていく研究法である。第2章で触れた**シカゴ学派**の『**ホーボー**』以外にも、以下のような有名な研究がある。

① マリノフスキー

参与観察法は、元々は**文化人類学で発達**した手法である。

イギリスの文化人類学者**B.マリノフスキー**は、ニューギニア島近くの**トロブリアント諸島**で2年間にわたる調査を行い、その成果を『**西太平洋の遠洋航海者**』（1922）にまとめ、**機能主義的な文化人類学**を打ち立てた。

彼の機能主義理論は、**T.パーソンズ**などを通じて社会学に影響を与えたが、同時に、**調査手法としての参与観察法も社会学に採り入れられていった。**

② リンド夫妻

アメリカの社会学者リンド夫妻（R.リンド（1892 ～ 1970）、H.リンド（1896 ～ 1982））の著作『**ミドルタウン**』（1929）は、典型的なアメリカの小都市インディアナ州マンシーの参与観察記録である（「ミドルタウン」は仮名）。

同著では、業務階層（ホワイトカラー）と労務階層（ブルーカラー）では、言葉遣いや信念、ものの見方が異なることなど、階層による生活様式の違いを明らかにした。

③ ホワイト

アメリカの社会学者**W.F.ホワイト**（1914 ～ 2000）の著作『**ストリート・コーナー・ソサエティ**』（1943）では、最下層の単純労働者（イタリア移民）からなる街角の若者グループとともに生活し、グループ間の対立、メンバーの友情、リーダーが選挙に出馬してグループが解体するまでを描いている。

④ ウォーナー

アメリカの人類学者**W.L.ウォーナー**は、1930年から1935年にかけて、アメリカの小都市ヤンキー・シティ（仮名）を参与観察し、住民同士の評価に基づいた**相互評価法**と、職業・収入源・住居形態・居住地域を指標とする地位特性指数により、**地域社会の階層構造を分析し、**『**ヤンキー・シティ**』（1941 ～ 59）にまとめた。

3.3 ドキュメント分析 ★★☆

（1）概　要

ドキュメント分析とは、すでに存在している文書や記録を収集して分析する手法であり、**生活史法**が代表例となる。

社会調査で収集されるデータは、**現地調査による一次データ**と**文献調査による二次データ**に区分される。一般に、社会調査は一次データの収集に重点を置くが、**ドキュメント分析は二次データを用いた分析手法**である。

（2）生活史法

個人または集団の生涯を、自伝・伝記・日記などを用いて、研究者が社会的文脈と関連させて記録したものを、**生活史（ライフ・ヒストリー）**という。そして、生活史を用いた調査・分析方法が、**生活史法**である。

（3）『欧米におけるポーランド農民』

『欧米におけるポーランド農民』（1918 ～ 20）は、シカゴ学派の**W.トマス**と**F.ズナニエツキ**の大著であり、生活史法の古典とされる。

これは、ポーランドで農業を営んでいた人々が、アメリカ合衆国の都市（シカゴなど）に移民して**賃金労働者へと転化**する過程で生じた変容を、**「状況の定義」**という観点から扱った研究である。

この研究は、ポーランド系移民に**直接対面することなく**、彼らに関する新聞記事、裁判記録、行政機関の記録や、彼ら自身の手紙・日記・自伝などを元にしている。

3.4 量的調査と質的調査 ★★☆

（1）概　要

社会調査の手法は長短があるため、何を知りたいかによって採る手法も変わってくる。

たくさんの人を調査しようとすれば、全員と面接するのは難しく、質問紙に頼らざるをえなくなるが（そして、**データを数量化して統計的に処理できるようにした方が分析しやすくなる**が）、そうなると**定型的な質問しかできず、一人一人に対する理解は浅くなる**。

一方、**相手を深く理解**するためには、**数量化できない側面も知る必要があるから**面接調査が最適だが、そうすると一人あたりにかかる**時間・コストは増える**から（そして調査にかけられる時間・コストには限界があるから）、大人数を調査するのは

困難になる。

　実際の社会調査は両方の要素を併せ持つこともあるが、量的な側面と質的な側面のどちらを重視するかによって、量的調査と質的調査に大別する見方もある。

（2）量的調査と質的調査の特徴
① 量的調査

　量的調査とは、**データを数量化して統計的に処理できる形にする調査方法**であり、多数の事例について少数の側面を把握する特徴を持つ。

　例として、質問紙によるアンケート調査などが挙げられる。

② 質的調査

　質的調査とは、**データの数量化できない側面（質的側面）に注目する調査方法**であり、少数の事例について多数の側面を全体的に把握する特徴を持つ。

　例として、参与観察法や生活史法などが挙げられる。

（3）質的調査の関連用語
① スノーボール・サンプリング

　スノーボール・サンプリング（雪だるま式抽出法）とは、初めに少数の個人をサンプルとして抽出した上で、その人の最も親しい友人を紹介してもらって調査し、さらにその友人の友人を紹介してもらって、というように人脈をたどる形で雪だるま式にサンプルを抽出する方法である。

　後述するランダム・サンプリングには該当しないが、調査対象の性格上、この手法を採らざるをえない場合もある。

② ラポール

　ラポールとは、調査者と被調査者の間に築かれる一定の友好関係のことであり、調査を円滑に進めるためには重要とされる。

過去問チェック

〔01〕 社会調査の一つの原型は、人口の全数調査であるセンサスにあるといわれる。我が国では、大正9（1920）年以来原則として5年ごとに行われている国勢調査がこれに当たる。今日では人口以外の全数調査を指して、センサスという場合がある。例えば、農林業センサスや経済センサスと呼ばれるものがこれに当たる。国家一般職2002改題 〔2.1〕〔2.3〕

○ 全数調査は「悉皆調査」と呼ばれることもある。

[02] 官公庁が作成する統計資料は、社会調査の一つとして理解される。わが国の中央諸官庁は、「統計法」に基づいて各種の統計資料を定期的に作成している。たとえば家計調査、労働力調査、学校基本調査などがそれに含まれる。それらの統計資料は、行政の内部資料に属するもので、一般には公開されていない。**国家一般職2000** [2.2]

✕ 官公庁が作成する統計資料は一般公開されており、民間企業や研究機関でも広く利用されている。

[03] 質問紙調査の実施方法には、留置調査、郵送調査、電話調査などがある。このうち、郵送調査法は、調査対象者に調査票を郵送し一定期間の後に返送してもらう方法であり、調査対象者本人の回答が確実に得られることや、他の調査法に比べ比較的高い回収率が期待できる利点がある。**国家専門職2011** [3.1]

✕ 郵送調査法では、調査者と調査対象者が対面しないため、対象者本人以外が回答する可能性を排除できない。また、郵送調査法は回収率が低くなる傾向がある。

[04] 面接調査法とは、調査対象者に学校の教室や集会室などのような一定の場所に集まってもらい、質問紙を配布して、一定の時間内で回収を行う方法である。**特別区Ⅰ類2003** [3.1]

✕ これは、集合調査法の説明である。集合調査法も、広い意味では面接調査法の一つではあるが、面接調査法には他に、個別訪問面接法・街頭面接法等がある。

[05] 質問紙法のうち、面接調査は、調査員が直接対象者を訪問し、対象者から回答を聴き取って記入する方法であり、調査員自ら回答を質問紙に記入することから自計式調査に分類されている。**東京都Ⅰ類2004** [3.1]

✕ （個別）面接調査は、他計式調査に分類される。

[06] 国勢調査などの基本的センサスは、調査員が対象者と面接して調査票に従って質問し、回答を調査員が記入する配票調査法で、留め置き調査法ともいわれる。**特別区Ⅰ類2010** [3.1]

✕ 調査員が対象者と面接して調査票に従って質問するのは、個別面接調査法である。

[07] 統制的観察法とは、調査対象者や観察方法を統制して観察する調査法であるが、条件を統制することには限界があり、非統制的観察に比べて客観性が低下する

という欠点がある。**特別区Ⅰ類2019** 3.2

✕ 統制的観察法では、調査対象者や観察方法を統制することにより、観察結果に影響を与える要因を絞り込むことができるため、条件の統制が限定的な場合でも、条件を統制しない非統制的観察法に比べて客観性が「上昇」するという「利点」がある。

[08] 参与観察では、インフォーマントと一定の距離を保ちつつ、適切な信頼関係を構築することが重要である。調査者はインフォーマントの話に虚心に耳を傾ける一方、部外者としてインフォーマントとできるだけ距離をとり、生活を共にするといった積極的な関与をしてはならない。**国家一般職2016** 3.2

✕ 参与観察では、調査者は調査対象となる集団の一員としてインフォーマントと長期間一緒に生活し内側から観察する。

[09] W.F.ホワイトは、イギリスのハマータウンにおいて非行少年グループを対象とした参与観察を行い、労働者階級である彼らが反学校的な文化を持ち、自ら進んで労働者階級の仕事に就くという階級文化の再生産過程を描き出した。**国家専門職2018** 3.2

✕ これはW.F.ホワイトではなく、P.ウィリスの『ハマータウンの野郎ども』に関する記述である。ホワイトは、アメリカのボストンにおいて、街角のギャング団を対象にして参与観察した『ストリート・コーナー・ソサエティ』で知られる。

[10] 生活史法とは、調査対象となる地域を一定期間観察することにより、その地域の歴史を詳細に記述する方法である。生活史法を用いた研究の代表例としては、E.デュルケムの『自殺論』が挙げられる。**国家専門職2015** 3.2 3.3

✕ まず、第1文はモノグラフ法に関する記述である。また、É.デュルケムの『自殺論』は、政府の自殺統計を用いた研究の代表例である。さらに、生活史法を用いた研究の代表例としては、W.トマスとF.ズナニエツキの『欧米におけるポーランド農民』が知られている。

[11] W.I.トマスとF.W.ズナニエツキは、『欧米におけるポーランド農民』において、アメリカ合衆国中西部の農村に入植したポーランド移民が、社会解体と再組織化を経験する過程で、その態度をどのように変容させていったかについて明らかにした。**国家一般職2006** 3.3

✕ ポーランドの農民は、アメリカ合衆国では主に都市に移民した。W.トマスはシカゴ学派ということで、都市が主題だと判断しよう。

[12] 参与観察や非指示的面接によってデータを集め、主観的な洞察によって分析

をしていく質的調査は、統計的な手法を用いる量的調査と比べて、時間がかかり、科学的な結論も得られない。このため今日の社会調査では、ほとんど用いられることがない。国家一般職2006 3.4

✕ 質的調査も科学的な調査方法とされており、今日の社会調査でも用いる研究者は多い。

(13) スノーボール・サンプリングとは、広告宣伝を行って調査対象を募り、それが口コミで広がることで、雪だるま式に大量の調査協力者を獲得する方法である。国家一般職2009 3.4

✕ スノーボール・サンプリングは、人脈をたどる形で雪だるま式にサンプルを抽出する方法である。つまり、広告宣伝を行うわけではない。

調査票の作成と標本調査

第2節では、調査票の作成と標本調査について学習します。このうち、調査票の作成の注意と、全数調査と標本調査の違いについては出題されることが多いため、何度も読み返して理解しておきましょう。

キーワード

調査票／ワーディング／ステレオタイプな表現／ダブルバーレル質問／キャリーオーバー効果／母集団／標本調査／無作為抽出法

第8章
社会調査法

❶ 調査票の作成

1.1 調査票作成の手順 ★★★

（1）概　要

調査票とは、調査項目・調査内容を質問文の形にして体系的に並べて定式化した用紙・小冊子のことである。

調査票は、❶調査項目の決定、❷その体系化とデザイン、❸項目ごとの質問形式の決定、❹プリテストと調査票の修正という流れで作成するのが一般的である。

（2）操作化

　理論命題を実際の調査などで検証する場合、調査・検証作業向けに、**命題**[1]の内容を他の言葉に置き換える必要がある。これを**操作化**という。

　例えば「政治的不安定によって国家の政治体制に対する不満が生じる」という命題の場合、一口に「政治的不安定」といっても、そのままでは不安定の度合いを測定できない（何をもって「政治的に不安定だ」と判断するのか曖昧である）。

　そこで、例えば「議会の解散の頻度」、「首相の在任日数」、「通った法案の数」などの指標に置き換える「操作化」が必要となる。その上で「議会は頻繁に解散している」、「首相はすぐに辞めてしまう（在任日数が短い）」という事象が観測できれば、それをもって「いまの政治は不安定だ」といえるのである。

（3）コーディング

　コーディングとは、集計作業を容易にするため、被調査者の回答や資料の各標識をいくつかの**カテゴリー**に分類し、それらのカテゴリーに対して数字などの一定の**符号（コード）**を定めた上で、**個々の回答を符号化する作業**のことである。

　例えば、健康度について、以下のように番号を割り当てる作業が該当する。

	健康でない	どちらかといえば健康でない	どちらともいえない	どちらかといえば健康	健康
あなたは健康ですか	1	2	3	4	5

　これはさらに、**質問する前（プリ）**の段階で符号を割り振っておく**プリ・コーディング**と、質問紙の**回収後（アフター）**に結果を見ながら符号を割り振る**アフター・コーディング**に大別される。

1　命題とは、「AはBである」とはっきり述べていて真偽が検討可能な文のことである。

（4）測定の尺度

　社会調査における測定には、**名義尺度（名目尺度）、順序尺度、間隔尺度、比率尺度**の四つの水準がある。社会調査では、統計処理しやすくするために調査データに数値を割り当てるのだが、データの種類により分析可能なレベルは異なる。

　名義尺度と順序尺度で得られるのは**質的データ**であり、数値の計算があまり意味を持たないため、統計的処理が可能な範囲は限られる。特に名義尺度では、平均値で特性を見るのは**不適切**となる。一方、間隔尺度と比率尺度で得られるのは**量的データ**であり、数値同士の加算・減算が可能なため、様々な統計的処理が可能となる。

① 名義尺度（名目尺度）

　名義尺度（名目尺度）とは、観察結果に対して、まったく任意の順序で名目的に数値を割り当てている尺度である。

　例えば質問票で、

あなたの好きなスポーツは何ですか。　1．野球　　2．サッカー　　3．テニス

と尋ねた場合、野球と答えた場合には $\boxed{1}$ 、サッカーと答えた場合には $\boxed{2}$ の数値を割り当てる。

　だがこの場合、数値自体には特別な意味はない。「1．テニス、2．野球、3．サッカー」としてもよいし、「1．サッカー、2．テニス、3．野球」としてもよい。数値はただデータ処理のためだけに**名義**としてつけたものであり、平均をとっても意味がない。

② 順序尺度

　順序尺度とは、観察結果に対して、測定される特性の量の大小の順に数値を割り当てる尺度である。

	健康でない	どちらかといえば健康でない	どちらともいえない	どちらかといえば健康	健康
あなたは健康ですか	1	2	3	4	5

　この場合、数値の順序を勝手に入れ替えるわけにはいかない。例えば「1．どちらかといえば健康」、「2．健康でない」、「3．どちらかといえば健康でない」と数値を割り当てたら無茶苦茶になる。このように、**順序が意味を持っている**点で名義尺度とは異なる。

③ 間隔尺度

間隔尺度とは、**与えられた数値どうしの間隔が意味を持つ尺度**である。

例えば摂氏（℃）とは、温度を測定した数値であり、10℃〜20℃の間隔と20℃〜30℃の間隔が等しいという点で間隔尺度といえる。ただし摂氏にはマイナスがあるため、0℃はゼロの点を意味しない（温度という性質は消えない）。したがって、「気温30℃は気温10℃の3倍暑い」とはいえず、次で述べる比率尺度にはならない。

ともあれ、間隔尺度になると、平均や標準偏差などの通常の統計的計算は許されるようになる（順序尺度では平均値の計算が意味を持たない）。

なお統計的計算を可能にするために、本来は順序尺度である「健康度」を間隔尺度とみなして分析することも多い。そうすると例えば「『1．健康でない』と『3．どちらともいえない』」の健康度の差は『4．どちらかといえば健康』と『5．健康』の健康度の差の2倍である」と仮定することとなる（3−1＝2、5−4＝1だから）。

ただし意味を持つのはあくまで間隔であって、「『3．どちらともいえない』は『1．健康でない』の3倍健康」ということにはならない（次で述べる比率尺度にはならない）。

④ 比率尺度

比率尺度とは、**観察結果に対して、ゼロの点**（問題としている性質が全く存在していない点）**が存在するように数を割り当てている尺度**である。

例えば年収の場合、ゼロの点が存在するし「年収200万円と年収600万円を比べると、600万円の方が年収は3倍だ」といえる。

以上の①〜④について、数値が大きい段階の尺度は数値が小さい段階の性質を持つ（比率尺度は、観察対象の状態を数値化したものだし、数値の順序に意味はあるし、数値同士の間隔は等しい）。また、数値が大きい段階の尺度になるほど**統計処理はしやすくなる**。

1.2 ▷ 調査票作成上の注意 ★★☆

社会調査において、調査票はデータを収集するための重要な手段となるため、適切な回答が得られるように言葉遣いや質問の順序、選択肢の設け方などに細心の注意を払う必要がある。

このように、**質問内容を文章化する過程やその結果としての言い回しを総称して****ワーディング**という。これには、語句、文、文の並べ方の3レベルで注意点がある。

完全に価値中立的な言葉や、影響関係が全くない問題文の配列はありえないが、調査票の作成の際には調査目的に適切な回答を得られるように配慮することが必要である。

（1）語句のレベル
① 難解な言葉

できる限り対象者に質問内容を誤解されないよう**難解な言葉は避けるべき**である。

② ステレオタイプな表現

ステレオタイプな表現（固定的な評価が定着した表現）も適切でない。

例えば、「官庁職員の再就職」と「官僚の天下り」は同じ事態を指す言葉だが、後者の表現をとるとマイナス・イメージが強まり、回答の傾向が否定的に変わることが予想される。

（2）文のレベル
① ダブルバーレル質問

一つの質問文の中に二つ以上の質問内容が含まれている形式である**ダブルバーレル質問**は避けるべきである。

例えば「あなたは、山へ行ったり海へ行ったりするのは好きですか」という質問の場合、両方好きか両方嫌いな人は問題ないが、山へ行くのは好きだが海へ行くのは嫌いな人（またはその逆の人）は、どう回答してよいのか困ってしまう。

② インパーソナル質問とパーソナル質問の混同

インパーソナル質問（建前に対する質問）と**パーソナル質問**（本音に対する質問）が混同されないように注意すべきである。

例えば「あなたは、世間で重要なのはお金だと思いますか」という質問文の場合、「世間一般では」というインパーソナル質問だと受け取る人もいる一方、「あなたにとって」というパーソナル質問と受け取る人もいる。

（3）文の並べ方のレベル

質問文の配置による回答誘導効果であるキャリーオーバー効果に配慮する必要がある。

例えば「あなたは、原子力発電所をもっと普及させるべきだと思いますか」という質問をする際に、直前に「あなたは、地球温暖化の進行を防ぐために火力発電所の数を減らすべきだと思いますか」という質問文を置く場合と、「あなたは、原子力発電所のプルトニウムが核爆弾に転用される可能性はあると思いますか」という質問文を置く場合とでは、回答の傾向が変わることが予想される。

（4）イエス・テンデンシー

質問文に対して、「はい」と答えやすい傾向のことを「イエス・テンデンシー（「はい」と答える傾向）という。

一般に、多くの人々は書かれている内容は正しいという前提で文章を読んでいるとされる。そこで、質問文の結びが「好きですか。」となっていると、「好きだ」という回答が好ましいと捉えて、そのまま「はい」と答えてしまう傾向があると言われている。そのため、「はい」への誘導効果を中立化するために、「あなたは音楽番組を見るのは好きですか、それとも好きではないですか。」という質問文の方が望ましいとされる。

なお、質問文をよく読まずに一方だけを答える層もあるため、それを防ぐために、あえて一般的に想定される回答でも「はい／いいえ」両方ある質問文を作る工夫もされている。

例えば、予防接種の問診票の質問文について、健康状態のよい者であれば、「現在、何かの病気で医師にかかっていますか」、「いままでけいれんを起こしたことがありますか」、「薬や食品で発疹やじんましんが出たことがありますか」という質問文に対して、すべて「いいえ」と答えることになる。その結果、質問文をよく読まずに「いいえ」を連呼しがちになるので、最後に「今日受ける予防接種について、説明文（裏面）を読んで理解しましたか」という質問文を配置する工夫をするのが通例である（この場合、勢いで「いいえ」と答えてしまうと不適切になる）。

❷ 標本調査

2.1 全数調査と標本調査　　　★★☆

　調査票調査のうち、日本で最も大規模なものは**国勢調査**である。これは日本に居住する全ての人を対象とした**全数調査(悉皆調査)**の手法を採っている。

　しかし、実際には全数調査はきわめて困難なので、社会調査では、調査対象とする集団(「**母集団**」と呼ぶ)から一部の**標本(サンプル)**を抽出する標本調査の手法を採ることが一般的である。

2.2 無作為抽出法　　　★★☆

(1)概　要

　無作為抽出法(ランダム・サンプリング)とは、**標本すべてが同じ確率で抽出されるように配慮する方法**である。

　少ない人数で全体を代表させるには、無作為抽出を行う必要がある。ジュースを試飲する場合には、どこをとっても成分が同じなので、一口でそのジュースの味見はできる(無作為抽出だといえる)。しかし、よくかき回していない味噌汁ならば、上澄みの部分と底の部分では味が違うであろう。

　社会調査においても同様の事情がある。渋谷の街角の100人が、青森の農村の100人や沖縄の漁村の100人と同じとは決していえない。社会における人間の分布には偏りがあるからである。そのため、渋谷の街角で100人にアンケートを採った結果が日本全体の代表例とはとてもいえない。そこで無作為抽出が必要になる。

　無作為抽出法で日本全国から100人を選び出す場合には、私も、皆さんも、青森の人も、沖縄の人も、全く同じ確率で選ばれなければならない。つまり、宝くじと同じ原理を用いる必要がある。日本人全員に一枚ずつ違った番号が書かれた券をもたせて、抽選で100種類の番号を決定すればいい。そうすれば、完全にランダム(無作為)に100人の日本人が選ばれることになる。

　しかし、そんなことをやっていたら手間がかかって仕方がない。そこで、番号が書かれた券を配る代わりに、既にある名簿をつかう。日本人全員の氏名住所がわかる名簿さえあれば、その中からランダムに100人を選ぶだけで、宝くじ方式と同じ結果が得られる。**無作為抽出法で絶対に必要なのが、信頼できる名簿**である。社会調査の場合は、**住民基本台帳**や、(掲載されているのは18歳以上という限定はあるが)**選挙人名簿**がよく用いられる。

（2）標本誤差

　標本誤差とは、調査対象となる集団（母集団）の一部の要素のみを観察することに伴う誤差のことである。

　抽出するサンプルサイズが多いほど標本誤差は少なくなるが、抽出方法さえしっかりしていれば、一定の人数でもかなり正確なデータがえられる[2]。したがって、**サンプルサイズが多い方がよいのは確かだが、費用対効果との関係から一定数にとどめるのが普通であるし、統計学的にはそれで十分である**[3]。

　無作為抽出は「何も考えないで闇雲にサンプルを選ぶこと」と誤解されがちだが、それは間違いで、できるだけ恣意的な偏りが出ないように、**統計学的にサンプルの選び方を考えた方式である。選び方がいい加減だと、統計法則に則った分析ができなくなる。**

　ただし、どのサンプルを選ぶかは無作為である。**選び方が意図的であること**（例えば、選挙人名簿の上から順に、20人おきに選び出す）と、**選ぶ対象が意図的であること**（自分が思ったとおりに人を選び出していくこと）は違う。

（3）無作為抽出法の分類
① 単純無作為抽出法

　抽出誤差をできるだけ少なくするためには、母集団全体から直接にサンプルを抽出する**単純無作為抽出法**が望ましい。例えば日本に住む18歳以上の人の社会意識について調査したいということで4,000人に調査するということならば、日本全国から、そのまま4,000人を選び出せばよい。

　だが、この方法は現実的ではない。まず無作為抽出法では原則的に、母集団のリストが手元になければならない。上記の例では、日本全国の選挙人名簿すべてが手元にある必要があるが、それらは各市区町村に保管してあって、閲覧することはできてもコピーすることはできないから、全部集めるのはほぼ不可能である。さらに日本全国から直接選ぶとなると、それぞれの調査対象者の住所はバラバラになるから、特に面接調査の場合、1人調査したら数十km移動して調査して、また数十km移動して、ということになって、1日に2〜3人ぐらいしか調査できず、非常に効率が悪い。

2　母集団との誤差を2分の1にするためにはサンプルサイズは4倍必要であり、誤差を3分の1にするためにはサンプルサイズを9倍にすることが必要である。

3　例えば、関東地区1,500万世帯のテレビ視聴率調査のサンプルサイズは2700世帯。ここでサンプル集団の視聴率が「20%」と出た場合は、95%の確率で、母集団の視聴率は18.5%〜21.5%の間にある（誤差±1.5%）。しかし誤差を±0.5%にするためには24,300世帯必要となる。

② 副次抽出法

そこで、この欠点を補うために、実際の調査では**副次抽出法**(多段抽出法)が用いられることが多い。これは、直接個体を抽出するのではなく、何段階かの副次集団(サブ・グループ)に分けて抽出を行う方法である。

例えば、全国をまず市区町村単位に分け、その中から200地点を抽出する。そして抽出された市区町村に出向いて、それぞれ20サンプルずつ抽出すれば、合計で4,000サンプル抽出できることになる[4]。こうすれば200か所の役所に行くだけで済むし、抽出されるのはその市区町村在住の人物だけだから、比較的限定された範囲を調査にまわるだけで済む。

③ 層化抽出法

層化抽出法(層別抽出法)は、精度を高めるために、母集団を地域別・年齢別・性別・配偶関係別・教育別・職業別・所得別などの部分(層)に分けた上で、それぞれの内部で単純無作為抽出をする方法である。

副次抽出法では母集団の持つ特性は考慮せずに分割して抽出するのに対して、層化抽出法では調査目的と関連の深い指標や質的な違いに注目して分割して抽出する点が異なる。

また、母集団の性別・年齢・人種構成などに注目して分割して抽出する点は後述する割当法と類似しているが、割当法はそれぞれの層の内部では有意抽出するのに対して、層化抽出法はそれぞれの内部で無作為抽出する点が異なる。

④ 系統抽出法

系統抽出法とは、スタート番号をランダムに決めた後は、そこから一定間隔で抽出していく方法である。例えば800人の中から20人を抽出する場合、間隔は40となる。ここでスタート番号を1〜40の間でランダムに決める。仮に17になったとしよう。そうなると抽出されるのは、名簿の中の17番、57番、97番、137番……の人物である。このようにすればランダム数を何度も算出する必要がなくなり、作業はやりやすい。

---

4 実際は抽出される市区町村の人口によりサンプルの数は変わるが、ここでは簡略化して説明している。

2.3 有意抽出法 ★★★

（1）概　要

有意抽出法とは、無作為にではなく、何らかの意図を持って特定のサンプルを選ぶ方法のことである。

（2）割当法の確立とその限界

① 概　要

標本調査における**割当法（クォータ法）**とは、すでに実施された社会調査によって判明している母集団の性別・年齢・地域・人種等の構成に比例させて標本数を割り当てて抽出する方法である。ただしこれは有意抽出法であり、**非確率標本抽出法**となるため、標本誤差の計算はできない。

② 割当法の成功と失敗

（ア）ギャラップ社の成功

営利機関の世論調査は、大規模なものとしては19世紀末にアメリカの新聞社が大統領選挙の模擬投票を実施したのが最初とされる。しかし当初は標本を厳密に抽出していなかったため、選挙結果の予測に失敗することが多かった。

例えば、1936年の大統領選挙（共和党のA.ランドン vs. 民主党のF.ルーズヴェルト）では、200万人以上の回答に基づいた『リテラリィ・ダイジェスト』誌の調査はランドン勝利を予想したが、3,000人の回答に基づいた「アメリカ世論研究所」（ギャラップ社）の調査ではルーズヴェルトの勝利を予想した。

そして、**実際に勝利したのはルーズヴェルト**だった。『リテラリィ・ダイジェスト』誌は、自誌の購読者とアメリカ全土の電話保有者の中から選んだため、サンプルが高所得層に偏っていた。それに対して、ギャラップ社は全有権者を性別・年齢・社会階層・人種の4項目に基づく割当法（クォータ法）で選んだため、サンプルの分布が母集団（アメリカの有権者全体）と近く、より精度の高い推定ができた（これをきっかけに、『リテラリィ・ダイジェスト』誌は廃刊に追い込まれた）。

（イ）ギャラップ社の失敗

とはいえ、1948年の大統領選挙（共和党のT.デューイ vs. 民主党のH.トルーマン）では、ギャラップ社はデューイの勝利を予想したにもかかわらず、実際に勝利したのはトルーマンだった。この失敗をきっかけとして、**割当法の限界が認識され、無作為抽出法が確立される**に至った。

③ 割当法の欠点

　割当法は、上述のように、すでに実施された社会調査によって判明している母集団の性別・年齢・地域・人種等の構成に比例させて標本数を割り当てて抽出する方法だが、**属性ごとの個々の対象者を誰にするのかは調査員の個人的判断に委ねられ**ていたため、そこで標本の歪みが生まれたとされる。また、その時点で**判明していなかった母集団の構成に影響されて**ズレが生じる可能性もある。

　このように、抽出法に無配慮な標本調査に比べれば、割当法は母集団の特性を比較的代表しうるが、無作為抽出法に比べるとズレがある。1936年の大統領選挙ではルーズヴェルトが大差で勝利したために（得票率は、ルーズヴェルト60.8％・ランドン36.5％）そのズレが気づかれなかったが、1948年の大統領選挙はトルーマンが僅差で勝利したため（トルーマン49.5％・デューイ45.1％）、割当法の限界が露呈したのだとされる。

01 順序尺度とは、統計的分析のため、職業や居住する都道府県など異なる分類カテゴリーに対し、仮に相対的な序列を表す数値を与えるものであり、度数分布や最頻値などによる分析には適用できるが、相関係数の算出など数値間の計算を要する分析には適用することができない。国家一般職2011 1.1

✕ 「職業や居住する都道府県など異なる分類カテゴリーに対し、仮に相対的な序列を表す数値を与える」のは名義尺度である。また、名義尺度と順序尺度で得られるのは質的データであり、数値の計算があまり意味を持たないため、度数分布や最頻値などによる分析には適用できない。

02 社会調査で、質問票を作成する場合には、被質問者の回答を一定の方向に誘導するために、ステレオタイプ化した(社会的に固定化したプラスやマイナスの印象や評価を含む。)表現を用いることが適切である。例えば、「草の根の住民運動」や「うさぎ小屋並みの日本の住宅」といった表現がそれである。国家一般職1998 1.2

✕ ステレオタイプ化した表現は避けなければならない。そのような表現を用いてしまうと、回答結果がそのような表現によって誘導されて生じたものなのか、それとも「本来」の回答を表したものなのかを判断することが困難になる。

03 社会調査で質問文を作成する場合には、ダブルバーレル(本来は二連発銃のこと)という質問形式が適切であるといわれる。これは、一つの質問文の中で、関連する二つの項目について同時に質問することを指す。例えば「あなたは現在の職業や収入に満足していますか」という質問文がこれに当たる。国家一般職2000 1.2

✕ ダブルバーレルという質問形式は、避けなければならない。このような質問をしてしまうと、職業に関する満足なのか、収入に関する満足なのか、どちらについて答えているのか、わからなくなってしまう。

04 調査票の質問文のワーディングにおいて注意すべき事項のうち、アナウンスメント効果とは、前の質問が、後の質問に対する回答に影響を与えることを指し、例えば、外国人犯罪に関する質問の後、外国人労働者の受入れに関する質問をするといった例が挙げられる。国家一般職2011 1.2

✕ これは、キャリーオーバー効果に関する記述である。

05 キャリーオーバー効果とは、質問用紙調査などを実施する際に、その直前に発生した予期せぬ事件の強い印象などが、回答の傾向に影響を与えることをいう。国家一般職2009 1.2

✕ キャリーオーバー効果とは、質問文の配置による回答誘導効果のことであって、質問以前の事

件による効果ではない。

06 イエス・テンデンシーとは、アンケートの回答者となるような人は、そもそも他人からの依頼を断ることをしない傾向にあるため、質問項目に対しても「イエス」と答えやすい傾向があることをいい、特に、「あなたは音楽番組を見るのは好きですか。」といった質問よりも「あなたは音楽番組を見るのは好きではないですか。」といった質問の方が、「好きです。」と回答する割合が高くなりやすい。**国家総合職2018人間科学** 1.2

✕ 「あなたは音楽番組を見るのは好きではないですか。」といった質問よりも「あなたは音楽番組を見るのは好きですか。」といった質問の方が、「好きです。」と回答する割合が高くなりやすい。これを、イエス・テンデンシー（「はい」と答える傾向）という。

07 無作為抽出とは、調査者が調査対象者を偶然によって無秩序に選ぶ抽出法で、例えば、日本全国の高校生の政治的態度を明らかにするために、原宿駅前を通りかかった高校生から偶然見つけた100人を選ぶ場合、これを無作為抽出と呼ぶことができる。**国家一般職2020** 2.2

✕ 無作為抽出（法）は、調査者が統計学的手法に則って計画的に調査対象者を選ぶ抽出法で、「偶然」によって「無秩序」に選んでいるわけではない。また、挙げられている例も無作為抽出とは呼べない。

08 標本調査のうち、無作為抽出法は、ランダム・サンプリングともよばれ、母集団の中から標本を無計画に抽出するものであり、抽出作業は簡単であるが、標本誤差については理論的に計算できないとされる。**東京都Ⅰ類2004** 2.2

✕ 無作為抽出法は、母集団の中から標本を「計画的に」抽出するものであり、それにより標本誤差を理論的に計算できるようになる。

09 量的調査を行う場合、回答者を無作為抽出法で選び出すには、単純無作為抽出法が基本となる。系統抽出法や副次抽出法などの比較的簡便だが精度の下がる方法が、実際の調査で用いられることはあまりなく、時間や費用がかかっても単純無作為抽出法が用いられることが多い。**国家一般職2006** 2.2

✕ 広い範囲を調査する場合は、もっぱら系統抽出法や副次抽出法が用いられる。

10 層化抽出法とは、所得水準などの指標により社会階層を分類し、その上で無作為抽出によりサンプルを選ぶ方法であり、社会階層別の因果関係の差を説明するためのサンプリング方法である。**国家一般職2009** 2.2

✕ 層化(層別)抽出法は、精度を高めるために、母集団を部分(層)に分けた上でそれぞれの内部で単純無作為抽出をする方法だが、分類の基準は地域別・年齢別・性別・配偶関係別・教育別・職業別・所得別など様々であり、一般には社会階層とされない層で分類することもある。また、層別して直接的にわかるのは、層同士の特性の違いであって因果関係ではない。

問題1 社会調査に関する記述として、妥当なのはどれか。

特別区Ⅰ類2017

❶ 全数調査とは、悉皆調査とも呼ばれ、調査対象となったすべての要素を網羅的に調査する方法であり、我が国では、国内の人口や世帯の実態を明らかにするために行われている国勢調査が、代表例として挙げられる。

❷ 生活史法とは、調査者自身が調査対象集団の一員として振る舞いながら観察する方法であり、ホワイトの「ストリート・コーナー・ソサイエティ」が有名である。

❸ 留置法とは、調査員が調査対象者宅を訪問して調査票を配布し、後日それを回収する調査法であり、調査対象者自身に質問票を記入してもらうよう依頼しているため、調査対象者本人が記入したか不明であるという欠点はない。

❹ 無作為抽出法とは、ランダム・サンプリングと呼ばれ、母集団に含まれる個体をサンプルとして抽出する際には、調査者が意図的に抽出するやり方であり、確率抽出の原理を用いた抽出法ではない。

❺ 参与観察法とは、手紙や日記などの個人的記録や生活記録を用いて、社会的文脈と関連づけて記録する調査法であり、トマスとズナニエツキの「ヨーロッパとアメリカにおけるポーランド農民」が有名である。

❶ ◯ ただし、調査にかかるコストが莫大なため、大規模な調査対象に対する全数調査は限定される。

❷ ✕ これは、参与観察法に関する記述である。参与観察は、うまくいけば調査対象者が観察されていることをあまり意識せずにすむこと、出来事を調査対象者にとっての意味に即して理解できることなどの長所があるため、調査者が対象者と文化様式を異にし、外部からの非参与観察では実態が理解されにくい場合に特に有効とされる。しかし、ある観察者が対象集団においてそのメンバーとしてとった位置が別の観察者によって再現できない（データの信頼性が十分に確保されない）などの点で限界はある。

❸ ✕ 留置法では、調査対象者が質問票に記入する場面には立ち会わないため、本当に調査対象者自身が記入したかどうかを確認することは一般論としてはできない。

❹ ✕ 無作為抽出法は、母集団に含まれるサンプルを調査者が作為なしに抽出するやり方であり、確率抽出の原理を用いた抽出法である。

❺ ✕ これは、生活史法に関する記述である。

1 コーディングとは、集計作業を容易にするため、被調査者の回答又は資料の各標識をいくつかのカテゴリーに分類し、それらのカテゴリーに対して数字などの一定の符号を定めた上で、個々の回答を符号化する作業のことである。

2 ワーディングとは、面接の際、被調査者が回答に躊躇などしている場合、回答を促すために探りを入れる補足的な質問のことである。意識を尋ねる質問では、被調査者の考えを反映した正確な回答が得られるが、事実に関する質問に限っては回答に偏りが生じやすい。

3 パーソナル質問とは、世間一般についての被調査者の意見を尋ねる質問であり、間接質問ともいう。社会規範に関わる質問の場合、被調査者個人の深層心理を掘り下げる質問であるインパーソナル質問とパーソナル質問との間で回答分布に端的に差が現れることが多い。

4 キャリーオーバー効果とは、被調査者が、調査票の最初に記された回答上の注意事項を詳しく読むことによって、後に置かれた全ての質問に対し、自分の考えなどを偏りなく、正確に答えられるようになることであり、社会調査においては望ましい効果の一つとされている。

5 ダブルバーレル質問とは、一つの調査票において、同じ趣旨の独立した質問が二つ以上含まれていることを指す。これらの質問に対する回答がそれぞれ異なる場合、どの回答が被調査者の真の考えを反映しているのか明らかでないため、質問を一つに統合する必要がある。

1 ◯ コーディングはさらに、プリ・コーディングとアフター・コーディングに大別される。

2 ✕ 「ワーディング」とは、質問内容を文章化する過程やその結果としての言いまわしのことである。また第2文についても、「偏り」という言葉が政治的な「偏り」なのか、回答の分散のことなのか、それとも別の意味なのか曖昧であるため、正しいとも誤りともいえない。

3 ✕ おおむね、パーソナル（個人的）質問とインパーソナル質問の説明が逆になっている。ただし、パーソナル質問は「深層心理」まで掘り下げるとは限らない。

4 ✕ キャリーオーバー効果とは、質問文の配置による回答誘導効果のことである。質問文の前に特定の事実・意見を示すことにより、それが前提になって回答の傾向が変わることがある。これは、社会調査においては望ましくない効果の一つとされている。

5 ✕ ダブルバーレル質問とは、一つの「質問文」の中に複数の質問内容が含まれている形式の質問のことである。複数の質問内容に対する回答がそれぞれ異なる場合、その質問文の回答がどちらの質問内容に対するものか明らかでないため、質問文を分割する必要がある。

第**8**章

社会調査法

人物・主著・キーワードリスト

アドルノ, T

* ドイツの社会哲学者
  [1903〜69]
* 主著:『啓蒙の弁証法』(1947、共著)
  『権威主義的パーソナリティ』(1950)
* キーワード:フランクフルト学派／批判理論
  ／権威主義的パーソナリティ／F尺度

アリエス, P
* フランスの歴史家 [1914〜84]
* 主著:『〈子ども〉の誕生』(1960)
* キーワード:〈子ども〉の誕生

有賀喜左衛門
* 日本の社会学者 [1897〜1979]
* キーワード:家連合／同族型／講組型

アンダーソン, B
* アメリカの政治学者 [1936〜2015]
* 主著:『想像の共同体』(1983)
* キーワード:想像の共同体／出版資本主義

イリイチ, I
* オーストリア出身の社会理論家
  [1926〜2002]
* 主著:『脱学校の社会』(1970)
  『シャドウ・ワーク』(1981)
* キーワード:学校化社会／シャドウ・ワーク

ウィリス, P
* イギリスの社会学者 [1950〜　]
* 主著:『ハマータウンの野郎ども』(1977)
* キーワード:ハマータウンの野郎ども

ウェーバー, M
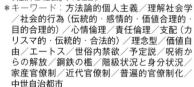
* ドイツの社会科学者
  [1864〜1920]
* 主著:『プロテスタンティズム
  の倫理と資本主義の精神』
  (1904〜05、1920)
  『経済と社会』(1922)
* キーワード:方法論的個人主義／理解社会学
  ／社会的行為(伝統的・感情的・価値合理的・
  目的合理的)／心情倫理／責任倫理／支配(カ
  リスマ的・伝統的・合法的)／理念型／価値自
  由／エートス／世俗内禁欲／予定説／呪術か
  らの解放／鋼鉄の檻／階級状況と身分状況／
  家産官僚制／近代官僚制／普遍的官僚制化／
  中世自治都市

ヴェブレン, T

* アメリカの経済社会学者
  [1857〜1929]
* 主著:『有閑階級の理論』
  (1899)
* キーワード:有閑階級／誇示的消費

ウォーナー, W.L
* アメリカの人類学者 [1898〜1970]
* 主著:『ヤンキー・シティ』(1941〜59)
* キーワード:定位家族／生殖家族／ヤンキー・
  シティ

ウォーラーステイン, I
* アメリカの歴史社会学者
  [1930〜2019]
* 主著:『近代世界システム』
  (1974〜89)
* キーワード:世界システム論／中核／半周辺
  ／周辺

エリクソン, E
* アメリカの発達心理学者
  [1902〜94]
* 主著:『アイデンティティ』
  (1968)
* キーワード:アイデンティティ／ライフサイ
  クル論／青年期の達成課題／モラトリアム

エンゲルス, F
* ドイツの社会科学者
  [1820〜95]
* 主著:『共産党宣言』(1848、
  共著)
  『資本論』(1867〜94、共著)
* キーワード:資本家／労働者／資本主義／社
  会主義／共産主義

オグバーン, W.F
* アメリカの社会学者 [1886〜1959]
* キーワード:文化遅滞説／物質文化／非物質
  文化／適応文化

オルソン, M
* アメリカの経済学者 [1932〜88]
* 主著:『集合行為論』(1965)
* キーワード:フリーライダー／集合行為問題

オルテガ・イ・ガセット, J
* スペインの哲学者 [1883〜1955]
* 主著:『大衆の反逆』(1930)
* キーワード:大衆の反逆／大衆的人間

ガーフィンケル, H
* アメリカの社会学者［1917〜2011］
* 主著:『エスノメソドロジー研究』(1967)
* キーワード:エスノメソドロジー／意味学派
／違背実験

ガルブレイス, J.K

* アメリカの経済学者
［1908〜2006］
* 主著:『ゆたかな社会』(1958)
* キーワード:ゆたかな社会／依
存効果

ギディングス, F
* アメリカの社会学者［1855〜1931］
* キーワード:生成社会／組成社会

ギデンズ, A

* イギリスの社会学者
［1938〜　］
* 主著:『社会の構成』(1984)
『再帰的近代化』(1994, 共著)
* キーワード:第三の道／構造化理論／構造の
二重性／再帰的近代化／脱埋め込み

クーリー, C.H
* アメリカの社会心理学者
［1864〜1929］
* キーワード:社会的自我／鏡に
映った自我／第一次集団

クラッパー, J
* アメリカの社会学者［1917〜84］
* 主著:『マス・コミュニケーションの効果』
(1960)
* キーワード:限定効果説／クラッパーの一般
化

グラノヴェター, M
* アメリカの社会学者［1943〜　］
* 主著:『転職』(1974)
* キーワード:弱い紐帯／強い紐帯

コーエン, A
* アメリカの社会学者［1918〜2014］
* キーワード:非行下位文化理論

コーンハウザー, W
* アメリカの政治社会学者［1925〜2004］
* 主著:『大衆社会の政治』(1959)
* キーワード:貴族主義的批判／民主主義的批
判／エリートへの接近可能性／非エリートの
操縦可能性／共同体的社会／多元的社会／全
体主義社会／大衆社会

ゴフマン, E
* アメリカの社会学者［1922〜82］
* 主著:『日常生活における自己呈示』(1956)
* キーワード:ドラマトゥルギー／意味学派／
自己呈示／印象操作／儀礼的無関心／役割距
離／スティグマ

コント, A

* フランスの社会学者
［1798〜1857］
* 主著:『実証哲学講義』(1830
〜42)
* キーワード:実証主義／社会有機体説／秩序
と進歩の調和／社会静学／社会動学／三段階
の法則（神学的・形而上学的・実証的)／綜合
社会学

サザーランド, E
* アメリカの社会学者［1883〜1950］
* キーワード:シカゴ学派／分化的接触理論／
ホワイトカラーの犯罪

サムナー, W
* アメリカの社会学者［1840〜1910］
* キーワード:内集団／外集団

シュッツ, A
* オーストリア出身の社会学者
［1899〜1959］
* 主著:『社会的世界の意味構成』(1932)
* キーワード:現象学的社会学／意味学派／生
活世界／多元的現実論／至高の現実

ジンメル, G
* ドイツの社会学者・哲学者
［1858〜1918］
* 主著:『社会学』(1908)
* キーワード:方法論的関係主義
／形式社会学／社会化の形式／社会圏の交錯

鈴木榮太郎
* 日本の社会学者［1894〜1966］
* キーワード:行政村／自然村／結節機関

ズナニエツキ, F
* アメリカの哲学者［1882〜1958］
* 主著:『欧米におけるポーランド農民』(1918
〜20、共著)
* キーワード:欧米におけるポーランド農民／
生活史法

スペンサー, H

* イギリスの社会学者
  [1820〜1903]
* 主著：『社会学原理』(1876〜96)
* キーワード：自由放任主義／社会有機体説／社会進化論／軍事型社会／産業型社会／適者生存／綜合社会学

ソローキン, P

* アメリカの社会学者 [1889〜1968]
* キーワード：社会移動（水平移動・垂直移動）／組織集団と非組織集団／都市：農村二分法

ダーレンドルフ, R

* ドイツの社会学者 [1929〜2009]
* 主著：『産業社会における階級・階級闘争』(1957)
* キーワード：階級対立の制度化

高田保馬

* 日本の社会学者・経済学者 [1883〜1972]
* キーワード：基礎社会／派生社会

タルド, G

* フランスの社会心理学者 [1843〜1904]
* 主著：『世論と群集』(1901)
* キーワード：公衆／模倣の法則

テイラー, F.W

* アメリカの機械技師
  [1856〜1915]
* 主著：『科学的管理法の理論』(1911)
* キーワード：科学的管理法／テイラー・システム／動作研究／時間研究／課業管理／差別出来高制／機能別職長制／経済人モデル

デュルケム, É

* フランスの社会学者
  [1858〜1917]
* 主著：『社会分業論』(1893)
  『社会学的方法の規準』(1895)
  『自殺論』(1897)
* キーワード：方法論的集合主義／社会学主義／社会的事実／集合表象／社会的分業／機械的連帯／有機的連帯／アノミー的分業／自殺（自己本位的・集団本位的・アノミー的・宿命的）

テンニース, F

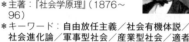

* ドイツの社会学者
  [1855〜1936]
* 主著：『ゲマインシャフトとゲゼルシャフト』(1887)
* キーワード：ゲマインシャフト／ゲゼルシャフト／本質意志／選択意志／ゲノッセンシャフト

土居健郎

* 日本の精神科医 [1920〜2009]
* 主著：『「甘え」の構造』(1971)
* キーワード：甘え

トマス, W

* アメリカの社会学者 [1863〜1947]
* 主著：『欧米におけるポーランド農民』(1918〜20、共著)
* キーワード：シカゴ学派／トマスの公理／状況の定義／欧米におけるポーランド農民／生活史法

中根千枝

* 日本の人類学者 [1926〜2021]
* 主著：『タテ社会の人間関係』(1967)
* キーワード：タテ社会／ヨコ社会

バーガー, P

* ドイツの社会学者 [1929〜2017]
* 主著：『現実の社会的構成』(1966、共著)
  『聖なる天蓋』(1967)
* キーワード：聖なる天蓋／カオス・コスモス・ノモス／社会構築主義

パーク, R

* アメリカの社会学者 [1864〜1944]
* キーワード：シカゴ学派／社会的実験室としての都市／人間生態学／コミュニティとソサエティ／マージナル・マン

ハーシ, T

* アメリカの社会学者 [1935〜2017]
* キーワード：社会統制理論

バージェス, E.W

* アメリカの社会学者 [1886〜1966]
* キーワード：シカゴ学派／同心円地帯モデル（中心業務地区・遷移地帯・労働者住宅地帯・中流階級居住地帯・通勤者地帯）／制度家族／友愛家族

パーソンズ，T

* アメリカの社会学者
  ［1902〜79］
* 主著：『社会的行為の構造』
  （1937）
  『社会体系論』（1951）
  『行為の総合理論をめざして』（1951）
  『経済と社会』（1956）
* キーワード：構造＝機能主義／ホッブズ的秩序問題（主意主義的行為理論／行為システム理論（文化・社会・パーソナリティ・行動有機体）／パターン変数／AGIL図式（適応・目標達成・統合・潜在性）／機能要件／ダブル・コンティンジェンシー／家族の2機能説（子どもの一次的社会化・成人のパーソナリティの安定化）／家族内の役割（手段的・表出的）

ハーバーマス，J

* ドイツの社会学者［1929〜　］
* 主著：『公共性の構造転換』
  （1962）
  『コミュニケーション的行為の
  理論』（1981）
* キーワード：フランクフルト学派／市民的公共圏／戦略的行為／コミュニケーション的行為／コミュニケーション的合理性／生活世界の植民地化

バウマン，Z

* ポーランド出身の社会学者［1925〜2017］
* 主著：『リキッド・モダニティ』（2001）
* キーワード：ソリッド・モダニティ／リキッド・モダニティ

パットナム，R

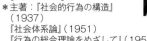

* アメリカの政治学者［1941
  〜　］
* 主著：『哲学する民主主義』
  （1993）
  『孤独なボウリング』（2000）
* キーワード：社会関係資本／紐帯強化型／架橋型

パレート，V

* イタリアの経済学者・社会学者
  ［1848〜1923］
* 主著：『一般社会学大綱』
  （1916）
* キーワード：エリートの周流／ライオン型／キツネ型／循環論／残基／派生体

フィッシャー，C.S

* アメリカの社会学者［1948〜　］
* キーワード：アーバニズムの下位文化論

フーコー，M

* フランスの哲学者
  ［1926〜84］
* 主著：『狂気の歴史』（1961）
  『言葉と物』（1966）
  『監獄の誕生』（1975）
  『性の歴史』（1976〜84）
* キーワード：エピステーメー／狂気の歴史／パノプティコン／規律訓練型の権力論／生権力

福武直

* 日本の社会学者［1917〜89］
* キーワード：同族型／講組型

ブラウ，P

* アメリカの社会学者［1918〜2002］
* 主著：『交換と権力』（1964）
* キーワード：交換理論／交換と権力／官僚制の逆機能

フリーダン，B

* アメリカのフェミニスト［1921〜2006］
* 主著：『新しい女性の創造』（1963）
* キーワード：第二波フェミニズム／「女らしさ」の神話／名前のない問題

ブルーマー，H

* アメリカの社会学者［1900〜87］
* 主著：『シンボリック相互作用論』（1969）
* キーワード：シカゴ学派／意味学派／シンボリック相互作用論

ブルデュー，P

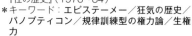

* フランスの社会学者
  ［1930〜2002］
* 主著：『再生産』（1970、共著）
  『ディスタンクシオン』（1979）
* キーワード：ハビトゥス／プラティーク／文化資本／文化的再生産

フロイト，S

* オーストリアの精神分析学者
  ［1856〜1939］
* 主著：『精神分析入門』（1916
  〜17）
* キーワード：精神分析／無意識／夢判断／超自我／イド

フロム, E
* ＊ドイツの社会心理学者 [1900～80]
* ＊主著：『自由からの逃走』(1941)
* ＊キーワード：フランクフルト学派／批判理論／社会的性格／権威主義的性格

ベッカー, H.S
* ＊アメリカの社会学者 [1928～　]
* ＊主著：『アウトサイダーズ』(1963)
* ＊キーワード：シカゴ学派／ラベリング理論／アウトサイダー

ベック, U
* ＊ドイツの社会学者 [1944～2015]
* ＊主著：『リスク社会』(1986)『再帰的近代化』(1994、共著)
* ＊キーワード：リスク社会／大いなる危険／個人化

ベネディクト, R
* ＊アメリカの文化人類学者 [1887～1948]
* ＊主著：『菊と刀』(1946)
* ＊キーワード：罪の文化／恥の文化

ベル, D
* ＊アメリカの社会学者 [1919～2011]
* ＊主著：『イデオロギーの終焉』(1960)『脱工業社会の到来』(1973)
* ＊キーワード：脱工業社会／収斂理論／イデオロギーの終焉

ホイト, H
* ＊アメリカの経済学者 [1896～1984]
* ＊キーワード：扇形モデル

ボードリヤール, J
* ＊フランスの社会学者 [1929～2007]
* ＊主著：『消費社会の神話と構造』(1970)
* ＊キーワード：記号消費／記号的差異／シミュラークル

ホックシールド, A.R
* ＊アメリカの社会学者 [1940～　]
* ＊キーワード：感情労働／感情規則／感情管理／表層演技／深層演技

ホマンズ, G.C
* ＊アメリカの社会学者 [1910～89]
* ＊主著：『ヒューマン・グループ』(1950)
* ＊キーワード：交換理論／小集団研究／社会システム

ホワイト, W.F
* ＊アメリカの社会学者 [1914～2000]
* ＊主著：『ストリート・コーナー・ソサエティ』(1943)
* ＊キーワード：参与観察法／ストリート・コーナー・ソサエティ

マードック, G
* ＊アメリカの文化人類学者 [1897～1985]
* ＊主著：『社会構造』(1949)
* ＊キーワード：核家族／拡大家族／複婚家族／核家族普遍説／核家族の4機能(性・経済・生殖・教育)

マートン, R.K
* ＊アメリカの社会学者 [1910～2003]
* ＊主著：『社会理論と社会構造』(1949)
* ＊キーワード：機能概念の精緻化(順・逆／顕在的・潜在的)／中範囲の理論／準拠集団／相対的剥奪感／予期的社会化／自己成就的予言／自己破壊的予言／アノミー論／個人的適応の様式(同調・革新・儀礼主義・逃避主義・反抗)／緊張理論／官僚制の逆機能

マッキーヴァー, R
* ＊アメリカの社会学者 [1882～1970]
* ＊主著：『コミュニティ』(1917)
* ＊キーワード：コミュニティ／アソシエーション／多元的国家論

マリノフスキー, B
* ＊イギリスの文化人類学者 [1884～1942]
* ＊主著：『西太平洋の遠洋航海者』(1922)
* ＊キーワード：機能主義／物質文化／非物質文化／制度文化／参与観察法

マルクス, K

* ＊ドイツの社会科学者 [1818～83]
* ＊主著：『共産党宣言』(1848、共著)『資本論』(1867～94、共著)
* ＊キーワード：疎外／下部構造／上部構造／イデオロギー／虚偽意識／史的唯物論／生産手段／資本家／社会主義／共産主義／搾取／階級(即自的・対自的)

丸山真男

* 日本の政治学者 [1914〜96]
* 主著:『日本の思想』(1961)
* キーワード:たこつぼ型／ささら型

マンハイム, K

* ハンガリー出身の社会学者 [1893〜1947]
* 主著:『イデオロギーとユートピア』(1929)
* キーワード:知識の存在被拘束性／イデオロギー(部分的・全体的／特殊的・普遍的)／相関主義／自由浮動のインテリゲンチャ／自由のための計画

ミード, G.H

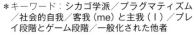

* アメリカの社会哲学者・社会心理学者 [1863〜1931]
* 主著:『精神・自我・社会』(1934)
* キーワード:シカゴ学派／プラグマティズム／社会的自我／客我(me)と主我(I)／プレイ段階とゲーム段階／一般化された他者

ミヘルス, R

* ドイツの社会学者 [1876〜1936]
* 主著:『現代民主主義における政党社会学』(1911)
* キーワード:寡頭制の鉄則

ミルズ, C.W

* アメリカの社会学者 [1916〜62]
* 主著:『パワー・エリート』(1956)
* キーワード:パワー・エリート／陽気なロボット／社会学的想像力

メイヨー, G.E

* アメリカの臨床心理学者 [1880〜1949]
* 主著:『産業文明における人間の問題』(1933)
* キーワード:ホーソン実験／フォーマル・グループ／インフォーマル・グループ／社会人モデル

ラザースフェルド, P

* アメリカの社会学者 [1901〜76]
* 主著:『ピープルズ・チョイス』(1944)
* キーワード:コミュニケーションの二段の流れ／オピニオン・リーダー／エリー調査／無作為抽出法／限定効果説／地位付与機能／社会規範の強制機能／麻酔的逆機能

リースマン, D

* アメリカの社会学者 [1909〜2002]
* 主著:『孤独な群衆』(1950)
* キーワード:社会的性格論／同調の様式／伝統指向型／内部指向型／ジャイロスコープ内蔵型／他人指向型／レーダー内蔵型

リッツァ, G

* アメリカの社会学者 [1940〜　]
* 主著:『マクドナルド化する社会』(1993)
* キーワード:マクドナルド化

リップマン, W

* アメリカのジャーナリスト [1889〜1974]
* 主著:『世論』(1922)
* キーワード:擬似環境／ステレオタイプ

リトワク, E

* アメリカの社会学者 [1925〜2022]
* キーワード:修正拡大家族

リンド夫妻

* アメリカの社会学者 (R.リンド [1892〜1970]、H.リンド [1896〜1982])
* 主著:『ミドルタウン』(1929)
* キーワード:参与観察法／ミドルタウン

リントン, R

* アメリカの文化人類学者 [1893〜1953]
* キーワード:普遍的文化／特殊的文化／任意的文化

ル・ボン, G

* フランスの社会心理学者 [1841〜1931]
* 主著:『群集心理』(1895)
* キーワード:群集

ルーマン, N

* ドイツの社会学者 [1927〜98]
* 主著:『社会システム論』(1984)
* キーワード:社会システム／複雑性の縮減／システムと環境／オートポイエシス／自己言及／ダブル・コンティンジェンシー

ルックマン, T

* ドイツの社会学者 [1927〜2016]
* 主著:『現実の社会的構成』(1966、共著)
* キーワード:見えない宗教／社会構築主義

レッドフィールド，R
＊アメリカの社会学者［1897〜1958］
＊キーワード：都市＝農村連続法

レマート，E
＊アメリカの社会学者［1912〜96］
＊キーワード：第一次逸脱／第二次逸脱

ロストウ，W
＊アメリカの経済学者
　［1916〜2003］
＊主著：『経済成長の諸段階』
　（1960）
＊キーワード：テイク・オフ／高度大衆消費社
　会／収斂理論

ロンブローゾ，C
＊イタリアの法医学者［1835〜1909］
＊キーワード：生来的犯罪人説

ワース，L
＊アメリカの社会学者［1897〜1952］
＊キーワード：シカゴ学派／アーバニズム

人物年表

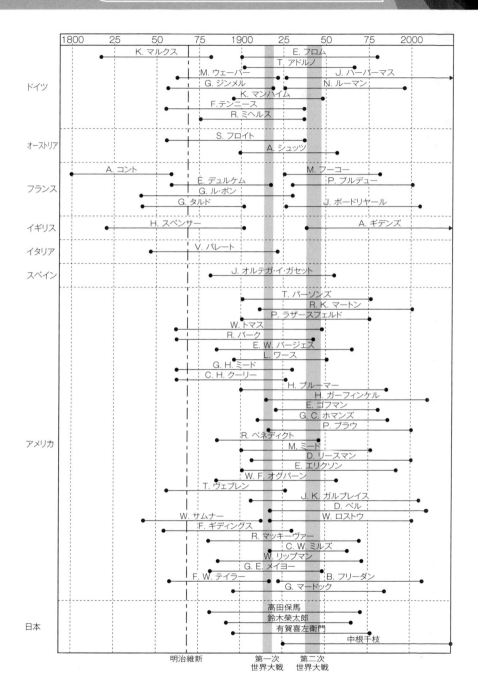

| | 1800 | 25 | 50 | 75 | 1900 | 25 | 50 | 75 | 2000 |

ドイツ
- K. マルクス
- E. フロム
- T. アドルノ
- M. ウェーバー
- J. ハーバーマス
- G. ジンメル
- N. ルーマン
- K. マンハイム
- F.テンニース
- R. ミヘルス

オーストリア
- S. フロイト
- A. シュッツ

フランス
- A. コント
- M. フーコー
- E. デュルケム
- P. ブルデュー
- G. ル・ボン
- G. タルド
- J. ボードリヤール

イギリス
- H. スペンサー
- A. ギデンズ

イタリア
- V. パレート

スペイン
- J. オルテガ・イ・ガセット

アメリカ
- T. パーソンズ
- R. K. マートン
- P. ラザースフェルド
- W. トマス
- R. パーク
- E. W. バージェス
- L. ワース
- G. H. ミード
- C. H. クーリー
- H. ブルーマー
- H. ガーフィンケル
- E. ゴフマン
- G. C. ホマンズ
- P. ブラウ
- R. ベネディクト
- M. ミード
- D. リースマン
- E. エリクソン
- W. F. オグバーン
- T. ヴェブレン
- J. K. ガルブレイス
- D. ベル
- W. サムナー
- W. ロストウ
- F. ギディングス
- R. マッキーヴァー
- C. W. ミルズ
- W. リップマン
- G. E. メイヨー
- F. W. テイラー
- B. フリーダン
- G. マードック

日本
- 高田保馬
- 鈴木榮太郎
- 有賀喜左衛門
- 中根千枝

明治維新　　第一次世界大戦　　第二次世界大戦

索　引

p.7,308　K. マルクス　John Jabez Edwin Mayal
https://commons.wikimedia.org/wiki/File:Karl_Marx.jpg

p.7,304　F. エンゲルス　William Hall
https://commons.wikimedia.org/wiki/File:Friedrich_Engels_portrait_(cropped).jpg

p.10,305　A. コント　Johan Hendrik Hoffmeister
https://commons.wikimedia.org/wiki/File:Auguste_Comte.jpg

p.13　ブラジル国旗　Governo do Brasil
https://commons.wikimedia.org/wiki/File:Flag_of_Brazil.svg

p.13,306　H. スペンサー
https://commons.wikimedia.org/wiki/File:Herbert_Spencer.jpg

p.19,306　É. デュルケム
https://commons.wikimedia.org/wiki/File:Emile_Durkheim.jpg

p.24,305　G. ジンメル
https://commons.wikimedia.org/wiki/File:Georg-Simmel-1914.jpg

p.26,304　M. ウェーバー
https://commons.wikimedia.org/wiki/File:Max_Weber_1894.jpg

p.48,307　T. パーソンズ　Omid.af17
https://commons.wikimedia.org/wiki/File:Talcott_Parsons_3.jpg

p.56,308　R.K. マートン　Eric Koch
https://commons.wikimedia.org/wiki/File:Robert_K._Merton_(1965).jpg

p.67,308　E. フロム　Müller-May
https://commons.wikimedia.org/wiki/File:Erich_Fromm_1974.jpg?uselang=ja

p.69,304　T. アドルノ　Jeremy J. Shapiro
https://commons.wikimedia.org/wiki/File:Theodor_W._Adorno.jpg

p.82,305　C.H. クーリー　Lisha prona
https://commons.wikimedia.org/wiki/File:Charles_Horton_Cooley.jpg

p.83,309　G.H. ミード
https://commons.wikimedia.org/wiki/File:George_Herbert_Mead.jpg

p.84,307　S. フロイト　Max Halberstadt
https://commons.wikimedia.org/wiki/File:Sigmund_Freud,_by_Max_Halberstadt_(cropped).jpg

p.86,304　E. エリクソン　Rupali.talan
https://commons.wikimedia.org/wiki/File:Erik_Erikson_Photo2.jpg

p.97,307　J. ハーバーマス　Wolfram Huke
https://commons.wikimedia.org/wiki/File:JuergenHabermas.jpg

p.98,307　M. フーコー　Foucault123
https://commons.wikimedia.org/wiki/File:685aee19dcc45fbdf325c1ce74738c87v1_max_755x425_b3535db83dc50e27c1
bb1392364c95a2.jpg

p.100,305　A. ギデンズ　Szusi
https://commons.wikimedia.org/wiki/File:Anthony_Giddens_at_the_Progressive_Governance_Converence,_Budapest,_
Hungary,_2004_October.jpg

p.102,308　U. ベック　International Students' Committee
https://commons.wikimedia.org/wiki/File:Beck-St-Gallen-Symposium.png

p.106,307　R. パットナム　Thomastheo
https://commons.wikimedia.org/wiki/File:Robert_Putnam,_lecturing.jpg

p.140,307　P. ブルデュー　Bernard Lambert
https://commons.wikimedia.org/wiki/File:Pierre_Bourdieu_(1).jpg

p.154,307　V. パレート
https://commons.wikimedia.org/wiki/File:Vilfredo_Pareto.jpg

p.155,310　W. ロストウ　Bert Verhoeff / Anefo
https://commons.wikimedia.org/wiki/File:Prof_W_W_Rostow_%28VS%29_geeft_persconferentie_over_zijn_boek_The_
World_Economy,_Bestanddeelnr_929-8997.jpg

p.158,304　I. ウォーラーステイン　Alexei Kouprianov
https://commons.wikimedia.org/wiki/File:Immanuel_Wallerstein.2008.jpg

p.159,305　J.K. ガルブレイス　Hans van Dijk
https://commons.wikimedia.org/wiki/File:John_Kenneth_Galbraith_1982.jpg

p.160,304　T. ヴェブレン
https://commons.wikimedia.org/wiki/File:Veblen3a.jpg

p.160,308　J. ボードリヤール　Ayaleila
https://commons.wikimedia.org/wiki/File:WikipediaBaudrillard20040612-cropped.png

p.165,306　F. テンニース　Ferdinand Urbahns
https://commons.wikimedia.org/wiki/File:Ferdinand_T%C3%B6nnies.jpg

p.172,309　R. ミヘルス　Ssociólogos
https://commons.wikimedia.org/wiki/File:Robert-michels.jpg

p.176,306　F.W. テイラー
https://commons.wikimedia.org/wiki/File:Frederick_Winslow_Taylor.JPG

p.177,309　G.E. メイヨー　Unknown author
https://commons.wikimedia.org/wiki/File:Elton_Mayo.jpeg

p.206,309　P. ラザースフェルド　Miremahe
https://commons.wikimedia.org/w/index.php?curid=46481960

p.211,309　W. リップマン　Pirie MacDonald
https://commons.wikimedia.org/wiki/File:Walter_Lippmann_1914.jpg

p.277　国勢調査調査票　総務省ホームページ
https://www.soumu.go.jp/main_sosiki/singi/toukei/meetings/iinkai_76/siryou_3b.pdf

【執　筆】
瀬田 宏治郎（TAC公務員講座）

【校　閲】
TAC公務員講座講師室

◎本文デザイン／黒瀬 章夫（ナカグログラフ）
◎カバーデザイン／河野 清（有限会社ハードエッジ）

本書の内容は、小社より2022年9月に刊行された「公務員試験 過去問攻略Vテキスト 13 社会学 第2版（ISBN：978-4-300-10095-0）」と同一です。

こうむいんしけん　かこもんこうりゃくぶい　　　　　　　しゃかいがく　しんそうばん
公務員試験　過去問攻略Vテキスト　13　社会学　新装版

2019年8月15日　初　版　第1刷発行
2024年4月1日　新装版　第1刷発行

編 著 者	Ｔ Ａ Ｃ 株 式 会 社	
	（公務員講座）	
発 行 者	多 田 敏 男	
発 行 所	Ｔ Ａ Ｃ 株式会社　出版事業部	
	（TAC出版）	

〒101-8383
東京都千代田区神田三崎町3-2-18
電話　03(5276)9492（営業）
FAX　03(5276)9674
https://shuppan.tac-school.co.jp

組　版	トラストビジネス株式会社
印　刷	日 新 印 刷 株 式 会 社
製　本	東 京 美 術 紙 工 協 業 組 合

© TAC 2024　　Printed in Japan

ISBN 978-4-300-11153-6
N.D.C. 317

公務員講座のご案内

大卒レベルの公務員試験に強い!

2022年度 公務員試験

公務員講座生[1]
最終合格者延べ人数[2]

5,314名

国家公務員（大卒程度）	計	2,797名
地方公務員（大卒程度）	計	2,414名
国立大学法人等	大卒レベル試験	61名
独立行政法人	大卒レベル試験	10名
その他公務員		32名

※1 公務員講座生とは公務員試験対策講座において、目標年度に合格するために必要と考えられる、講義、演習、論文対策、面接対策等をパッケージ化したカリキュラムの受講生です。単科講座や公開模試のみの受講生は含まれておりません。
※2 同一の方が複数の試験種に合格している場合は、それぞれの試験種に最終合格者としてカウントしています。（実合格者数は2,843名です。）
＊2023年1月31日時点で、調査にご協力いただいた方の人数です。

1位 全国の公務員試験で合格者を輩出!

詳細は公務員講座（地方上級・国家一般職）パンフレットをご覧ください。

2022年度 国家総合職試験

公務員講座生[1]

最終合格者数 217名

法律区分	41名	経済区分	19名
政治・国際区分	76名	教養区分[2]	49名
院卒／行政区分	24名	その他区分	8名

※1 公務員講座生とは公務員試験対策講座において、目標年度に合格するために必要と考えられる、講義、演習、論文対策、面接対策等をパッケージ化したカリキュラムの受講生です。単科講座や公開模試のみの受講生は含まれておりません。
※2 上記は2022年度目標の公務員講座最終合格者のほか、2023年度目標公務員講座生の最終合格者40名が含まれています。
＊上記は2023年1月31日時点で調査にご協力いただいた方の人数です。

2022年度 外務省専門職試験

最終合格者総数55名のうち
54名がWセミナー講座生[1]です。

合格者占有率[2] 98.2%

外交官を目指すなら、実績のWセミナー

※1 Wセミナー講座生とは、公務員試験対策講座において、目標年度に合格するために必要と考えられる、講義、演習、論文対策、面接対策等をパッケージ化したカリキュラムの受講生です。各種オプション講座や公開模試など、単科講座のみの受講生はWセミナー講座生はそのボリュームから他校の講座生と掛け持ちすることは困難です。
※2 合格者占有率は「Wセミナー講座生[1]最終合格者数」を、「外務省専門職採用試験の最終合格者総数」で除して算出しています。また、算出した数字の小数点第二位以下を四捨五入して表記しています。
＊上記は2022年10月10日時点で調査にご協力いただいた方の人数です。

WセミナーはTACのブランドです

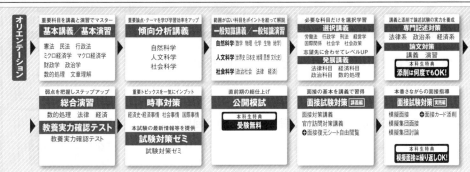

公務員講座のご案内

無料体験入学のご案内
3つの方法でTACの講義が体験できる!

教室で体験　迫力の生講義に出席　予約不要!　最大3回連続出席OK!

1. 校舎と日時を決めて、当日TACの校舎へ
TACでは各校舎で毎月体験入学の日程を設けています。

2. オリエンテーションに参加（体験入学1回目）
初回講義「オリエンテーション」にご参加ください。体験入学ご参加の際に個別にご相談をお受けいたします。

3. 講義に出席（体験入学2・3回目）
引き続き、各科目の講義をご受講いただけます。参加者には体験用テキストをプレゼントいたします。

- ● 最大3回連続無料体験講義の日程はTACホームページと公務員講座パンフレットでご覧いただけます。
- ● 体験入学はお申込み予定の校舎に限らず、お好きな校舎でご利用いただけます。
- ● 4回目の講義前までにご入会手続きをしていただければ、カリキュラム通りに受講することができます。

※地方上級・国家一般職、理系（技術職）、警察・消防以外の講座では、最大2回連続体験入学を実施しています。また、心理職・福祉職はTAC動画チャンネルで体験講義を配信しています。
※体験入学1回目や2回目の後でもご入会手続きは可能です。「TACで受講しよう!」と思われたお好きなタイミングで、ご入会いただけます。

ビデオで体験　校舎のビデオブースで体験視聴

TAC各校のビデオブースで、講義を無料でご視聴いただけます。（要予約）

各校のビデオブースでお好きな講義を視聴できます。視聴前日までに視聴する校舎受付までお電話にてご予約をお願い致します。

ビデオブース利用時間 ※日曜日は④の時間帯はありません。
- ① 9:30 ～ 12:30
- ② 12:30 ～ 15:30
- ③ 15:30 ～ 18:30
- ④ 18:30 ～ 21:30

※受講可能な曜日・時間帯は一部校舎により異なります。
※年末年始・夏期休業・その他特別な休業以外は、通常平日・土日祝祭日にご覧いただけます。
※予約時にご希望日とご希望時間帯を合わせてお申込みください。
※基本講義の中からお好きな科目をご視聴いただけます。（視聴できる科目は時期により異なります）
※TAC提携校での体験視聴につきましては、提携校各校へお問合せください。

Webで体験　スマートフォン・パソコンで講義を体験視聴

TACホームページの「TAC動画チャンネル」で無料体験講義を配信しています。時期に応じて多彩な講義がご覧いただけます。

TACホームページ https://www.tac-school.co.jp/

※体験講義は教室講義の一部を抜粋したものになります。

TAC出版 書籍のご案内

TAC出版では、資格の学校TAC各講座の定評ある執筆陣による資格試験の参考書をはじめ、資格取得者の開業法や仕事術、実務書、ビジネス書、一般書などを発行しています！

TAC出版の書籍

*一部書籍は、早稲田経営出版のブランドにて刊行しております。

資格・検定試験の受験対策書籍

- ✿日商簿記検定
- ✿建設業経理士
- ✿全経簿記上級
- ✿税　理　士
- ✿公認会計士
- ✿社会保険労務士
- ✿中小企業診断士
- ✿証券アナリスト

- ✿ファイナンシャルプランナー(FP)
- ✿証券外務員
- ✿貸金業務取扱主任者
- ✿不動産鑑定士
- ✿宅地建物取引士
- ✿賃貸不動産経営管理士
- ✿マンション管理士
- ✿管理業務主任者

- ✿司法書士
- ✿行政書士
- ✿司法試験
- ✿弁理士
- ✿公務員試験(大卒程度・高卒者)
- ✿情報処理試験
- ✿介護福祉士
- ✿ケアマネジャー
- ✿社会福祉士　ほか

実務書・ビジネス書

- ✿会計実務、税法、税務、経理
- ✿総務、労務、人事
- ✿ビジネススキル、マナー、就職、自己啓発
- ✿資格取得者の開業法、仕事術、営業術
- ✿翻訳ビジネス書

一般書・エンタメ書

- ✿ファッション
- ✿エッセイ、レシピ
- ✿スポーツ
- ✿旅行ガイド (おとな旅プレミアム/ハルカナ)
- ✿翻訳小説